Diversity in Verwaltungsrat und Geschäftsleitung mittelgroßer Unternehmen

Sibylle Olbert-Bock · Kerstin Helfmann ·
Rosella Toscano-Ruffilli · Bernhard Oberholzer ·
Nicole Bischof

Diversity in Verwaltungsrat und Geschäftsleitung mittelgroßer Unternehmen

Status Quo und Empfehlungen
für Rekrutierung, Netzwerken und
nachhaltige Förderung

Sibylle Olbert-Bock
Ostschweizer Fachhochschule
St. Gallen, Schweiz

Bernhard Oberholzer
Ostschweizer Fachhochschule
St. Gallen, Schweiz

Kerstin Helfmann
Ostschweizer Fachhochschule
St. Gallen, Schweiz

Nicole Bischof
Ostschweizer Fachhochschule
St. Gallen, Schweiz

Rosella Toscano-Ruffilli
Ostschweizer Fachhochschule
St. Gallen, Schweiz

ISBN 978-3-658-42399-5   ISBN 978-3-658-42400-8   (eBook)
https://doi.org/10.1007/978-3-658-42400-8

Die Deutsche Nationalbibliothek verzeichnet diese Publikation in der Deutschen Nationalbibliografie; detaillierte bibliografische Daten sind im Internet über http://dnb.d-nb.de abrufbar.

Planung/Lektorat: Ann-Kristin Wiegmann
Springer Gabler ist ein Imprint der eingetragenen Gesellschaft Springer Fachmedien Wiesbaden GmbH und ist ein Teil von Springer Nature.
Die Anschrift der Gesellschaft ist: Abraham-Lincoln-Str. 46, 65189 Wiesbaden, Germany

Das Papier dieses Produkts ist recyclebar.

Einleitung

Die Übernahme von Verwaltungsratsmandaten und Geschäftsleistungsfunktionen ist für Frauen nach wie vor besonders herausfordernd, so auch in der Schweiz.

Schaut man auf die Statistik der Schweiz, so zeigt sich, dass 29 % der Verwaltungsratspositionen in Großunternehmen weiblich besetzt sind und sich am neu eingeführten Geschlechterrichtwert orientieren. Der ausländische Durchschnitt liegt mit knapp 36 % deutlich höher. Bemerkenswert ist auch, dass 75,8 % dieser Stelleninhaberinnen in der Schweiz einen ausländischen Pass haben (Severin, 2022). Die Situation in mittelgroßen Unternehmen ist weniger im Rampenlicht und bleibt mit Blick auf (Gender) Diversity in Verwaltungsrats- und Geschäftsleitungsfunktionen hinter Großunternehmen zurück. Dabei ist die Unternehmenslandschaft in der Schweiz ausgesprochen mittelständisch geprägt. So haben mittelgroße Unternehmen einen erheblichen Anteil an der Realisierung einer gleichberechtigten Einflussnahme beider Geschlechter auf das wirtschaftliche Geschehen und vor dem Hintergrund eines «War for Talents» einen deutlichen Bedarf, die am besten geeigneten Kandidat*innen für ihre Verwaltungsrats- und Geschäftsleitungsfunktionen zu finden.

Wie ein Forschungsteam an der Universität Lausanne zum Thema Eliten in einer Längsschnittstudie belegen konnte, herrscht in der Schweiz immer noch ein spürbar patriarchisches Machtgefüge in allen Ebenen der Gesellschaft und damit auch der Wirtschaft (Ginalski, 2016). Wenn auch gemäß Gleichstellungsgesetz (GlG Art. 16) Frauen und Männer gleichbehandelt werden sollten, stehen die Frauen heute immer noch im Schatten der Männer und unter deren Einfluss, u. a. durch Netzwerke, die dominierend und deutlich oder exklusiv männlich geprägt sind, wie z. B. Männer-Businessclubs, Zünfte, Militär, Alumninetzwerke, Golf-Seilschaften etc. Auch über einflussreiche Familienbande haben Frauen weniger Zugang zu Netzwerken, in denen es um die Verteilung von Kapital und Einflussnahme geht, und bleiben damit häufig außen vor.

Glaubt man dem renommierten Trendforscher und Zukunftsexperten Matthias Horx, so wird die Zukunft nicht ohne weibliche Kompetenz, Know-how und Können auskommen können. Laut dem Zukunftsinstitut (2022) und dessen Prognosen wird die Zukunft weiblich werden – sei es aus reinen Kapazitätsgründen, oder weil es tatsächlich um eine größere Vielfalt an Haltungen, Perspektiven und Kompetenzen geht – unabhängig davon, ob von Männern oder Frauen eingebracht.

Auf der Basis dieser Diskussion ist eine größere Gender-Diversität in der Besetzung von Verwaltungsrat[1] und Geschäftsleitung für Unternehmen ebenso von großem Nutzen und zentral, um den Wirtschaftsstandort Schweiz nachhaltig zu sichern. Im vorliegenden Buch stehen mittelgroße Unternehmen in Form einer AG mit 50–800 Mitarbeitenden im Fokus.

Zustandekommen des Projekts, Ziele, Etappen, Vorgehensweisen

«Wir haben es als Mittelstand ja deutlich schwerer als große Unternehmen, unsere Verwaltungsratsfunktionen gut zu besetzen. Ganz besonders auch mit Blick auf Frauen», argumentierte der Geschäftsführer eines Appenzeller Traditions-Unternehmens anlässlich der Vorstellung eines Digitalisierungsprojektes und schaute mich intensiv an. «Dem Manne kann geholfen werden! Interessant, denn Frauen sehen sich benachteiligt, wenn es um Möglichkeiten der Einflussnahme geht», – so mein Gedanke. «Das könnte ein wichtiges Projekt unseres Kompetenzzentrums Leadership & Human Resources sein.»

Gedacht – getan: Aus diesem Anlass heraus wurde an der OST – Ostschweizer Fachhochschule in St. Gallen das Projekt «Frauen in VR und GL mittelgroßer Unternehmen – Eine nachhaltige Förderung» initiiert. Das Eidgenössische Büro für die Gleichstellung von Frau und Mann unterstützte das Projekt mit Finanzhilfen nach dem Gleichstellungsgesetz.

Die Zielsetzung des Projektes lag zum einen darin, Frauen den Zugang zu Verwaltungsrat (VR) und Geschäftsleitung (GL) zu erleichtern. Zu diesem Zweck wurden nicht nur die bestehenden Strukturen im «Appointment»- bzw. Besetzungsprozess analysiert, sondern auch Frauen darin unterstützt, gezielter ein für sie geeignetes und auf mittelgroße Unternehmen abgestimmtes Netzwerk auszubauen und zu pflegen.

Zum anderen sollte mit Blick auf mittelgroße Unternehmen aus dem Zugang von qualifizierten Verwaltungsrätinnen und Geschäftsleitungsmitgliedern (im Weiteren weibliche VR und GL genannt) eine größere Diversität dieser Gremien resultieren.

Das Projekt sah damit vor, sowohl auf Seite der Nachfrage nach Kandidatinnen für Verwaltungsrats- und Geschäftsleitungen aktiv zu werden als auch auf Seite der Anbietenden. Zu diesem Zweck wurden alle an der Suche und Auswahl von

---

[1] Im Fokus des vorliegenden Buches stehen Geschäftsleitungs- und Verwaltungsratsfunktionen von mittelgroßen Unternehmen (bis ca. 800 Mitarbeitende) in der Schweiz. Anders als bei Aufsichtsratsgremien in Deutschland, die im Wesentlichen ein Kontrollorgan darstellen, handelt es sich bei Verwaltungsräten in der Schweiz um das oberste Aufsichts- und Gestaltungsorgan der Aktiengesellschaft. Der Verwaltungsrat führt die Geschäfte selbst oder überträgt die Geschäftsführung an Dritte, was die Regel ist, und behält meist anteilig strategische Aufgaben.

Kandidatinnen Beteiligten einbezogen, also sowohl Unternehmensvertreter als auch Frauen, die ein Mandat anstreben. Die Abb. 1 gibt einen Überblick über die Projektphasen.

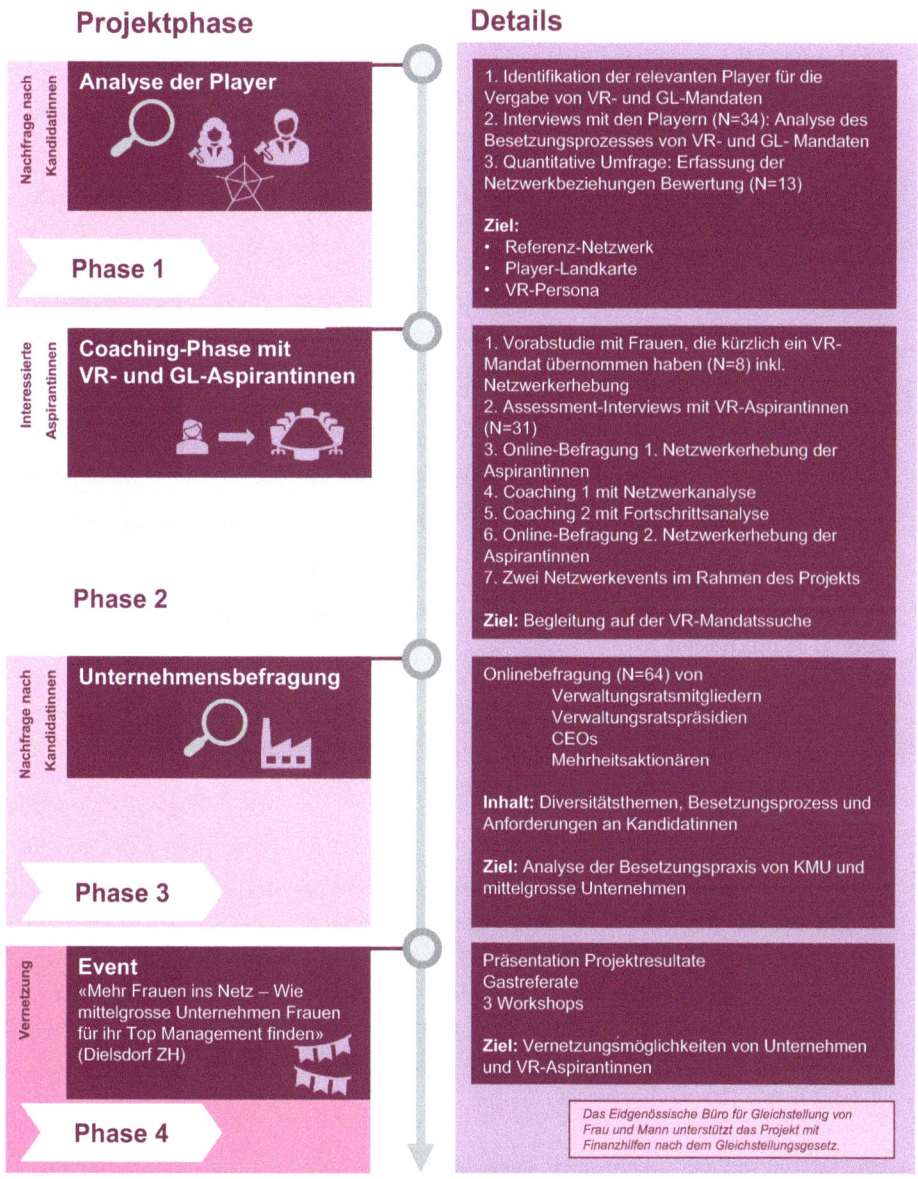

Abb. 1 Projektübersicht: Stufenweises Vorgehen im Projekt

Projektübersicht

Die Phasen 1 und 3 gemäß Abb. 1 beziehen sich auf die Seite der Nachfrage nach Kandidat*innen, die Phase 2 auf die Kandidat*innen. Konkret war das Vorgehen wie folgt:

Analyse der Player (Phase 1)

Die erste Projektphase beschäftigte sich mit der Analyse der Player und umfasste folgende drei Kernbereiche:

1. Identifikation von Playern bei der Besetzung von VR-Mandaten und GL-Funktionen

In einem ersten Schritt wurden mittels einer Dokumenten- und Internetrecherche wesentliche Player bei der Besetzung von Verwaltungsrats- und Geschäftsleitungs-mandaten ausfindig gemacht. Die Recherche umfasste die gesamte Schweiz. Anschließend wurden alle Player anhand von Keywords kategorisiert (z. B. Executive Search, Verband, Treuhand, Unternehmensnetzwerk), den jeweiligen Sprachregionen zugeordnet sowie ihre Frauenspezifität vermerkt. Ergänzend zu der Dokumenten- und Internetrecherche wurden die zuerst interviewten Personen nach weiteren, unbedingt noch im Rahmen der Analyse zu berücksichtigenden Playern befragt.

2. Interviews relevanter Player zum Besetzungsprozess von VR-Mandaten und GL-Funktionen

Im Zeitraum von Juli bis Oktober 2019 wurden von 89 identifizierten zentralen Playern insgesamt 34 Personen qualitativ interviewt. Die Interviews dauerten 45–90 min und wurden ca. zur Hälfte persönlich und telefonisch durchgeführt. Für die Interviews wurde ein strukturierter Leitfaden verwendet.

Folgende Themenfelder bildeten das Gerüst des Fragebogens:

- Überblick über die Besetzungsprozesse und Akquise der Kandidat*innen für VR- und GL-Mandate bei mittelgroßen Unternehmen
- Vorgehensweise bei der Auswahl von GL und VR in mittelgroßen Unternehmen
- Bedeutung der Player in den verschiedenen Etappen des Besetzungsprozesses
- Netzwerke als Erfolgsfaktor von Appointmentprozessen
- Erfahrungen zu Stärken und Schwächen von Frauen mit Blick auf die bestehende Besetzungspraxis

Die Interviewphase diente auch dazu, den Bezug der Befragten zur Besetzung von GL- und VR-Mandaten zu beleuchten. Zu diesem Zweck wurden sie danach befragt, wie lange sie ihre Funktion bereits ausüben und welche Schwerpunkte sie dabei setzen.

Alle Interviews wurden als Audiodatei aufgezeichnet und transkribiert. Die Transkription erfolgte direkt in einer Tabellenform, die eine inhaltsanalytische Auswertung entlang der Inhalte der gestellten Fragen gestattete. Basierend auf den Ergebnissen wurden u. a. mehrere Referenznetzwerke[2] herausgearbeitet und von Experten in zwei Workshops validiert. Die konkreten Beteiligten und ihre Bewertungen können aus Gründen des Datenschutzes nicht zugänglich gemacht werden. Sie bildeten aber im weiteren Verlauf ein wichtiges Hintergrundwissen im Netzwerkcoaching von Kandidatinnen.

3. Fragebogen zur Erfassung der Netzwerkbeziehungen der Player

Um das Netzwerk der Player visuell darstellen zu können und ihre Beziehungen zu charakterisieren, umfasste eine quantitativ orientierte Befragung eine Liste der Kategorien der Player und von 34 zentralen Playern, die hinsichtlich ihrer Relevanz im Besetzungsprozess einzuschätzen waren. Um die Beziehungen zu charakterisieren und zu bewerten, wurden die Intensität des persönlichen Austauschs bzw. die Zusammenarbeit mit den Playern sowie eine Einschätzung der Kompetenz bei der Besetzung von VR- und GL-Mandaten ermittelt. Darüber hinaus enthielt die Befragung eine Beurteilung der Integrität dieser Player.

Kap. 1 und 2 beschäftigen sich schwerpunktmäßig mit diesen Punkten.

Wieder aufgenommen wurde die nachfrageseitige Analyse in der Phase 3.

Unternehmensbefragung (Phase 3)

Quantitativ orientierte Befragung zur Besetzung von VR-Mandaten (in Anlehnung an Wentner et al., 2019; Fachstelle für Rassismusbekämpfung & Eidg. Büro für die Gleichstellung von Menschen mit Behinderungen, 2011; International Labour Organisation (ILO), o. J.; Adams, 2016)

Um einen Eindruck der Besetzungspraxis seitens der Unternehmensvertreter zu erhalten und die Ergebnisse der Interviews zu validieren, wurde eine Befragung von Verwaltungsratsmitgliedern, Verwaltungsratspräsidenten, CEOs und Mehrheitsaktionären durchgeführt. Unter anderem hatte sich in den mit Playern geführten Interviews abgezeichnet, dass der Zugang von Frauen zu VR-Mandaten als einfacher realisierbar eingeschätzt wurde als jener zu GL-Mandaten. Auch die am Projekt beteiligten Kandidatinnen interessierten sich mehrheitlich für

---

[2] Grundsätzlich haben wir Referenznetzwerke für kleinere Unternehmen (50–250 MA) und mittelgroße Unternehmen (250–800 MA) erhoben. Diese unterscheiden sich aber kaum voneinander.

VR-Mandate. Daher fokussierte dieser Teil des Projektes stärker auf VR-Mandate und auch in dieser Befragung wurde dieser Schwerpunkt gesetzt.

Insgesamt nahmen an der Unternehmensbefragung 64 Personen aus den oben erwähnten Kategorien bzw. Personengruppen teil. Die Erhebung wurde im Zeitraum von April bis Mitte Juni 2021 als Onlinebefragung durchgeführt. Das Ziel der Untersuchung war die Erhebung der Soll-Anforderungen an den Besetzungsprozess und an die Kandidat*innen sowie die Ist-Situation. Auch sollten allfällige Unterschiede zwischen Großunternehmen und mittelgroßen Unternehmen und die Einstellungen und Haltungen der Unternehmen gegenüber dem Thema Diversity ermittelt werden.

Ergebnisse dieser Projektphase sind Thema in Kap. 1 und 2, teils wird auch in Kap. 3 auf sie zurückgegriffen.

Mit Blick auf die Kandidatinnen selbst umfasste das Projekt folgende Schritte:

Assessment-Interviews, Netzwerkerhebungen 1 und 2 sowie Coaching-Phase mit VR- und GL-Aspirantinnen (Phase 2)
Um einen Eindruck über relevante Fragestellungen seitens der Kandidatinnen zu erhalten, wurde als Vorabstudie zunächst ein kleines Sample von 8 Frauen gebildet und interviewt, die maximal ein Jahr ein VR-Mandat innehatten. Sie wurden über Darstellungen in verschiedenen Medien und Kontakte zu Playern gewonnen.

Genauso wurden über verschiedene Kontakte zu Playern und am Projekt beteiligten Personen schweizweit an VR-Mandaten bzw. GL-Funktionen interessierte Frauen für das Projekt gewonnen. Es fand eine Vorselektion dahingehend statt, dass die Frauen u. a. auf Basis der Ergebnisse aus Phase 1 (2) als grundsätzlich für ein VR-Mandat oder eine GL-Funktion geeignet eingeschätzt wurden. Die Frauen wurden um eine kurze Darstellung ihres Interesses und ihres CVs gebeten und für die Netzwerkerhebung und das Coaching abschließend selektiert.

Die Netzwerke der einzelnen Frauen wurden analog zu der Vorgehensweise in der Erfassung des Referenznetzwerkes erhoben und jeweils dargestellt. Sie bildeten für sich genommen und im Abgleich mit den Referenznetzwerken eine zentrale Grundlage der anschließenden Coachings.

Nach gut einem Jahr fand eine zweite Netzwerkerhebung statt, um Entwicklungen in der Netzwerkgestaltung nachvollziehen zu können.

Insgesamt nahmen 31 Frauen an den Interviews zu ihren Interessen und Vorgehensweisen auf der Suche nach einem VR-Mandat oder einer GL-Funktion sowie an der Netzwerkerhebung und dem Coaching teil. In dieser Phase kamen auch zwei Events zur Vernetzungsmöglichkeit zustande. Der eine war aufgrund der Covid-19-Pandemie ein reiner Onlineanlass, der andere konnte unter Auflagen in Präsenz durchgeführt werden.

Die Projektphase 2 und die Etappen des Gesamtprozesses sind Gegenstand in Kap. 3 und 4.

Phase 4: Event
Als Abschluss des Projekts fand die Kurztagung «Mehr Frauen ins Netz –
Wie mittelgroße Unternehmen Frauen für ihr Top Management finden» im
zürcherischen Dielsdorf statt. In Kap. 4 wird diese näher thematisiert.

Die Leitung des Projekts lag bei Professor Dr. Sibylle Olbert-Bock vom Institut für
Organisation und Leadership (IOL). Zum Projektteam gehörten Professor Dr. Nicole
Bischof (IOL), Dr. Kerstin Helfmann (IOL), Bernhard Oberholzer (IOL) und Rosella
Toscano-Ruffilli (Departement Wirtschaft).

Aufbau des Buches

Das vorliegende Buch beschreibt die einzelnen Projektphasen und gibt Aufschluss über
wichtige Erkenntnisse zu dem Besetzungsprozess von VR- und CEO-Mandaten, der
Bedeutung von Netzwerken und der Förderung von Frauen.

Hinsichtlich der Nachfrage bzw. Besetzung von Funktionen wurde der Besetzungsprozess bis zur Auswahl von VR- und CEO-Kandidat*innen für VR und GL in formaler
und informeller Hinsicht mit seinen Beteiligten transparent erfasst und festgehalten.
Hierbei lag ein Fokus auf den für Besetzungen relevanten Netzwerken. Die Ergebnisse
dazu sind in Kap. 1 zum Buch dargestellt.

Ein weiterer Fokus richtete sich auf die Anforderungen, Bedarfslage und Vorgehensweisen der Unternehmen, ihren Einsatz und ihre Kompetenz im Einsatz für
(Geschlechter-)Diversität. Die Ergebnisse dazu finden sich in Kap. 2.

Mit Blick auf die Kandidat*innen sollten netzwerk- und allgemein karrierebezogene
Überlegungen und Aktivitäten analysiert und Unterstützung auf dem Weg in VR- und
GL-Mandate geboten werden. Der Schwerpunkt hierbei lag darin, die Motive und die
Ausgangssituation im Hinblick auf ihre netzwerkbezogenen Ressourcen zu erfassen.
Dem widmet sich Kap. 3.

Zentral sollte das Bewusstsein für die Bedeutung der Netzwerke und die Art ihrer
Nutzung gestärkt werden. Die Frauen erhielten aktive Unterstützung in der Klärung der
Frage, wie passend ihre Netzwerke sind, um suchenden Unternehmen «ins Netz» zu
gehen, sowie darin, ihre Netzwerke zielorientiert auszubauen und Netzwerkkompetenz
zu entwickeln. Unter anderem wurden die Netzwerke analysiert, Stärken und Schwächen
der bestehenden Vorgehensweisen bei der Besetzung von Mandaten erfasst und die
Frauen in der Optimierung ihrer Netzwerke aktiv unterstützt. Das Vorgehen und die
Erfahrungen damit sind in Kap. 4 beschrieben.

Abschließend wurden im Rahmen des Projekts Maßnahmen und Empfehlungen
abgeleitet, was beide Seiten tun können, damit insgesamt mehr Frauen mittelgroßen
Unternehmen «ins Netz gehen». Sie befinden sich in Kap. 5 und 6 und gehen über die

enge Betrachtung einer Gender-Diversität hinaus, um Anregungen anzubieten, mit welchen Mitteln sich eine kompetenz- und perspektivenbezogene Diversität von Boards entwickeln ließe.

Zielgruppen

Unterschiedliche Player und Beteiligte am Besetzungsprozess gaben in diesem Projekt wichtige Einblicke in die Praxis. Die Beleuchtung der unterschiedlichen Praxisperspektiven war ein bedeutender Bestandteil des Projekts, sowohl für die Gewinnung der Erkenntnisse als auch für die Entwicklung von Maßnahmen. Zum einen waren dies Dienstleister und Berater, die eine wichtige Rolle im Besetzungsprozess spielen. Zum anderen brachte die Sicht der Unternehmen wichtige Erkenntnisse zur Besetzung von VR- und CEO-Mandaten in das Projekt ein. Genauso trugen die «jungen» Mandatsträgerinnen und Aspirantinnen mit ihrer Perspektive wesentlich zu dem Projekt bei. Darüber hinaus konnten sie durch ihre Teilnahme am Projekt direkt neu konzipierte Entwicklungsmaßnahmen für sich nutzen.

Neben wissenschaftlichen Erkenntnissen und praktischen Empfehlungen aus dem Projekt finden sich in diesem Buch Erfahrungsberichte und Perspektiven von Partnern aus der Praxis. Eine Reihe an Gastautoren aus unterschiedlichen Kontexten beschreibt dazu ihre Expertise und Sichtweise zu verschiedenen Themen. Abschließend gibt eine Toolbox die Möglichkeit, das eigene Handeln praktisch anzuregen.

Das Buch ist an Wissenschaftler und Praktiker gleichermaßen gerichtet, um die Erkenntnisse und Erfahrungen für beide Seiten sinnvoll nutzen zu können. Unternehmensvertreter – insbesondere VR, VRP und CEO, Berater/Headhunter, HR-Spezialisten sowie Kandidat*innen, die Funktionen in Boards anstreben, finden Hintergrundwissen und praktische Anregungen.

Dank und Fördervermerk

An dieser Stelle möchten wir unseren herzlichen Dank allen Projektpartnern, Beteiligten und Frauen aussprechen, die uns in vielerlei Hinsicht unterstützt haben.

Unser besonderer Dank gilt dem Eidgenössischen Büro für die Gleichstellung von Frau und Mann (EBG). Nach GlG Art. 16 fördert es die Gleichstellung der Geschlechter in allen Lebensbereichen und setzt sich weiter für die Beseitigung jeglicher Form direkter oder indirekter Diskriminierung ein. Das EBG hat uns während des gesamten Verlaufs des Projekts gefördert.

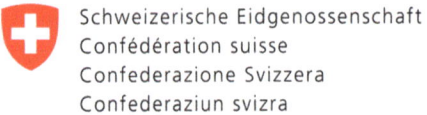

Schweizerische Eidgenossenschaft
Confédération suisse
Confederazione Svizzera
Confederaziun svizra

Eidgenössisches Departement des Innern EDI
Eidgenössisches Büro für die Gleichstellung von Frau und Mann EBG
Finanzhilfen

Das Eidgenössische Büro für die Gleichstellung von Frau und Mann unterstützt das Projekt mit Finanzhilfen nach dem Gleichstellungsgesetz.

Des Weiteren haben uns während des Projektverlaufs folgende Personen mit ihrer Expertise und ihren Beiträgen im Sounding Board unterstützt:

- Dominik Lüthi
- Yosra Tekaya
- Dr. iur. Marcel Würmli

Auch bei ihnen bedanken wir uns für ihr Engagement.

Durch Praxisbeiträge von verschiedenen Gastautoren bzw. Experten konnten wir interessante Perspektiven gewinnen, die dieses Buch bereichern. Dafür bedanken wir uns bei:

- Silvia Coiro
- Dominique Faesch
- Clarissa-Diana de Grancy
- Dominik Lüthi
- Astrid Ottiger
- Yosra Tekaya

Des Weiteren haben wir von vielen Personen aktive Unterstützung unseres Projektes in Form von Gesprächen, Interviews, Beiträgen, Kontakten usw. erfahren. Dafür bedanken wir uns ganz herzlich, genauso wie bei den weiteren Personen, die hier nicht genannt sind.

- Markus Bänziger, Direktor Industrie- und Handelskammer St.Gallen-Appenzell
- Dr. Sonja A. Buholzer, Inhaberin der international tätigen Managementberatung VESTALIA VISION, Zürich.
- Dr. Manfred Fey, FEY Audit & Consulting AG
- Felix Graber, Governance-Experte/Unternehmer & Verwaltungsrat, qualityconsult ag
- Grass & Partner AG
- Barbara A. Heller, Managing Partner, SWIPRA Services AG
- Martin Hilb, Präsident des Swiss Institute of Directors und Gründer der Swiss Board School/IMP-HSG und des International Female Board Pool
- Sabine Kohler, Founder & Managing Partner, Board Boutique GmbH
- Roger Nellen, NELLEN & PARTNER AG
- Emanuel Pfister, Partner, Global Practice Leader Automotive
- Cornelia Ritz Bossicard, 2bridge AG
- Andreas Rudolph, Mitinhaber/Geschäftsleiter AVALES Wilhelm AG
- Christian Schaffenberger, Partner/Director, Mercuri Urval AG
- Simone Stebler, Partnerin, EgonZehnder

- Valentin Vogt, Präsident Schweizerischer Arbeitgeberverband
- Stefan Wilhelm, Wilhelm AG

St. Gallen im Mai 2023   Prof. Dr. Sibylle Olbert-Bock und Team

Literatur

Ginalski, S. (2016). Frauen an der Spitze schweizerischer Grossunternehmen: Eine historische Analyse der Geschlechterungleichheit. *Social Change in Switzerland, 7.* https://doi.org/10.22019/SC-2016-00008.
Severin, C. (2022). Schweizer Verwaltungsräte: Frauenquote bei knapp 30 Prozent. *Neue Zürcher Zeitung.* https://www.nzz.ch/wirtschaft/schweizer-verwaltungsraete-frauenquote-bei-knapp-30-prozent-ld.1711869. Zugegriffen: 3. Apr. 2023.
Zukunftsinstitut. (o. J.). *Female Shift: Die Zukunft ist weiblich.* https://www.zukunftsinstitut.de/artikel/die-zukunft-ist-weiblich-megatrend-female-shift/. Zugegriffen: 3. Apr. 2023.

Weiterführende Literatur

Fischer, T. (2023). 20 Firmen formen die wirtschaftliche Elite. *Handelszeitung.* https://www.handelszeitung.ch/beruf/20-firmen-formen-die-wirtschaftliche-elite-581681. Zugegriffen: 3. Apr. 2023.
Soledad, C., Warren, P. & Summerfield, A. (2023). *Global board diversity tracker 2022/23. Who's really on board?* https://www.egonzehnder.com/global-board-diversity-tracker. Zugegriffen: 25. Apr. 2023.
Wundrack, C. (2021). *Impulse aus dem Aufsichtsrat: Frauen bringen unternehmerische Nachhaltigkeit voran.* https://www.egonzehnder.com/de/funktionen/nachhaltigkeit/press-releases/impulse-aus-dem-aufsichtsrat-frauen-bringen-unternehmerische-nachhaltigkeit-voran. Zugegriffen: 25. Apr. 2023.

Unternehmensbefragung (Phase 3)

Adams, R. B. (2016). *Women on boards: The superheroes of tomorrow? The Leadership Quarterly 27*(3). 317–386.
Fachstelle für Rassismusbekämpfung & Eidg. Büro für die Gleichstellung von Menschen mit Behinderungen (Hrsg.). (2011). *Diskriminierungsbekämpfung bei der Personalrekrutierung.* Bern https://www.edi.admin.ch/dam/edi/de/dokumente/FRB/Neue%20Website%20FRB/T%C3%A4tigkeitsfelder/Arbeitswelt/diskriminierungsbekaempfung_personalrekrutierung.pdf.download.pdf/Diskriminierungsbek%C3%A4mpfung_zuletzt abgerufen 23.09.2023.
International Labor Organisation (ILO). (o.J.). *Women on Boards. Building the female talent pipeline.* Genf. https://www.ilo.org/wcmsp5/groups/public/---dgreports/---gender/documents/briefingnote/wcms_410200.pdf. zuletzt abgerufen 23.09.2023.
Wentner, G., Heidenreich-Pérez, G. (2019). *Konklave, Netzwerke oder Analyse: Die Besetzung von Top-Jobs in österreichischen Unternehmen.* Wien. https://www2.deloitte.com/content/dam/Deloitte/at/Documents/presse/at-besetzung-top-jobs-2019.pdf. zuletzt abgerufen 23.09.2023.

Inhaltsverzeichnis

Über die Autoren

Professor Dr. Sibylle Olbert-Bock ist Professorin für Leadership & HR an der OST – Ostschweizer Fachhochschule in St. Gallen und leitet das Kompetenzzentrum am Institut für Organisation und Leadership (IOL). Sie ist und war an verschiedenen Hochschulen in der Schweiz und in Deutschland sowie in der Industrie und im Dienstleistungssektor tätig.

Die enge Verknüpfung von wissenschaftlicher und praktischer Tätigkeit zeigt sich in den zahlreichen drittmittelgeförderten Projekten. Sie hat mehrere zur Förderung von Frauen und Karrieren lanciert und umgesetzt. Ihre aktuellen Forschungsschwerpunkte liegen in der Modernisierung und Digitalisierung von HR/Leadership, der Diversität in Boards und nachhaltiger Unternehmensentwicklung.

Mit über 25 Jahren Erfahrung in Führungsaufgaben, Beratungs- und Beiratsmandaten sowie Gutachterfunktionen in Deutschland, Frankreich und der Schweiz steht sie für strategisches und entwicklungsorientiertes Denken und Handeln in Organisationen.

Dr. Kerstin Helfmann ist Dozentin am Institut für Leadership & HR (IOL) an der OST – Ostschweizer Fachhochschule in St. Gallen. Sie bringt weitere Erfahrung aus den Bereichen HR, Arbeitswissenschaft, Psychologie und Industriebetriebslehre verschiedener Hochschulen in der Schweiz und in Deutschland mit. Ihr Ziel, die Wissenschaft mit der Operative aus der Wirtschaft zu verzahnen und synergetisch zu nutzen, ist bei Projekten, der Forschung, der Beratung und bei der Lehre für Kerstin Helfmann leitend.

Als Inhaberin einer Unternehmensberatung fokussiert sie die Schwerpunkte Rekrutierung und Karriereverläufe im Executive-Top-Management-Bereich, Diversity, Modernisierung des Human Resource Managements, Gesundheit und Führung, aber auch gesellschaftliche und wirtschaftliche Fragestellungen.

Mit ihrem Portfolio aus unterschiedlichen Managementfunktionen bei global agierenden und nationalen Unternehmen sowie Erfahrungen aus der Wissenschaft und langjähriger Projekt- und Führungserfahrung zeichnet sie sich durch einen interdisziplinären und offenen Denkstil aus.

Rosella Toscano-Ruffilli ist Dozentin für Marketing, Strategische Verkaufsführung und Key Account Management und stellvertretende Leiterin des Studienbereichs Wirtschaft an der OST – Ostschweizer Fachhochschule in St. Gallen. Daneben ist und war sie als Projektleiterin in einer Marketing- und Unternehmensberatung beschäftigt und unterstützt national und international tätige Firmen bei unternehmens-, marketing- und vertriebsstrategischen Fragen.

Dank der über 25-jährigen Erfahrung in der strategischen Beratung von Boards und Geschäftsleitungen in der Schweiz und in Europa kann sie auf zahlreiche Erkenntnisse rund um die Besetzungs- und Entscheidungsprozesse in diesen Gremien zurückgreifen. Ihr analytisches und lösungsorientiertes Denken hilft ihr, sich in die verschiedenen Rollen und Persönlichkeiten hineinzudenken und gemeinsam mit den Beteiligten konstruktive, zielorientierte Lösungen zu erarbeiten.

Bernhard Oberholzer ist als wissenschaftlicher Mitarbeiter am Institut für Organisation und Leadership (IOL) in verschiedenen Projekten tätig. Im Projekt «Frauen in VR und GL mittelgroßer Unternehmen – Eine nachhaltige Förderung» war er im Lead für Analysen. Neben der Durchführung von statistischen Erhebungen gehören dabei die Themenfelder Frauen in Top-Positionen/VR und GL sowie Diversity & Inklusion zu seinen Schwerpunkten. Interdisziplinäre Forschungsprojekte liegen bei ihm im Bereich Land- und Ernährungswirtschaft.

Professor Dr. Nicole Bischof ist Professorin für Organisation & Leadership am gleichnamigen Institut der OST – Ostschweizer Fachhochschule in St. Gallen. Sie hat einen Abschluss in Geographie und Strategischem Management und kombiniert ihr Wissen in systemischen Beratungsansätzen für Organisationen. Ihre Forschungsfelder sind Selbstorganisation und Self-Leadership. Als Studiengangsleiterin des CAS New Leadership in Team- und Selbstführung trainiert sie Führungskräfte zu neuen Ansätzen von Führung und Organisation. Zudem ist sie Business Coach und in Ausbildung zur Trainerin für Gruppendynamik DGGO. In dieser Rolle beschäftigt sie sich seit 15 Jahren mit Themen wie akademischen Karrieren und hier insbesondere Frauenkarrieren. Dabei bilden Frauenkarrieren ins Top Management und Aufsichtsgremien ein Spezialthema, in dem Nicole Bischof Coachings anbietet und Mentoring ermöglicht.

Gastautor*innen

Silvia Coiro ist Partner bei schilling partners ag und begleitet Unternehmen sowie öffentlich-rechtliche Institutionen bei der Besetzung anspruchsvoller Führungspositionen und von Verwaltungsratsmandaten. Als langjährige Projektleiterin des «schillingreport – Transparenz an der Spitze» beschäftigt sie sich zudem seit über 17 Jahren mit Vielfältigkeitsaspekten und sorgt für ausgewogene Longlists, damit die Auftraggeber eine optimale Durchmischung ihrer Führungsteams realisieren können.

Clarissa-Diana de Grancy ist Unternehmerin, Performance-Künstlerin, Autorin und unabhängige Aufsichtsrätin. Als eine moderne Salonière ist sie Meisterin darin, Menschen in kreative, inspirierende, sinnvolle und gewinnbringende Partnerschaften zusammenzuführen. Als leidenschaftlicher Ideen- und Talentscout liebt sie es, anderen eine Bühne zu geben – und auf diese Weise Regisseurin und Bühnenbildnerin zugleich zu sein.

Auf allen Hierarchie-Ebenen zu Hause, sieht die Unternehmerin zuerst das Potenzial und gleich darauf das Ziel. Wie kann das, was im Schatten liegt, ins Licht gehoben werden? Ihre geschäftliche Heimat liegt in der wertbasierten Preisgestaltung selbstbestimmter Mitarbeit – Clarissa-Diana de Grancy lebt seit jungen Jahren bereits #FutureOfWork.

Als unabhängiger Aufsichtsrat mit Fokus auf die kreativen Branchen, Public Private Partnerships und Scaleups bringt sie sich sowohl als Governance-Kennerin als auch als ausgleichender Mediator ein: Widerstände und Gegensätze mit positiver Energie zu überwinden, reizt sie ungemein. Ihre intensive Geisteswelt lebt sie als wunderbar bissiger, satirischer Autor und agent provocateur aus und lebt dabei, ob in Berlin, Zürich oder Paris, mitten im Strom der Disruption althergebrachter Denkmodelle unseres digitalen und diversen Zeitalters.

Dominique Faesch hatte als Expertin für Hotellerie und Tourismus verschiedene Positionen in der Schweiz und im Ausland inne, u. a. als Marketingdirektorin für Hyatt Hotels und Professorin für Marketing und Tourismus an der Ecole Hôtelière de Lausanne, und war verantwortlich für die strategische Entwicklung einer wattländischen Tourismusregion.

Ihre Governance-Mandate umfassen den Vorstand des Waadtländer Tourismusbüros, eine Familienstiftung sowie den Cercle Suisse des Administratrices (CSDA). Als Inhaberin eines Diploms der Ecole Hôtelière de Lausanne und eines MBA der University of Sherbrooke setzt sie derzeit ihre Ausbildung mit einem globalen Executive Master in Management mit Schwerpunkt Finanzen an der HEC Paris fort.

Dominic Lüthi ist Vater von zwei Kindern und lebt in Zürich und St. Gallen. Der Unternehmer doziert u. a. im Lehrgang «Zertifizierte/r Verwaltungsrätin/Verwaltungsrat SAQ» der AKAD wie auch an der Digital Board Academy und gehört dem Vorstand verschiedener Organisationen an. 2012 lancierte er mit VRMandat.com die erste digitale Vermittlungsplattform für Verwaltungsratsmitglieder und KMU in der Schweiz, die in den VR-Gremien für mehr Managementkompetenz und eine bessere Durchmischung sorgt. Später entwickelte er mit seinem Team eine digitale Vermittlungsplattform für Stiftungen und NPO, die den Stiftungsratsgremien hilft, effizient passende Menschen zu finden. Von 2019 bis 2022 durfte er als Soundingboard-Mitglied an dem Projekt «Frauen in VR und GL mittelgroßer Unternehmen – Eine nachhaltige Förderung» mitwirken.

Astrid Ottiger ist Partnerin beim Beratungsunternehmen Level Consulting AG im Executive Search und außerdem Sparringspartnerin und Coach für Menschen, die sich beruflich in Richtung hochrangiger Funktionen in Geschäftsleitung und Verwaltungsrat entwickeln wollen. Sie ist Co-Geschäftsführerin von Women-Up! (Netzwerkplattform von Frauen für Frauen) und als stellvertretende Geschäftsführerin bei acuenta Zürich angestellt.

Sie bringt langjährige Erfahrung in der Führung von operativ/strategisch geführten HR-Bereichen mit, ist Expertin in der Gestaltung und Umsetzung von Personalentwicklungskonzepten aller Art und der Einführung und Implementierung von zahlreichen HR-Digitalisierungsprojekten auf nationaler und internationaler Ebene. Ihre Erfahrung und ihr Wissen gründen auf Ausbildungen in Change- und Organisationsdynamiken (systemische Organisationsentwicklung, Team- und Personalentwicklung) sowie einer unternehmerischen betriebswirtschaftlichen Weiterbildung im Hotel-Management. Sie ist zertifizierter systemischer Personal and Business Coach sowie ausgebildete Erwachsenenbildnerin, was ihr Profil optimal abrundet.

Yosra Tekaya is a citizen of the world, born in Tunis, raised in Germany, and holding French nationality. With a passion for cultural diversity, she speaks five languages fluently, allowing her to connect with people from different backgrounds.

She has worked in Tunisia, France, the Netherlands, Spain, and Switzerland, and has three children. As the founder of Utopias2069, she is committed to promoting innovation and sustainable development. She has been nominated for three consecutive mandates as a french trade foreign advisor and co-founded La French Tech in Switzerland. Yosra is also a Leadership Management International (LMI) Partner in Switzerland, supporting individuals and organizations in achieving their full potential. Through her contribution to this book on women in leadership, she hopes to inspire and empower more women to break through barriers and excel as leaders, while embracing their unique identities and experiences.

Abkürzungsverzeichnis

Abb.	Abbildung
AR	Aufsichtsrat
CEO	Chief Executive Officer. Hauptgeschäftsführer*in bzw. geschäftsführendes Vorstandsmitglied, Vorstandsvorsitzende/r oder Generaldirektor*in eines Unternehmens.
CHRO	Chief Human Ressources Officer. Kann gleichgesetzt verstanden werden als Direktor des HRs/Personalwesens mit Geschäftsleitungsfunktion.
CFO	Chief Financial Officer. Ist für die Finanzverwaltung eines Unternehmens verantwortlich. Höchste, meistens wichtigste strategische Position in einem Unternehmen.
CSR	Corporate Social Responsibility
CTO	Chief Technology Officer. Technischer Leiter oder Technischer Geschäftsführer bzw. Vorstand.
CV	Curriculum Vitae
ESP	Executive-Search-Prozess
et al.	und andere
etc.	und so weiter
grs.	grundsätzlich
ggf.	gegebenenfalls
GF	Geschäftsführer*in
GL	Geschäftsleitung
HR	Human Ressources/Personalwesen
HBM	Harvard Business Manager
IOL	Institut für Organisation und Leadership
MINT	Mathematik, Informatik, Naturwissenschaften und Technik
MU	Mittlere Unternehmen (Mitarbeiterzahl = 50–249)
OECD	Organization for Economic Cooperation and Development
S.	Seite
sh.	siehe
sog.	sogenannte

Tab.   Tabelle
USP   Unique Selling Proposition
VR   Verwaltungsrat
VRP   Verwaltungsratspräsident*in
u. a.   unter anderem
vs.   versus
WEF   World Economic Forum
z. B.   zum Beispiel

Abbildungsverzeichnis

Tabellenverzeichnis

Bestandsaufnahme: Rekrutierung und Besetzungspraxis von Top-Management- und Board-Funktionen

Zusammenfassung

Dieses Kapitel beschreibt die Bestandsaufnahme der Besetzungspraxis für VR- und GL-Funktionen, die im Rahmen des dreijährigen Projekts an der OST – Ostschweizer Fachhochschule in St. Gallen durchgeführt wurde. Ziel war es, die Bedeutung der informellen Netzwerke zu beleuchten und Einblick in die Netzwerke und Handlungsweisen der Akteure der Besetzung bzw. bei einer Vergabe von VR- und GL-Mandaten zu erhalten.

In diesem Kapitel werden die Studienergebnisse und Schlüsselerkenntnisse zur Ist-Situation vorgestellt. Sie umfassen die Identifizierung der Beteiligten (Player), die bei der Definition der Vorgehensweise und im Verlauf des Besetzungsprozesses eine wichtige Rolle spielen, die Identifizierung der generellen Anforderungen an Kandidat*innen und die generelle Bewertung der Besetzungspraxis und ihrer Professionalität durch die an der Besetzung beteiligten Personen.

Am Ende des Kapitels vermittelt ein Experte aus der Besetzungspraxis seine Erfahrungen im Sinne eines Best Practice.

1.1 Ergebnisse aus dem Projekt: Ist-Situation der Besetzungspraxis

Der Besetzungspraxis von Geschäftsleitungsfunktionen, v. a. aber Verwaltungsratsmandaten haftet nach wie vor etwas «Geheimnisvolles» an. Neben Aussagen zur generellen Führungskräfteauswahl und ihren Kriterien sind systematisierende Einblicke in die tatsächliche Besetzungspraxis eher selten.

Eine erste Zielsetzung des Projektes war es daher, sich einen Eindruck über die Beteiligten am Besetzungsprozess mit ihren wesentlichen Netzwerken, die tatsächliche Besetzungspraxis bei der Vergabe von Mandaten und die Vorgehensweise bei der Nominierung zu verschaffen.

Insgesamt sind im Besetzungsprozess drei wesentliche Praktiken unterscheidbar:

- Einerseits ein Prozess, in dem die persönlichen Netzwerke eine große Rolle spielen (= informeller Besetzungsprozess),
- andererseits ein Prozess, bei dem in die Besetzung von VR- und GL-Mandaten Dienstleister einbezogen werden (= fachkundiger Besetzungsprozess),
- und ein dritter, eher seltener praktizierter Prozess der direkten öffentlichen Ausschreibung, der primär im öffentlichen Sektor oder bei Stiftungen anzutreffen ist. Er implementiert Elemente des fachkundigen Besetzungsprozesses, jedoch nicht vollständig.

Die Vergabe von VR- und GL-Mandaten über informelle Netzwerke wird auf rund 70–80 % der Mandatsvergaben geschätzt, was den Markt intransparent und schwer zugänglich für Personen außerhalb dieser Netzwerke macht. Im verbleibenden transparenten Markt (ca. 20–30 %) besitzen Executive-Search-Firmen eine maßgebliche Bedeutung.

Damit spielen einerseits die persönlichen Netzwerke und andererseits die Netzwerke und Dossierdateien der Dienstleister eine sehr bedeutsame Rolle, um Kandidat*innen vorzuschlagen. Insgesamt ist infolgedessen mit einer deutlichen Einschränkung der Vielfalt unter den Kandidat*innen zu rechnen. Dieses Vorgehen prägt damit, welche Anforderungen an Verwaltungsräte gestellt werden bzw. welche spezifischen Charakteristika der Kandidat*innen als geeignet eingeschätzt werden. Darüber hinaus ist der Aspekt der Professionalität bei der weiteren Besetzung und Auswahl ein ebenso wichtiger Faktor, der letztlich das Bild der Boards von Organisationen und deren Kandidat*innen prägt.

Eine der Schlüsselerkenntnisse aus unserer Studie[1] ist, dass eine Kombination von Beteiligten, der Verlauf und die Vorgehensweise im Besetzungsprozess und dem Playernetz neben dem/der Endentscheidenden einen immensen Einfluss auf die tatsächliche Besetzung von solchen Funktionen bzw. Mandaten hat. Durch die bestehende Intransparenz, die zahlreichen informell einbezogenen Personen mit ihren Einschätzungen und die teilweise auch etwas verschlungenen Wege ist es schwierig, die einzelnen Stellschrauben im Besetzungsprozess klar in ihrer Bedeutung herauszuarbeiten. Unsere Studie soll hier zumindest einen kleinen Beitrag dazu leisten, die bestehende Intransparenz zu reduzieren, und zur Reflexion der eigenen Praxis beitragen. Im Folgenden

---

[1] Im Rahmen des drei Jahre dauernden Projektes sprechen wir von «unserer Studie». Die während des Projekts gewonnenen Ergebnisse werden mit dieser Publikation veröffentlicht.

Bezeichnung	Kurzbeschreibung	Beispiele von Vertretern dieser Gruppe
Aus- und Weiterbildung	Spezifische Aus- und Weiterbildungslehrgänge im VR-Bereich. Ermöglichen Vernetzung zu Dozierenden und anderen TN.	z. B. Swiss Board School
Executive Search Firms	Klassische Executive Search Firms, die v. a. C-Level-Positionen besetzen, aber auch im Bereich VR-Besetzungen aktiv sein können. Große, internationale Executive Search Firms für MU eher weniger relevant.	Für MU eher relevant z. B. Korn Ferry, Nellen und Partner, Wilhelm AG
Fachberater	Fachberater können dank ihres Fachwissens Vertraute der Eigentümer, CEOs und aktuellen VR sein.	z. B. Anwälte, Treuhänder, Wirtschaftsprüfer etc.
Digitale Plattformen	Digitale Plattformen für die Suche von VR-Mandaten und geeigneten VR-Kandidaten.	z. B. VRMandat.com, vr-wissen.ch, swipra.ch etc.
Politische Gremien	Politische Ämter auf allen Stufen (Gemeinde, Kanton, Bund) steigern die Visibilität und eröffnen teils Einsitz in Gremien von Amtes wegen.	z. B. Gemeinderat, Kantonsrat, Nationalrat etc.
Stiftungen und Freiwilligentätigkeit	Größere, bekannte Stiftungen helfen Visibilität durch die Stiftungstätigkeit zu erhöhen.	z. B. Müller Möhl Foundation, Ethos etc.
Vernetzungsplattformen und Clubs	Verschiedenste Vereinigungen, die die Vernetzung unter den Mitgliedern stärken, Visibilität fördern und Bekanntheit aufbauen. Mehr oder weniger direkter Bezug zur Besetzung von VR-Mandaten, aber auch bei weniger direktem Bezug teils sehr relevant.	Direkter Bezug zu VR-Mandaten z. B. Swiss VR, Swiss Board Forum, Get Diversity etc. Weniger direkter Bezug z. B. Rotary, Lions, Service-Clubs, Alumni-Organisationen, Female Board Pool, VPAG etc.
Weitere geschäftliche und private Kontakte	Größte, vielfältigste und wohl einflussreichste Gruppe an Playern.	z. B. Eigentümer (Patrons, Aktionäre, Business Angels, Venture Capitalists), bestehende VR / VRP / CEO, private Kontakte

Abb. 1.1 Landkarte der Playergruppen

werden nun einzelne wichtige Aspekte und die damit verbundenen Erkenntnisse beschrieben.

Auf Basis der Ergebnisse aus den Erhebungen konnte ein differenziertes Bild erarbeitet werden, wer bzw. welche Personengruppen an der Besetzung von VR- und GL-Mandaten beteiligt sind. Die Beteiligten bzw. Player und ihre Netzwerke sind als Landkarte visualisiert. Aus ihr gehen die aus Sicht der Interviewten relevanten Akteure und die verschiedenen Arten von Besetzungsprozessen (z. B. die eines informellen oder fachkundigem Besetzungsprozesses) hervor. Auf die Berücksichtigung der Politik wurde verzichtet.

Abb. 1.1 führt acht Playergruppen auf und beschreibt sie unter Verwendung von Beispielvertretern[2].

Entlang ihrer Bedeutung und ihrer Gruppenzugehörigkeit lassen sich die Player als Landkarte darstellen. Abb. 1.2 zeigt eine solche anonymisierte Landkarte mittelgroßer Unternehmen (>250–800 MA).

Im Einzelnen wurden die jeweiligen Playergruppen definiert und ihre Rollen beschrieben. Dies geschah durch die Einschätzung von Experten:

Aus- und Weiterbildungen Diese dienen oftmals als Basis für die Vernetzung unter gleichgesinnten Personen mit gleichgerichteten Ambitionen. Gleichzeitig herrscht hier aber auch ein gewisses Konkurrenzdenken, sofern es sich um die Interessen von Unternehmen der gleichen Branche handelt.

---

[2]Aus Datenschutzgründen können wir hier lediglich auf Beispielvertreter verweisen.

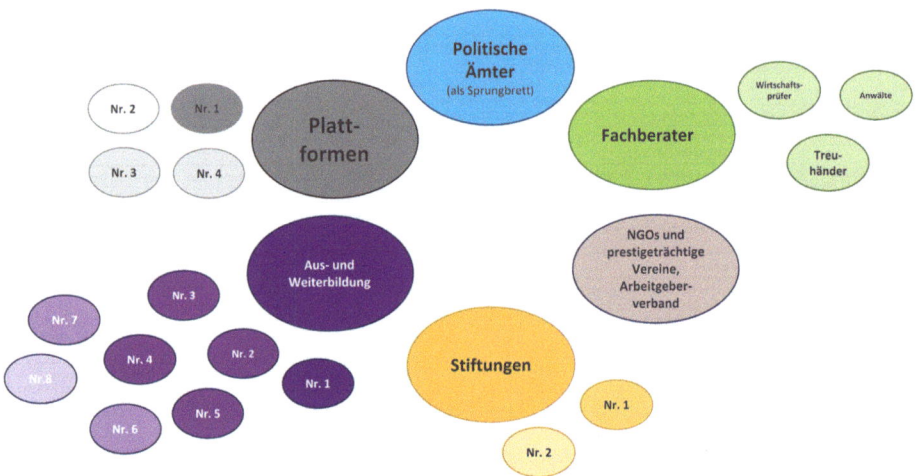

Abb. 1.2 Anonymisierte Playerlandkarte mittelgroßer Unternehmen (>250–800 MA)

C-Level-Search Suchen neben GL-Mitgliedern auch VR-Kandidat*innen. Allerdings ist die Suche von GL-Mitgliedern für sie finanziell deutlich attraktiver.

Fachberater Sie suchen aktiv mit und gestalten teilweise auch die Prozesse. Dazu zählen neben den Wirtschaftsprüfern mit ihrem breiten Netzwerk in mittelgroßen Unternehmen und Konzernen auch Treuhänder und Anwälte.

Digitale Plattformen Sie bringen viele Matches und ermöglichen den Kandidat*innen erhöhte Visibilität.

Träger politischer Ämter Sie werden durch ihre Eloquenz und Führungserfahrung sowie ihre eigenen Netzwerke als breit einsetzbar betrachtet. Ein reines Politiker-Board wird aber als zu wenig divers und effizient eingeschätzt. Bundesnahe und kantonsnahe[3] Betriebe haben fast immer ehemalige Politiker im Verwaltungsrat. Darüber hinaus verfügen Politiker über «Lokalvisibilität», das heißt, sie sind lokal oder regional bekannte und angesehene Persönlichkeiten.

Stiftungen Sie gelten als weniger relevant, können aber einen Einstieg und ein Sprungbrett bieten, insofern Kompetenzen bei den Kandidat*innen bestehen, sich grundsätzlich auch im Unternehmensumfeld auszukennen, da sich ansonsten die Aufgaben recht stark unterscheiden.

---

[3] Für Deutschland oder Österreich ist dies vergleichbar mit der Länderebene.

Vernetzungsplattformen, z. B. Alumni-Organisationen Sie werden eher bei einer spezifischen Suche z. B. für eine bestimmte Branche als nützlich erachtet.

Weitere Player (geschäftliche und private Kontakte) Sie machen als «verborgener Teil» in der Vergabe von VR-Mandaten ca. 70–80 % der Besetzungen aus. Daher könnte man sie auch als sogenannten «Dark market» bezeichnen.

Eigentümer Sie steuern mit und sind oft ein recht sicherer Weg in ein VR-Mandat.

Netzwerke von Familienunternehmen Sie zeichnen sich durch regelmäßige Treffen aus.

Netzwerke bereits amtierender VR Bereits amtierende VR sind oftmals in verschiedenen Gremien Mitglied und bieten daher eine sehr große Vernetzung – auch über ihre spezifischen Anlässe und Bildungsangebote. Je nach Größe des Unternehmens wird bevorzugt, das eigene Umfeld der Beteiligten berücksichtigt oder der Prozess wird an Berater und deren Netzwerk delegiert. Damit signalisiert das Unternehmen gegenüber den Aktionären Professionalität und zudem wird der Zugriff auf internationale Kandidatenprofile erleichtert. Im Zusammenhang mit den Netzwerken der bereits amtierenden VR wird auch die Bedeutung von **Serviceclubs, Golfclubs** u. ä. hervorgehoben, denn diese bieten einen Raum für eine oft sehr frühzeitige (intime) Diskussion, wenn Personen platziert werden sollen.

Generell lässt sich zu den Netzwerken anmerken, dass sie, auch wenn sie sichtbar sind, in unterschiedlicher Weise zugänglich sind. Es gibt zahlreiche Netzwerke, für deren Zugang eine Empfehlung durch bestehende Netzwerk-Mitglieder notwendig ist. Bei der Suche nach Kandidat*innen mag eine beschränkte Zugänglichkeit eine Vorselektion bieten, dies schränkt aber auch die Bandbreite möglicher Kandidat*innen ein. Bei den frei zugänglichen Netzwerken wiederum ist man stärker darauf angewiesen, sich einen Eindruck von den Personen zu verschaffen oder eben wieder auf Empfehlungen zu vertrauen. Für Kandidat*innen bedeutet dies: Selbst wenn der Zugang zu Netzwerken geschafft ist, heißt das nicht unbedingt, dass man bereits zur Ingroup gehört und unmittelbar zielführende Kontakte knüpfen kann. Allerdings werden lose Verbindungen in ihrer Bedeutung immer wesentlicher und haben oft einen indirekten Nutzen. Abb. 1.3 illustriert, welche Möglichkeiten bestehen, ein Netzwerk wirkungsvoll und divers aufzubauen.

1.2   Arten von Besetzungsprozessen

In vielen Fällen kommt bei der Besetzung von VR-Mandaten und GL-Positionen ein persönliches Netzwerk zum Tragen. Neben dem persönlichen Netzwerk als vermeintlich einfachstem und schnellstem Weg zur Neubesetzung eines VR-Sitzes existieren

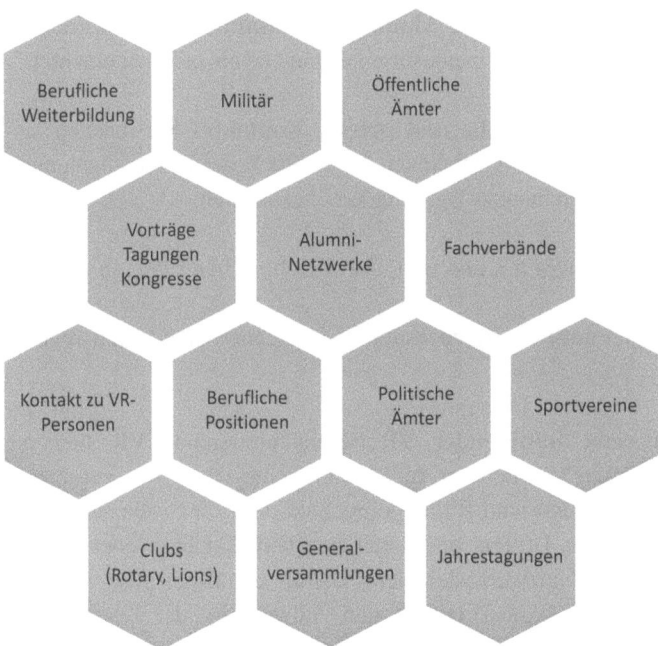

Abb. 1.3 Möglichkeiten, ein Netzwerk wirkungsvoll und divers aufzubauen

viele weitere (und professionellere) Möglichkeiten, potenzielle Kandidat*innen ausfindig
zu machen. Damit sind unterschiedliche Beteiligte im Besetzungsprozess involviert.
So sind nicht nur Executive Search oder Beratungsunternehmen Beispiele, sondern
auch die Netzwerke von Anbietern von Aus- und Weiterbildungen. Daneben bietet im
Zuge der Digitalisierung die Nutzung von Social-Media-Plattformen oder auch spezifischen Online-Recruiting- bzw. -Vermittlungsplattformen neue Möglichkeiten zur Ausweitung des Suchradius und erhöht damit die Wahrscheinlichkeit, die für das Mandat
gesuchten Kompetenzprofile zu lokalisieren. Das bedeutet, dass je nach Besetzungs-
phase auch unterschiedliche Beteiligte mehr oder weniger wichtige Bedeutungen
haben. Die Besetzungsprozesse lassen sich anhand des Ausmaßes von Informalität in
zwei grundsätzliche Formen unterscheiden, nämlich erstens in einen informellen und
zweitens einen professionellen[4] Besetzungsprozess (umfasst auch die öffentliche Ausschreibung), der sich durch seine Orientierung an klaren Vorgaben hinsichtlich z. B.
Ablauf, Anforderungskriterien, Ausformulierung eines Stellenprofils etc. auszeichnet.
Diese beiden unterschiedlichen Besetzungsprozesse werden nachfolgend näher erläutert
und beschrieben.

---

[4] Unter «professionell» verstehen wir ein an klaren Vorgaben (z. B. Ablauf, Anforderungskriterien,
Ausformulierung eines Stellenprofils etc.) gehaltenes Vorgehen im Besetzungsprozess.

> **Es existieren generell drei Varianten bei der Vergabe von VR-Mandaten:**
>
> i.   Beim klassischen Executive-Search-Prozess (ESP) agieren meist Headhunter, gestützt auf Anforderungsprofile, für die Unternehmen.
> ii.   Werden Kandidat*innen im persönlichen Netzwerk gesucht, bleibt eine Shortlist von rund zehn Personen übrig, bevor nach Erst- und Folgegesprächen eine Entscheidung fällt.
> iii. Die öffentliche Ausschreibung wiederum folgt weitgehend dem Vorgehen des klassischen ESP.
>
> **Vergabe von GL-Mandaten:**
>
> i.   Die Besetzung von GL-Funktionen folgt ebenfalls dem klassischen ESP und das Vorgehen gestaltet sich in der Regel professioneller als bei der Vergabe von VR-Mandaten.

Abb. 1.4 Varianten im Nominierungsprozess bei der Vergabe von VR- und GL-Mandaten

1.2.1   Unterscheidung der Besetzungsprozesse

Die Unterscheidung der Besetzungsprozesse kann indirekt über deren Qualität Aufschluss geben. Beim **informellen Besetzungsprozess** werden die Stellen unter Nutzung des persönlichen Netzwerkes und aufgrund von Empfehlungen aus dem eigenen Umfeld besetzt. Nach einer ersten Orientierung bleibt eine Shortlist von rund zehn Personen übrig, bevor nach Erst- und Folgegesprächen eine Entscheidung fällt.

Der **professionelle Besetzungsprozess,** der als klassischer Rekrutierungsweg bezeichnet werden kann, zeichnet sich neben seinem mehrstufigen Vorgehen oftmals durch die Beteiligung von einem Partner aus der Executive Search aus. Bei diesem Executive-Search-Prozess (ESP) wird mit aktiver externer Unterstützung durch Dienstleister (etwa Headhunter oder Personalvermittler etc.) und gestützt auf Anforderungsprofile vorgegangen. Er findet sich unabhängig von der Unternehmensgröße sowohl in der Besetzung von Geschäftsleitungspositionen als auch bei der Vergabe von VR-Mandaten. Allerdings unterscheiden sich diese teilweise durch die hinzugezogenen Dritten.

Öffentliche Ausschreibungen sind insgesamt eher selten und finden insbesondere dann statt, wenn öffentliche Institutionen sowie Stiftungen auf der Suche nach geeigneten Kandidatinnen und Kandidaten sind. Die öffentliche Ausschreibung folgt in unterschiedlichem Ausmaß einem dem klassischen ESP vergleichbaren Vorgehen.

Abb. 1.4 fasst die Varianten des Besetzungsprozesses für VR- und GL-Mandate noch einmal kurz zusammen.

Die identifizierten Player spielen in den verschiedenen Arten bestehender Besetzungsprozesse unterschiedliche Rollen, teilweise auch in einzelnen Phasen des Besetzungsprozesses. Je nachdem, ob es sich um ein kleines, mittelgroßes oder ein Großunternehmen handelt, unterscheiden sich auch die weiteren Vorgehensweisen, teilweise ist auch bedeutsam, ob es sich um ein VR-Mandat oder eine Geschäftsleitungsposition handelt. Insgesamt wird der Prozess von kleinen und mittelgroßen Unternehmen generell als diffuser und unstrukturierter beschrieben als jener bei Großunternehmen.

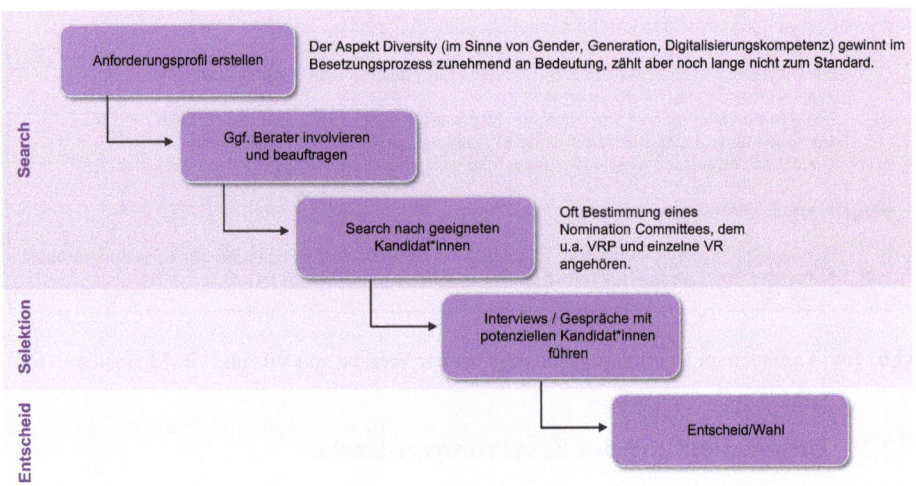

Abb. 1.5 Ablauf des Besetzungsprozesses bei VR- und GL-Mandaten

1.2.2 Informeller Besetzungsprozess – Nutzung des eigenen Netzwerkes

Die «Vergabe unter der Hand» wird von allen Interviewpartnern als häufigste Form der Besetzung bestätigt, aber gleichzeitig skeptisch beurteilt. Einerseits ist es nachvollziehbar, dass bei gering ausgeprägtem Wissen über Rekrutierungswege die Suche im eigenen Netzwerk naheliegt, ggf. Familienmitglieder berücksichtigt werden oder auch andere Personen, zu denen ein besonderes Vertrauensverhältnis besteht. Andererseits wird sie u. a. als «Do-it-Yourself-Vorgehen», «Kooptation»[5] und «Suche im geschlossenen Biotop» bezeichnet (Ginalski, 2016).

Die Kritik besteht darin, dass im Vergleich zu den Fähigkeiten der Kandidatinnen und Kandidaten persönliche Beziehungen deutlich in den Hintergrund treten sollten, was aber nicht der Fall ist. Allerdings kommt allein der Hinweis darauf, dass nicht vorrangig die Eignung darüber entscheidet, ob jemand in die engere Wahl gezogen wird, einem Tabubruch gleich und ist ausgesprochen heikel zu thematisieren. Daher ist es nicht erstaunlich, dass diesbezüglich manches nicht hinterfragt und vieles übersehen wird. Tatsächlich scheint aber das Risiko einer vereinseitigten, stark subjektiv gefärbten Besetzungspraxis gegeben. Möglicherweise ist dies auch eine der Ursachen dafür, dass in der jüngsten Vergangenheit immer wieder VR-Positionen weit früher als nach Vertragsablauf beendet wurden. Der Grund dafür könnte in der Inkompetenz des Stelleninhabers oder einem

---

[5]Hier verstanden als nachträgliche Hinzunahme und Auswahl von Personen «auf dem kurzen Dienstweg».

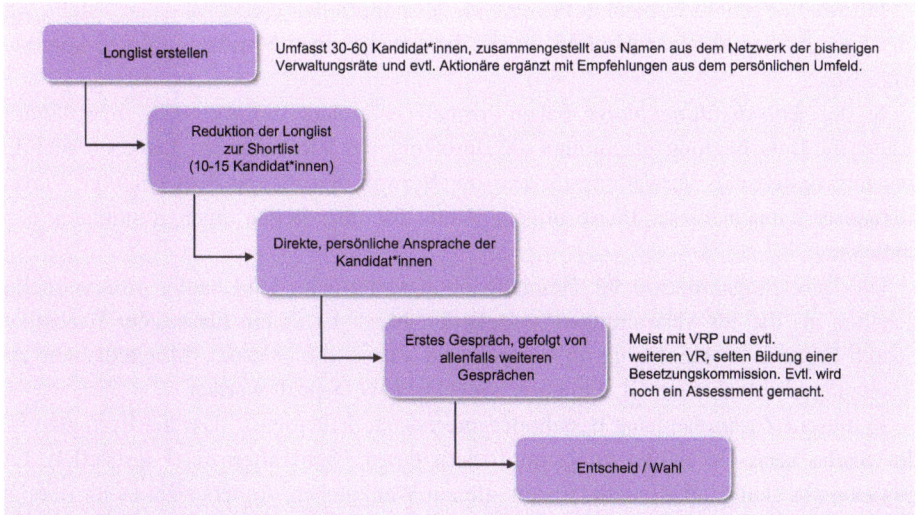

Abb. 1.6 Besetzungsprozess aufgrund des eigenen Netzwerkes

«Misfit» für die Stelle bzw. das Unternehmen zu suchen sein. Nach Einschätzung zahlreicher befragter Player steigen die Anforderungen an Verwaltungsräte, was ein Argument gegen den informellen Besetzungsprozess sein könnte.

1.2.3   Professioneller Besetzungsprozess und seine Etappen

Der Ablauf im professionellen Besetzungsprozess, ggf. unter Hinzunahme von Dritten, kann aus Unternehmensperspektive grob wie in Abb. 1.5 skizziert werden.

Oft wird ein formelles «Nomination Committee» gebildet, das über den gesamten Prozess hinweg eine wichtige Rolle dabei spielt, wer in die nächste Prozessphase kommt. Je nach Unternehmen können neben Vertretern der genannten Personengruppen zudem Investoren, Kreditgeber, Banken oder Business Angels bei der Besetzung der Verwaltungsratspositionen bedeutsam sein.

Die *Phase des Searchs* gestaltet sich so, dass basierend auf dem Anforderungsprofil bestehende Datenbanken oder Netzwerke (auch Kanäle bzw. Plattformen wie LinkedIn, Alumni-Organisationen, Weiterbildungsinstitutionen etc.) durchsucht, Kandidat*innen identifiziert und angesprochen werden. Das Intervall zwischen Search und Interviews aus Abb. 1.5 wird je nach Unternehmenswunsch unterschiedlich gestaltet. Kernelement dieser *Phase der Selektion* ist die Reduktion einer ersten Vorauswahl (Longlist) zu einer kürzeren Liste mit den näher infrage kommenden Kandidat*innen (Shortlist). Bei der Reduktion der Long- zur Shortlist kommen je nach Übereinkunft zwischen Beratenden und Unternehmen verschiedene Auswahlverfahren zum Einsatz.

Informeller geht es bei einem Prozess zu, der unmittelbar die Frage danach stellt, wer im engeren oder weiteren Umfeld für die Besetzung eines Mandates infrage kommt (Abb. 1.6).

In der *Entscheidungsphase* haben formell betrachtet die Aktionäre bzw. Shareholder die Entscheidungsmacht über die Besetzung der VR-Vakanzen. Daneben sind der gesamte bestehende Verwaltungsrat und der Verwaltungsratspräsident wichtige Player. Gerade er kann in dieser Phase oft ein Votum für oder gegen einen Kandidaten aussprechen.

Die Besetzungsprozesse für Geschäftsleitungsmitglieder sind häufig professioneller gehalten als die für Verwaltungsratsmitglieder. Meist ist es ein klassischer Executive-Search-Prozess, wobei häufig in einer ersten Phase die internen Möglichkeiten zur Besetzung einer vakanten GL-Funktion abgeklärt bzw. geprüft werden.

In diesem Zusammenhang besteht die interessante Erkenntnis, dass die Befragten bei der Suche nach Geschäftsleitungsmitgliedern einen Fachkräftemangel feststellen. Oft gibt es nicht genügend Kandidat*innen, die zur Wahl stehen. Anders sieht es im Bereich der Verwaltungsräte aus, wo mehr Mandatssuchende zu finden sind als offene Posten. Dies liegt nicht zuletzt daran, dass eine Person üblicherweise über mehrere bzw. viele VR-Einsitze verfügt und nicht selten 8–10 Jahre in einem Mandat verbleibt.

1.3   Phasen im Besetzungsprozess

Aus den unterschiedlichen Erhebungen und damit verbundenen Erkenntnissen konnten die für die Besetzung relevanten Phasen des *Searchs* (die Suche nach Kandidat*innen) und der *Selektion* (generelle Anforderungen an Kandidat*innen) näher beleuchtet werden. In den folgenden Unterpunkten werden diese detaillierter beschrieben.

1.3.1   Search – Suche nach Kandidat*innen

Für den Prozess des Searchs bestehen unterschiedliche Beschaffungswege. Die Aussagen dazu stammen sowohl aus den Playerinterviews als auch aus der schriftlichen Befragung (vgl. Überblick zum Projektablauf in der Einleitung).

1.3.1.1 Generelle Beschaffungswege für die Ansprache von Kandidat*innen

Bei der Erhebung der Besetzungspraxis ließen sich bereits in den Interviews der Player zwei vorherrschende Beschaffungswege identifizieren: zum einen persönliche Netzwerke und zum anderen – mit deutlichem Abstand – Personalberater des Executive Search. Ferner wurden verschiedene Netzwerkorganisationen genannt, so beispielsweise Board2Win, SwissVR, Berufsverbände, der Arbeitgeberverband, GetDiversity oder Alumni-Clubs. Diese stellen auch einen Weg bzw. Kanal im Besetzungsprozess dar, denn sie beziehen die Beteiligten mit ein, die Hinweise darauf geben können, welche Kandidat*innen überhaupt zur Verfügung stehen, oder auch konkrete Personen nennen.

Persönliche Netzwerke umfassen dabei private und berufliche Beziehungen. Auch Familien werden als wichtiger Beschaffungsweg gesehen, weil die Nachfolge immer wieder familienintern gesucht wird – in der italienischen Schweiz ist das sogar der vorherrschende Weg. Mehrfach wurden auch die sozialen Medien als Beschaffungsweg angegeben, im Speziellen unterschiedliche Vermittlungsplattformen wie LinkedIn, Xing und VRMandat.com. Plattformen werden als ergänzendes Medium betrachtet, das bisher hauptsächlich zu Recherchezwecken genutzt wird. Insofern ist es wichtig, Plattformen zu nutzen, um sich selbst in Szene zu setzen und für Visibilität zu sorgen. Plattformen dürften in Zukunft v. a. bei der jüngeren Generation eine größere Rolle spielen.

Nimmt man alle Elemente der persönlichen Netzwerke zusammen, so sind es Personalberater der Executive Search wie z. B. sog. «Headhunter», die als zweitwichtigster Beschaffungsweg genannt werden. Trotz ihrer hohen Bedeutung gibt es auch kritische Stimmen, beispielsweise dass manche von ihnen nur in der eigenen Datenbank suchen, weswegen mehrheitlich die Unternehmen die Kandidat*innen bereits kennen. Zudem sind Executive-Search-Firmen für viele KMU teilweise keine Option, da die Kosten dafür zu hoch sind.

Daneben wird die Rolle und die Bedeutung von Frauenverbänden kontrovers diskutiert: Einzelne Befragte weisen ihnen eine bedeutende Rolle zu und finden Frauenverbände für die Visibilität (verstanden als Phase vor Selektion und Entscheidung) oder für den Aufbau eines eigenen Netzwerkes wichtig, messen ihnen aber keinen Einfluss auf den Besetzungsprozess von Verwaltungsräten zu. Die gemäßigten Stimmen betrachten Frauenverbände nur z. T. als sinnvoll, da es den Frauen wenig nütze, sich in solchen Netzwerken unter ihresgleichen zu verbinden, sie könnten aber zum Erfahrungsaustausch wichtig sein. Zugunsten von Frauenverbänden geschlechtergemischte Netzwerke zu ignorieren, sei sicher nicht zielführend. Für die kritischen Stimmen spielen Frauenverbände bei der Besetzung hingegen gar keine Rolle. Sie bezeichnen einige davon als unprofessionell organisiert oder ungünstig, weil sie entweder «zu selbstbewusste» Frauen oder «opferspielende» Frauen anzögen.

Auch weitere Beteiligte – von den Befragten allerdings als weniger wichtig eingeschätzt – haben eine Bedeutung. Bei KMU und bei Besetzungen ohne externe Unterstützung können sowohl Rechtsanwälte als auch Treuhänder eine ausschlaggebende Rolle einnehmen, weil es sich um Vertrauenspersonen der Entscheider handelt und beide das Unternehmen aufgrund ihrer Tätigkeit gut kennen. Kritisch angemerkt wird hier, dass Treuhänder eine Null-Rolle (= eigentlich unwesentlich, jedoch als Beteiligter vorhanden und oft einflussnehmend) hätten, da sie als «Buchhalter» wenig Kompetenz für die in der Mandatsbesetzung anstehenden Herausforderungen mitbrächten.

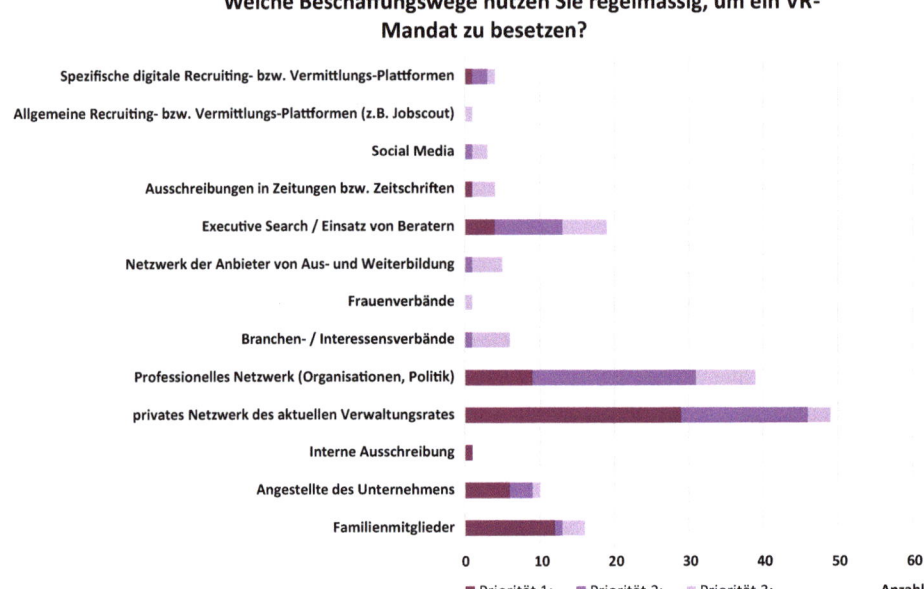

Abb. 1.7 Drei Prioritäten für den Beschaffungsweg zur Besetzung von VR-Mandaten, n = 64

1.3.1.2 Genutzte Beschaffungswege von mittelgroßen Unternehmen bei der Besetzung von VR-Mandaten

Aus der schriftlichen Befragung zur Besetzungspraxis ergeben sich zu denen der Interviews sehr ähnliche Ergebnisse zu den genutzten Kanälen bzw. Beschaffungswegen (vgl. Abb. 1.7). Die Teilnehmenden konnten drei Prioritäten für die Beschaffungswege angeben. Die favorisierten Beschaffungswege sind mit großem Abstand das professionelle wie auch das private, d. h. informelle, Netzwerk. Dabei zeigt sich, dass beim privaten Netzwerk über die Hälfte der Antwortenden hier eine **Priorität 1** setzt, während das professionelle Netzwerk bei mehr als der Hälfte der Antwortenden auf **Priorität 2** steht. Daraus lässt sich ableiten, dass eine Mehrheit zuerst das private und in einem zweiten Schritt das professionelle Netzwerk angeht, wenn ein VR-Mandat neu zu besetzen ist. Zwar liegen die Familienmitglieder als Beschaffungsweg quantitativ mit großem Abstand auf Platz 4, auffällig ist dabei aber, dass der Großteil davon als Priorität 1 vergeben wurde und dabei einen höheren Wert erreicht als die Priorität 1 beim professionellen Netzwerk. Zählt man die Familienmitglieder ebenfalls zum privaten Netzwerk, verstärkt sich dessen Bedeutung noch weiter.

Erst an **dritter Stelle** folgt der Beschaffungsweg unter Zuhilfenahme externer Quellen wie etwa Berater und Executive-Search-Unternehmen. Sie werden bereits deutlich weniger oft in Anspruch genommen als das private und professionelle Netzwerk. Möglicherweise wird dieser kostenintensive Beschaffungsweg nachrangig in solchen Fällen genutzt, wo das private und berufliche Netzwerk nicht zu einer zufrieden-

Zitate (Begründung für Beschaffungswege)

«Das intime Know-how der möglichen Frauen und Herren für den VR ist von zentraler Bedeutung für KMUs. Know-how aus Großunternehmen ist weniger wichtig. Leute aus Großunternehmen komplizieren die Arbeit bei KMUs nur.»

«Geschichtlich so verankert. Teil der Kultur.»

«Immer so gemacht. Männer unter sich.»

«Netzwerk nutzen.»

«Vertrauen und Loyalität sind nebst fachlichen Qualifikationen ausschlaggebend.»

«Funktioniert soweit ganz gut.»

«Weil es auch gleich das Aktionariat spiegelt.»

«Aus unserer persönlichen Sicht: In den KMU-Betrieben der einzige effiziente Weg, ein VR-Mandat zu besetzen.»

«Bislang keine Probleme, auf diesem Weg ausgewiesene Kandidatinnen oder Kandidaten zu rekrutieren. Zudem überschaubare Branche.»

«Weil alle anderen Wege nicht den gewünschten Erfolg gebracht haben.»

«Kostengünstig, zielgerichtet und effizient.»

«Gute Balance zwischen Effizienz und Effektivität.» (2x)

«Empfehlungen sind verlässlich und Kombination mit öffentlichen Ausschreibungen reduziert Bias.»

«In einem VR kommen unterschiedlichste Netzwerke der Mitglieder zusammen. Das ist die beste/verlässlichste Quelle.»

«Gewohnheit und Abhängigkeit.»

«Sowohl eigenes Netzwerk nutzen wie auch weitergehende Möglichkeiten, jedoch keine Massenmittel (Job-Plattformen).»

«Als kotiertes Unternehmen brauchen wir u. a. Diskretion im Prozess, bei Start des Prozesses ist jeweils einiges noch nicht publik – das muss so bleiben (Börsenrelevanz).»

«Suche aufgrund der Kriterien wird gewährleistet. Großer Pool von Kandidaten kann entstehen.»

Priorität für Beschaffungsweg

Prio 1: Familienmitglieder
Prio 2: Privates Netzwerk des VR

Prio 1: Familienmitglieder
Prio 2: Angestellte des Unternehmens

Prio 1: Privates Netzwerk des VR
Prio 2: Professionelles Netzwerk (andere Organisationen, Politik)

Prio 1: Professionelles Netzwerk (andere Organisationen, Politik)
Prio 2: Branchen-/ Interessensverbände

Prio 1: Professionelles Netzwerk
Prio 2: Netzwerk Aus- und Weiterbildungen

Prio 1: Berater / Executive Search
Prio 2: Spezifische Recruiting-Plattformen

Anzahl geringer — (eher) bekannt

Ausschließlich privates Netzwerk

Privates und berufliches Netzwerk

Tendenz zu professionalisiertem Besetzungsprozess

eher unbekannt — Anzahl höher

Anzahl möglicher Kandidat*innen

Abb. 1.8 Begründungen für die Vergabe der Prioritäten bei den Beschaffungswegen von Verwaltungsräten, n = 64

stellenden Lösung führen, oder er dient für Fälle, in denen sehr spezifische Fähigkeiten für eine Besetzung als Kriterium festgelegt sind.

Darüber hinaus sind alle anderen Beschaffungswege nur wenig überhaupt priorisiert worden und spielen eine marginale Rolle im Besetzungsprozess.

In sehr vielen Fällen werden mehrere Beschaffungswege parallel oder nacheinander beschritten. Welche Wege bevorzugt genutzt und kombiniert werden und die Gründe dafür finden sich in Abb. 1.8.

In der Kombination verschiedener Beschaffungswege lassen sich folgende Arten der Beschaffung finden:

1. Beschaffungsart: Kombination von Beschaffungswegen ausschließlich aus **privatem Netzwerk**
2. Beschaffungsart: Kombination von Beschaffungswegen aus **privatem und professionellem Netzwerk**
3. Beschaffungsart: Kombination von Beschaffungswegen ausschließlich **aus professionellem Netzwerk oder unter Hinzunahme Dritter**

1. Beschaffungsart: Kombination von Beschaffungswegen ausschließlich aus privatem Netzwerk

Diese Art des Beschaffungsweges umfasst Familienmitglieder, das private Netzwerk und auch Angestellte von Unternehmen. Die Befragten, die diesen Beschaffungs-weg priorisieren, begründen ihre Entscheidung damit, dass es für die VR-Position von hoher Wichtigkeit wäre, «intimes» Know-how (interpretiert als nur wenigen Personen zugängliches Insightwissen) zu haben. Dieses Wissen sucht oder schützt man am besten in dem privaten Netzwerk, dem man vertraut – so die Interpretation. Die Aussage eines Befragungsteilnehmers, dass «Vertrauen und Loyalität neben der fachlichen Quali-fikation ausschlaggebend» sind, zeigt, wie auch hier das familiäre und private Netzwerk dafür stehen, dass man Personen kennt oder empfohlen bekommt. Man kann vermuten, dass der Beschaffungsweg rein im privaten Netzwerk eine hohe Komponente des Kennens und Vertrauens und damit verbundener Loyalität impliziert. Teilweise kommt auch Misstrauen gegenüber der Kompetenz von Dritten zum Ausdruck.

Die «historische» Verankerung, dass Aspekte wie Vertrauen und Loyalität über das private Netzwerk gewachsen und wichtig sind, führen allerdings auch zu einem system-immanenten Handeln, bei dem Verwaltungsräte kaum Bedarf für eine Bewusstseins-öffnung hin zu mehr Vielfalt sehen: «Immer so gemacht, Männer unter sich» scheint diese Auffassung geradezu auf die Spitze zu treiben. Diesen Beschaffungsweg zu nutzen, wird durch die Aussage «Funktioniert so weit ganz gut» noch bekräftigt. Allerdings lässt sich vermuten, dass die Qualität der VR-Mitglieder tatsächlich weniger hochwertig aus-fallen könnte, als es den Antwortenden bewusst ist.

2. Beschaffungsart: Kombination von Beschaffungswegen aus privatem und professionellem Netzwerk

Diese Art des Beschaffungsweges umfasst Familienmitglieder, das private Netzwerk des VR, Angestellte des Unternehmens, Netzwerke von Aus- und Weiterbildung und das professionelle Netzwerk, unter das auch andere Organisationen jeglicher Art sowie Kontakte aus der Politik fallen.

Vorrangig liegt der Fokus dieser Beschaffungsart auf Personen des privaten Netzwerks des Verwaltungsrats und erst zweitrangig auch im professionellen Netzwerk. Welche Aspekte hier eine erhebliche Rolle spielen, erläutern folgende Aussagen der Befragten:

«Vertrauen und Loyalität sind nebst fachlicher Qualifikation ausschlaggebend»

«Kostengünstig, zielgerichtet und effizient»

Im Grunde genommen dokumentiert diese Beschaffungsart eine geringe Bereitschaft, der Suche einen höheren Stellenwert beizumessen, was eine weitere Äußerung in aller Deutlichkeit widerspiegelt:

«Aus unserer persönlichen Sicht: In den KMU-Betrieben der einzige effiziente Weg, ein VR-Mandat zu besetzen.»

Eine dritte befragte Person bestätigt diese Ansicht:

«Bislang keine Probleme auf diesem Weg ausgewiesene Kandidatinnen oder Kandidaten zu rekrutieren. Zudem überschaubare Branche.»

Die Neubesetzung eines Verwaltungsratsmandats scheint mit dieser Beschaffungsart zufriedenstellend zu sein – obwohl damit völlige Unwissenheit darüber herrscht, ob im Markt vielleicht passendere Personen, sei es eine Frau oder ein Mann, gefunden werden könnten.

3. Beschaffungsart: Kombination von Beschaffungswegen ausschließlich aus professionellem Netzwerk oder unter Hinzunahme Dritter

Diese Art des Beschaffungsweges umfasst Berater bzw. Executive Search, Recruitingplattformen, Netzwerke von Aus- und Weiterbildung sowie das professionelle Netzwerk. Grundsätzlich ist das Ziel, überhaupt eine/n oder eine größere Anzahl an Kandidat*innen zur Auswahl zu haben. Gleichzeitig wird mehr Objektivität, Professionalität und Neutralität erhofft, die durch rein private bzw. familiäre Netzwerke so nicht gewährleistet werden kann.

Die Befragten gaben zudem an, dass es im Sinne der Professionalität auch hier um absolute Vertraulichkeit gehe, denn es könnten problematische Informationen im Zusammenhang mit der Besetzung publik oder die Vakanz selbst als heikel betrachtet werden. Analog zum privaten und familiären Netzwerk stehen hier Vertrauen und

Insiderwissen im Vordergrund. Dennoch kann laut Aussage von Befragten im privaten Netzwerk offenbar nicht von demselben Maß an Vertraulichkeit ausgegangen werden, wie es auf dem professionellen Beschaffungsweg vorliegt. Dies bedeutet, dass hier Informationen, auch wenn im informellen persönlichen Netzwerk Vertrauen besteht, durch nichts geschützt werden können und daher nicht uneingeschränkt sicher sind. Börsenkotierte Unternehmen, die die Besetzung ihrer VR- und GL-Positionen und damit verbundene strategische und organisatorische Veränderungen in einem privaten/familiären Netzwerk preisgeben würden, könnten Gefahr laufen, dass dadurch hochrelevante und diskrete Inhalte ungeschützt nach außen getragen würden.

Ebenso ist das Einhalten der Kriterien für die Passung der Vakanz bzw. Stelle ein Aspekt, der als wichtig bewertet wurde. Auch hier könnte der Unterschied zum privaten/familiären Netzwerk darin liegen, dass dort die persönliche Beziehung die dominante Rolle spielt, wodurch die Objektivität und damit die Erfüllung der Kriterien vernachlässigt werden könnten. Wird dagegen ein professioneller Besetzungsprozess initiiert, bedeutet das, dass man genau dieses vermeiden möchte und hier die Qualität und die Kriterienpassung bzw. -erfüllung eher von Bedeutung ist.

1.3.2   Selektion – generelle Anforderungen an Kandidat*innen

Neben den grundsätzlichen Anforderungen, um es überhaupt auf eine Longlist zu schaffen, geht es im Folgenden um Kriterien, die die Auswahlentscheidung beeinflussen. Fragen zu den Anforderungen wurden sowohl im Rahmen der Interviews der 34 Player als auch der schriftlichen Befragung der Unternehmen gestellt. Aus den Interviews gehen allgemeine Anforderungen sowohl bezogen auf Verwaltungsratsmandate als auch Geschäftsleitungsfunktionen hervor, wobei die Interviewten mehr auf die Auswahlkriterien von VR-Mandaten fokussierten. In der Befragung standen ebenfalls die VR-Mandate im Vordergrund. Eine Auflistung von frauenspezifischen Schwächen und Stärken versuchte zu ermitteln, inwiefern Frauen die Anforderungen für Mandate im Vergleich zu Männern erfüllen. Eine abschließende Kategorisierung der Frauen in vier Typen (in Form von sogenannten Personas), die sich für VR- und GL-Mandate herauszeichneten, wird in Kap. 3 vorgestellt.

1.3.2.1 Grundlegende Anforderungen an Kandidat*innen für VR und GL

Als allgemeine Anforderungen an Kandidat*innen für VR und GL nannten die Interviewten (n = 34, Anzahl der Nennungen in eckigen Klammern) folgende Punkte:

- Fachlichkeit [30]
- strategisches Denkvermögen und Zukunftsorientierung [13]
- Unabhängigkeit der Person und Standhaftigkeit [11]
- generelle Business-Kompetenz, unternehmerisches Denken [10]

- kritische Haltung und Konfliktfähigkeit [6]
- Fähigkeit zur Zusammenarbeit [6]
- vernetztes Denken [4]
- Selbstsicherheit [4]
- Charakter und Verbindlichkeit [3]
- Abstraktions- und analytische Fähigkeit [3]

Besonders auffällig ist dabei die ausgesprochen hohe Bedeutung der Fachlichkeit. Sie wird teilweise als funktionsbezogenes Spezialistentum, teilweise als Branchenkenntnis konkretisiert. Funktionsbezogen werden insbesondere Recht und Finanzen, aber auch MINT-Disziplinen als wesentliche Bereiche genannt, hingegen werden die Bereiche HR und Marketing nicht in Betracht gezogen, wie diese Aussage belegt:

> «Bevorzugt werden immer Personen, die finanzielles oder rechtliches Know-how ausweisen, um den ganzen Compliance- und Corporate-Governance-Bereich abzudecken.»

Dieses Urteil fällt bezüglich VR-Mandaten noch prononcierter aus als in Bezug auf die Geschäftsleitung, wie etwa folgendes Zitat zeigt:

> «Die GL kann die Fachkompetenz (im Sinne von Branchenkenntnissen) noch erlernen. Bei VR sollten dagegen die Fachkompetenz/Branchenkenntnisse vorhanden sein.»

Auch die Unabhängigkeit der Person und ihre Standhaftigkeit zusammen mit Charakter und Verbindlichkeit werden sehr häufig als wesentliche Anforderungen genannt. Typischerweise Frauen zugeschriebene Eigenschaften wie Empathie bleiben Einzelnennungen. Gleichzeitig wird einmal als Anforderung die Notwendigkeit konstatiert, sich gegenüber den männlichen Kollegen abzugrenzen und nicht aufzuopfern.

Zusammenfassend bedeutet dies: Die grundlegenden Anforderungen an die Kandidat*innen aus Sicht der Entscheider sind mehrheitlich der fachliche Hintergrund, sei es in Form von Fachgebiets- oder Branchenexpertise, sowie die Standhaftigkeit der Person. Deutlich ist hierbei zu erkennen, dass bei den fachlichen Disziplinen das Marketing und Human Resources eher nicht im Fokus stehen, was mit anderen Studien übereinstimmt (z. B. Bergmann et al., 2020). Dies sind die Bereiche, in denen Frauen – falls überhaupt – häufiger hohe Positionen in Unternehmen bekleiden. In den von den Entscheidern einheitlich als zentral erachteten Fachdisziplinen wie Finanzen, Recht, Compliance und Governance sind Frauen in höheren Funktionen hingegen eher unterrepräsentiert und entsprechend auch rein quantitativ wenig verfügbar. Demnach fallen sie aufgrund dieses Anforderungsanspruchs schon per se von der Longlist. Wenn Frauen überhaupt nicht auf die Longlist kommen, wird es auch keine Frauen in den VR- und AR-Gremien geben.

Der hier ebenso markante Aspekt der Unabhängigkeit der Person und der Standhaftigkeit wird bezogen auf Männer anders ausgelegt als auf Frauen. Dieses Verhalten wird bei Männern als sehr positiv gewertet, bei Frauen gehen damit hingegen oft weitere

Zuschreibungen einer: So werden sie zuweilen als eigensinnig oder nicht teamfähig eingestuft, was ein Negativimage kreiert und eine Platzierung auf der Longlist eher verhindert. Auch kann Frauen zum Nachteil gereichen, dass sie anders als Männer mehr an den Stakeholdern als klar an den Shareholdern orientiert sind bzw. mehr auf andere achten (Adams & Funk, 2012; Eagly et al., 2004; Pratto et al., 1997). Für ein gutes Auftreten, Agieren und Managen in einer Funktion auf dieser Ebene ist es wohl zweifelsohne wichtig, neben der Fachkompetenz ein nicht unerhebliches Maß an Empathie mitzubringen. Über diese Eigenschaft, die häufig Frauen zugeschrieben wird, sieht man bei den Anforderungskriterien bei der Selektion gerne hinweg bzw. verlangt sie vorrangig von Frauen. Sie sehen sich dann der Situation gegenüber, sowohl einen klaren Standpunkt vertreten als auch empathisch sein zu müssen. Damit öffnet sich ein Anforderungsumfang, der von Männern so nicht erwartet wird.

1.3.2.2 Auswahlkriterien für VR

Bei der Frage danach, wer in die engere Auswahl zur Besetzung eines Verwaltungsratsmandats gezogen wird, gehen einige der Befragten zunächst auf seine Gesamtzusammensetzung ein.

Auffällig ist hier eine sehr umfassende Positionierung der Befragten gegenüber notwendiger Führungserfahrung. Die Auffassung darüber, was als relevante Erfahrung verstanden wird, divergiert aber in beträchtlichem Masse. Auch scheint keine einheitliche Meinung dahingehend zu bestehen, ob dieses Auswahlkriterium nur für die Gesamtzusammensetzung gilt, oder sich bei jedem einzelnen Verwaltungsratsmitglied widerspiegeln muss. Beispielsweise ist einer der Interviewten der Ansicht, dass man ohne eine gewisse Führungserfahrung kein VR-Mandat besetzen kann:

> «Dies umfasst, dass die Person Erfahrung in einer wesentlichen Funktion von Unternehmen mit 100 Mio. Umsatz haben sollte oder von der Beratungsseite kommen muss, Rechtsanwalt ist oder aus der Forschung stammt.»

Berater*innen als mögliche Kandidat*innen werden insgesamt kontrovers gesehen, da viele der Interviewten hier eine nicht ausreichende Branchen- und Führungserfahrung sehen. Damit die Chance erhöht wird, in eine VR-Position zu kommen, müssten Frauen zunächst Positionen wie CFO, CTO, Division Head, Regional Head etc. anstreben:

> «In solchen Positionen braucht es zehn Jahre Erfahrung. Momentan ist es noch so, dass viele Frauen eher beispielsweise in HR-Rollen tätig sind, die in einem VR jedoch weniger gebraucht werden als etwa Finanzkenntnisse (für Lohnsysteme etc.).»

Auch bezüglich dem oft als wichtig eingestuften Kriterium der Passung zur Kultur divergieren die Überlegungen: Annähernd gleich häufig werden ein Cultural Add einerseits sowie ein Cultural Fit andererseits als wesentlich erachtet. Wird das Thema Diversität genannt, so wird dies weniger unter Aspekten unterschiedlicher Haltungen oder Wertvorstellungen interpretiert, sondern im Hinblick auf die Fachlichkeit.

Weitere Aspekte, die in verschiedenen Interviews als wichtig für die Auswahlent-scheidung betrachtet werden, sind individuelle Stärken im Hinblick auf das bestehende Netzwerk, die zeitliche Verfügbarkeit, Sichtbarkeit und Sympathie. Insgesamt nannten die Befragten (n = 34) die nachfolgend aufgelisteten Auswahlkriterien:

- Führungserfahrung [22]
- Branchenkenntnis [9]
- Komplementärer Fit (Cultural Add) [9]
- Cultural Fit [7]
- Diversität [6]
- vorausgehender Erfolg und das bestehende Portfolio an Assignments auf kleiner Stufe oder Erfahrung in Gremien [5]
- Netzwerk, das man mitbringt [4]
- zeitliche Verfügbarkeit [4]
- Sympathie [4]
- Sichtbarkeit in der Schweiz [4]
- Potenziale [2]

Der bestehende Ausweis von Erfolg scheint für den Schritt auf die Shortlist bisher eine größere Rolle zu spielen als vermutetes Potenzial. So stellt ein Interviewee dar, dass die Erfahrung jedes Mal thematisiert werde, obwohl Routine allein per se nicht auto-matisch gute VR-Leute erzeuge. In einem anderen Interview wird darauf hingewiesen, dass «geistige Kapazitäten» viel entscheidender für Erfolg, Kultur und Innovations-fähigkeit des Unternehmens seien als Studienrichtung oder Führungsposition. Leadershipkompetenz und Führungsfähigkeit stünden nicht in einem CV.

Bezogen auf die zeitliche Verfügbarkeit und Sympathie finden sich in den Interviews beispielsweise folgende Aussagen:

> «Für ein Corporate Board wird oft 20 % der Jahresarbeitszeit benötigt, manchmal auch mehr, so viel Zeit muss die Person noch frei haben.»

> «Männer können manchmal leichter etwas ‹Kumpelhaftes› 'rüberbringen als Frauen. Ja, Geschäftsführer wollen mit ihren GL-Kollegen auch mal ein Bier trinken.»

Die Aussagen über die Durchlässigkeit von Startups, MU und Großunternehmen, um die oftmals wichtige Erfahrung zu erlangen, schwanken zwischen der Auffassung, dass sich so eine gute erste Einstiegserfahrung erwerben ließe, bis hin zur Einschätzung, hier herrsche absolute Undurchlässigkeit. Bemerkenswert ist die hohe, aber unterschied-liche Bedeutung des Kriteriums Führungserfahrung für die Identifikation und Selektion geeigneter Kandidat*innen. Dieses Kriterium hat, insbesondere wenn es sich auf Top-Funktionen bezieht, das Potenzial, den Kandidatenkreis entweder stark zu vergrößern oder zu verkleinern. So ist nicht ausgeschlossen, dass im Hintergrund implizite Theorien über den Prototypen eines Board-Mitglieds bzw. seinen Habitus bestehen, die hier-

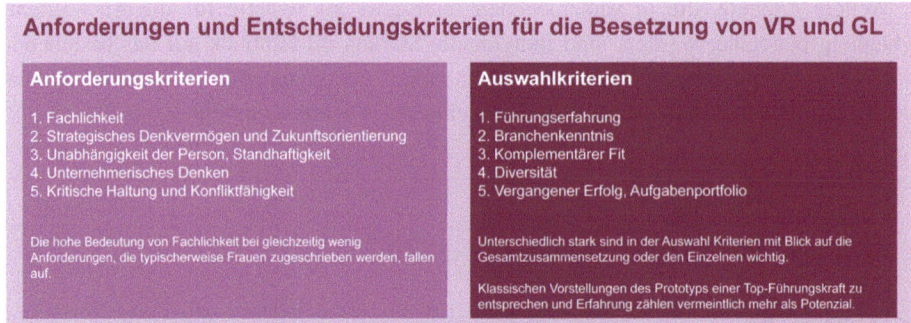

Abb. 1.9 Anforderungen und Entscheidungskriterien für die Besetzung von VR und GL

bei eine Rolle spielen und in Interviews teilweise als «Boardroomniveau» bezeichnet wurden. Der Fortbestand stereotyper Annahmen in der Selektion von Board-Mitgliedern ist recht gut dokumentiert (sh. u. a. Joecks et al., 2019) und untermauert diese Vermutung.

Alles in allem stellen sich die Suche und die Anforderungskriterien als sehr «klassisch» dar und es lässt sich fragen, ob auf diese Weise angesichts sich verändernder Anforderungen tatsächlich die besten Kandidat*innen für Boards gewonnen werden. Um mehr geeignete Frauen zu identifizieren und zu nominieren, könnten Unternehmen:

- Ihre bestehenden Vorstellungen prototypischer Board-Mitglieder durch zukunftsorientierte Vorstellungen herausfordern,
- der Komplementarität von Merkmalen in der Gesamtzusammensetzung und den kompetenzbezogenen Besonderheiten von Frauen mehr Bedeutung zuweisen sowie
- bei der Identifikation von Kandidat*innen Potenziale stärker berücksichtigen.

Vergleicht man die Anforderungen, die an VR und GL gestellt werden, so fallen im Unterschied zu den Auswahlkriterien Fachexpertise, strategisches Denkvermögen und persönliche Integrität auf. In der Auswahl hingegen wird oft nach Führungserfahrung selektiert.

Abb. 1.9 vergleicht überblicksartig die Anforderungs- mit den Auswahlkriterien in der Besetzungspraxis.

Ein wichtiger Unterschied zwischen den Anforderungen in mittelgroßen Unternehmen und großen Unternehmen ist, dass in mittelgroßen Unternehmen ein höheres Verständnis für die operativen Abläufe als notwendig erachtet wird. Hingegen sei die Komplexitätsstufe in Großunternehmen höher und mehr internationale Erfahrung erforderlich.

1.4 Bewertung der Besetzungspraxis

Wie bereits beschrieben, existieren eine informelle und eine professionelle geprägte Vorgehensweise im Besetzungsprozess nebeneinander. Soll nun die Besetzungspraxis insgesamt bewertet werden, so besteht die Möglichkeit, dies entlang der Vorgehensweise oder ihrem Ergebnis auf Basis objektivierbarer Kriterien vorzunehmen, oder aber subjektive Einschätzungen heranzuziehen, wie z. B. die Zufriedenheit mit der eigenen Vorgehensweise oder den Ergebnissen.

Die Bewertung der Vorgehensweise nach objektivierbaren Kriterien ist bei der informellen Besetzung schwierig, weil sie sich vorwiegend in den sozialen und privaten Netzwerken abspielt. Dabei folgt sie weder einem klaren Vorgehen noch ist ersichtlich, welche Kriterien hierbei wirklich zugrunde liegen. Hier ist man auf eine subjektive Einschätzung angewiesen. Daneben lässt sich bewerten, inwiefern bestehendes Wissen über die Anforderungen an eine gute Besetzungspraxis umgesetzt ist. Hierbei handelt es sich z. B. um die Qualität der formulierten Anforderungen für die Stelle, die Auswahlkriterien und Instrumente sowie die Eignung der an der Auswahl und Entscheidung beteiligten Personen und ihre Expertise.

1.4.1 Kriterien der Rekrutierung bzw. Besetzungspraxis

Um objektiviert die Qualität der Vorgehensweise in der Beschaffung zu beleuchten, lassen sich folgende Kriterien anlegen:

- Klare Vorgabe eines Rekrutierungsprozesses und damit verbundenes kriteriengeleitetes Auswahlverfahren
- Klar definierter Besetzungsprozess für VR-Mandate
- Klare Beschreibung des Anforderungsprofils und klare Ausformulierung der Stellenanzeige
- Ausschreibung einer Stellenanzeige oder Einbindung von Headhuntern bzw. Personaldienstleistern
- Nutzung von verschiedenen Auswahlinstrumenten für die Selektion
- Bewusstsein für den Aspekt Diversity und seine Berücksichtigung bei der Besetzung
- Kompetente und qualifizierte Personen im Gremium des Auswahl- und Besetzungsprozesses (z. B. HR, CEO, GL-Direktoren, Headhunter etc.)

Zu den Beschaffungswegen wurde in den vorausgehenden Abschnitten bereits einiges gesagt. Vieles deutet darauf hin, dass nach wie vor zu wenig bzw. zu diffuses Wissen darüber besteht, auf welchen Wegen sich am besten geeignete Kandidat*innen finden lassen. Des Weiteren wurde der fachliche Hintergrund von Playern erfasst und erhoben, welche Maßnahmen (Kriterien) Unternehmen zur professionellen Besetzung von VR-Positionen anwenden. Die Abb. 1.10 zeigt die Ergebnisse der Untersuchung als

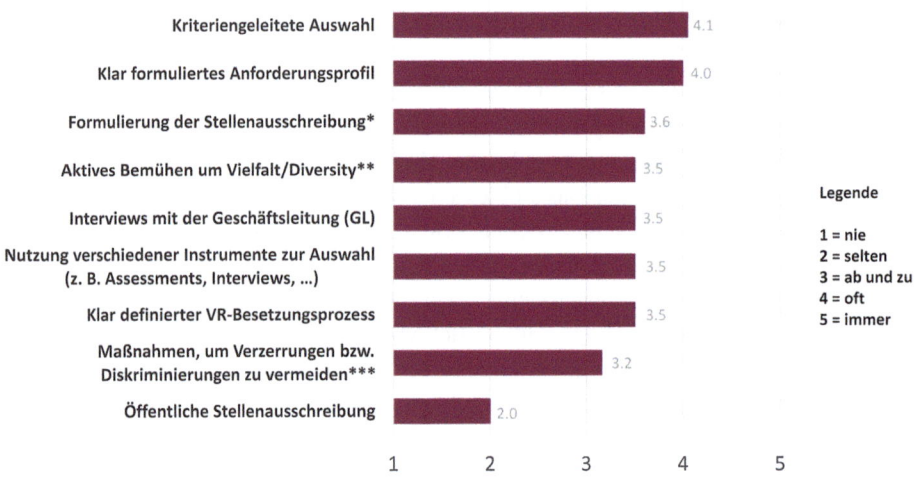

* z. B. Beachtung von Neutralität, Ausrichtung auf Frauen

** Nutzung eines spezialisierten Beschaffungsweges (z. B. um Frauen anzusprechen)

*** z. B. Zusammensetzung des Auswahlgremiums

Abb. 1.10 Maßnahmen zur professionellen Besetzung von VR-Positionen, n = 64

arithmetisches Mittel der Antworten (fünfstufige Skala von 1 = nie bis 5 = immer, n = 64).

Es lässt sich deutlich herauslesen, dass für den Besetzungsprozess lediglich zwei Maßnahmen oft angewendet werden (Wert ab 4):

- kriteriengeleitete Auswahl
- klar formuliertes Anforderungsprofil

Die nachstehenden Maßnahmen werden ab und zu eingesetzt (Wert ab 3):

- Formulierung der Stellenbeschreibung
- Aktives Bemühen um Vielfalt/Diversity
- Interviews mit der Geschäftsleitung
- Nutzung der verschiedenen Instrumente zur Auswahl
- Klar definierter Besetzungsprozess
- Maßnahmen, um Verzerrungen bzw. Diskriminierung zu vermeiden

Daraus lässt sich folgern, dass in der Verwaltungsratsbesetzung in zahlreichen Fällen Mängel bei der Prozessdefinition und -durchführung vermutet werden können. Bestätigung erfährt dieses Argument dadurch, dass nur ab und zu Maßnahmen ergriffen werden, um Verzerrungen bzw. Diskriminierungen zu vermeiden (Mittelwert von 3.2). Damit scheint es schwierig, Muster zu überwinden.

Die bestehende Praxis dreht sich etwas im Kreis, obwohl sich das Umfeld stark geändert hat.

Der War for Talents ist hier ebenso ein Aspekt, der dazu führt, dass mengenmäßig immer mehr Unternehmen um qualifizierte Kandidat*innen ringen müssen. Insgesamt lässt sich feststellen, dass verglichen mit den generellen Kriterien für einen professionellen Besetzungsprozess explizit für VR-Positionen anscheinend noch nicht ausreichend professionell agiert wird. In diesem Bereich besteht also noch viel Luft nach oben.

1.4.2 Kompetenz der in den Besetzungsprozess involvierten Personen

Bei Besetzungsprozessen sind unterschiedliche Personen innerhalb und außerhalb der Unternehmen involviert, die in den verschiedenen Phasen der Suche, Auswahl und Entscheidung der Kandidat*innen eine bedeutsame Rolle spielen. Die Kompetenz und Erfahrung, die diese Personen mitbringen, sind nicht unerheblich, was die Professionalität bei Besetzungsprozessen anbetrifft. Wir beziehen uns hierbei auf die Kompetenzen des Verwaltungsrates, der bei der Auswahl beteiligt ist, sowie auf unternehmensexterne Beteiligte im Besetzungsprozess (wie z. B. Headhunter, Personalvermittler etc.).

Die Abb. 1.11 gibt Aufschluss darüber, welche Kompetenzbereiche für die Gesamtzusammensetzung des Verwaltungsrates zentral sind.

Der obere rechte Quadrant zeigt die in Verwaltungsräten als wichtig erachteten Themen, über die gleichzeitig eine hohe Einigkeit unter den Befragten besteht (= geringe statistische Standardabweichung). Dazu zählen die üblichen Verwaltungsratsthemen wie Finanzen oder Management, denen eine sehr hohe Wichtigkeit zugeschrieben wird, sowie Compliance & Governance und Recht mit ebenfalls hoher Relevanz.

Viel geringere Bedeutungswerte erhält das HR. Dies wurde bereits in den Interviews deutlich (siehe Abschn. 1.3.1). Angesichts dessen, dass die Besetzung von zahlreichen Funktionen immer schwieriger wird, und Menschen und Zusammenarbeit als maßgeblicher künftiger Wettbewerbsfaktor betrachtet werden, erstaunt dies trotzdem.

Das Ausmaß der den einzelnen Fachkompetenzen des Verwaltungsrats zugewiesenen Bedeutung lässt auch Rückschlüsse auf die Qualität und Professionalität der Besetzungspraxis zu. Aus Abb. 1.11 zu entnehmen ist die als relativ gering erachtete Bedeutung des HR, was die anderen im Verwaltungsrat vertretenen Fachkompetenzen im Vergleich als viel hochwertiger erscheinen lässt. Berechtigt erscheint damit die Frage, ob die Mitglieder aus dem Verwaltungsrat qua ihrer Fachkompetenz außerhalb des HR-Bereichs auch kompetent und versiert bei der Rekrutierung und Auswahl von neuen Mitgliedern

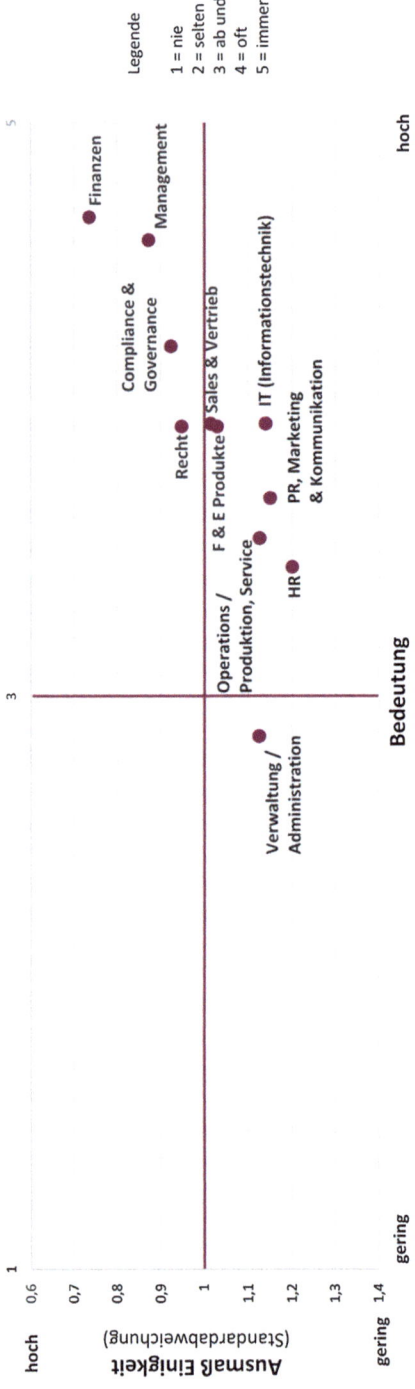

Abb. 1.11 Bedeutung bestimmter Kompetenzbereiche in der Gesamtzusammensetzung des VR; n = 64

sind. Es ist anzunehmen, dass sie in unterschiedlichem Ausmaß Routine und Erfahrung in der Besetzungspraxis mitbringen oder einen anderen Fokus haben, wie z. B. bei einem Hintergrund aus dem Bereich Finanzen. Eher weniger wird umfassende Erfahrung bestehen, wenn Besetzungen nur alle 8–10 Jahre stattfinden und Mitglieder des VR in die Auswahl des CEO, aber bereits nicht mehr in die des Top Managements involviert sind.

Fraglich ist auch, ob im Auswahlprozess durchgängig von einer objektiven und professionellen Vorgehensweise ausgegangen werden kann. Ebenso eine Rolle spielt der Aspekt der Handlungsimmanenz, also das Festhalten an einer bereits bekannten und eingeübten Praxis, sodass immer die gleichen Personen ausgewählt werden, weil dies aus der Routine heraus einfacher ist bzw. bei diesem altbewährten Agieren scheinbar keine Fehler entstehen. Personen, die nach ähnlichen Mustern handeln wie die bereits dem Gremium angehörenden Mitglieder, sind einfach zu verstehen und zu handhaben. Dadurch entstehen mit großer Wahrscheinlichkeit «blinde Flecken» bei der Rekrutierung mit negativen Auswirkungen auf die Professionalität der Besetzungspraxis.

Hinsichtlich der Qualität im Besetzungsprozess zu untersuchen sind als weitere Gruppe die Headhunter, Personalvermittler und anderweitige Personen, die von extern beteiligt sind.

Beteiligte am Besetzungsprozess

In unserer Studie konnten die Player/Beteiligten hinsichtlich ihrer Funktion bei der Besetzung von VR- und GL-Mandaten befragt werden. Hier wurde insbesondere der Bildungs- und Berufshintergrund, den die Player in ihre Funktion als Vermittler mitbringen, und die Unternehmensgröße, auf die sie sich fokussieren, beleuchtet.

Die Interviewees sind bereits zwischen 3 und 18 Jahren in der Besetzung von Geschäftsleitungs- und Verwaltungsratsmandaten tätig. Für die Mehrheit der Befragten ist dies eine sekundäre Karriere, nur in wenigen Fällen handelt es sich um die erste Berufswahl direkt nach der beruflichen Ausbildung.

Ihre Zugänge zum Bereich der Vermittlung von GL- und VR-Mandaten sind sehr unterschiedlich. Folgende biographischen Verläufe wurden geschildert:

- Studium der BWL, Fokussierung auf Personalbereich
- kaufmännischer Hintergrund durch Nachfolgebesetzung
- Tätigkeit in einer Unternehmensberatung oder Managementberatung
- fachfremdes Studium, z. B. Architektur, dann Quereinstieg
- studienbegleitendes Praktikum in einer Vermittlungsagentur
- langjährige Tätigkeit im Personalbereich
- vorhergehende Führungsposition
- Gründung einer selbstständigen Tätigkeit
- zuvor in der Wirtschaftsprüfung tätig

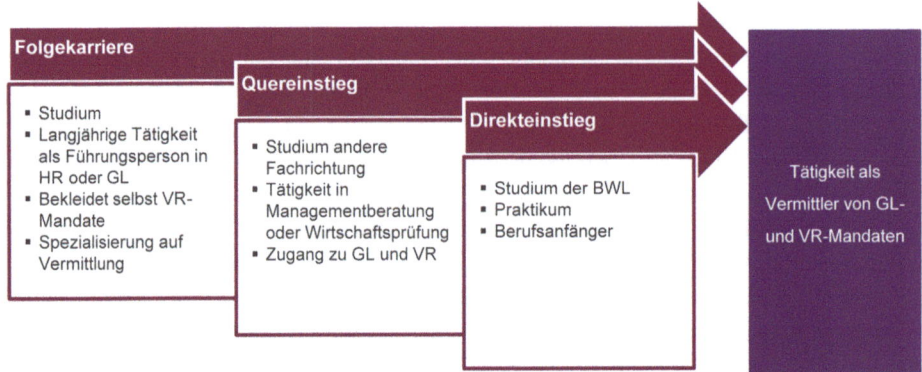

Abb. 1.12 Bildungshintergründe der Vermittler von VR- und GL-Mandaten

Die Abb. 1.12 gibt einen Überblick über die Zusammensetzung der Bildungshintergründe der Player/Beteiligten.

Aus diesen Angaben können bezüglich der Qualität der Headhunter und Personalvermittler folgende Schlüsse gezogen werden:

- Die **Dauer** zeigt an, wie viel Erfahrung diese Personen mitbringen. In unserer Studie fanden sich einerseits Personen mit einer relativ langen Dauer von bis zu 18 Jahren, andererseits aber auch Personen mit einer relativ geringen Dauer von drei Jahren. Arbeiten Personen erst kurze Zeit in dieser Profession und bringen also unabhängig von ihrem Können weniger Erfahrung im Rekrutierungsprozess mit, könnte das bedeuten, dass hier die Qualität weniger gewährleistet ist.
- Der **fachliche Hintergrund** und die durch die vorherigen Funktionen erworbene Erfahrung sind nicht eindeutig. Einige **steigen direkt** in dieses Business ein und bringen von ihrem fachlichen Hintergrund ein Studium mit, sind jedoch auch reine Berufseinsteiger oder Praktikanten. Ein weiterer Teil sind **Quereinsteiger,** die ebenso ein Studium mitbringen und/oder Erfahrungen aus Tätigkeiten der Managementberatung oder Wirtschaftsprüfung sowie Zugang zu VR und GL besitzen. Hinsichtlich der fachlichen Qualität dieser Gruppe lässt sich lediglich mutmaßen, dass sie wahrscheinlich in der Basis doch solides Können für die Besetzung von VR-Mandaten mitbringt. Ein dritter Teil stellt Personen dar, die die Tätigkeit als Personalvermittler im Sinne einer **Folgekarriere** ausüben. Sie haben profunde Erfahrungen als Führungsperson in HR und GL, bekleideten selbst ein VR-Mandat oder sind auf die Vermittlung spezialisiert. Dieser Teil scheint von allen drei fachlichen Hintergründen und Berufsverläufen am höchsten qualifiziert zu sein, was darauf schließen lässt, dass hier die Professionalität im Vermittlungsgeschäft am höchsten liegt.

Übersicht Interviewpartner

Die befragten Interviewpartner

- sind zwischen 3 und 18 Jahren in ihrer Vermittlungsfunktion für VR- und GL-Mandate tätig
- kommen aus unterschiedlichsten beruflichen Hintergründen in die Funktion (Folgekarriere, Quereinsteiger, Direkteinstieg)
- betreuen zur Hälfte hauptsächlich KMU und kleinere MU, zur Hälfte GU
- teilen sich wie folgt auf: 24 % vermitteln hauptsächlich GL-Mandate, 26 % hauptsächlich VR-Mandate, 24 % VR und GL zugleich, 20 % betreiben keine offizielle Vermittlung mehr

Abb. 1.13 Übersicht Interviewpartner aus dem Besetzungsprozess

Fokus der Befragten

Die Hälfte der Interviewees (17 von 34 Befragten) betreut hauptsächlich KMU und kleinere MU. Für mindestens acht Befragte liegt der Hauptfokus der Vermittlungstätigkeit im Bereich von kleinen bis mittleren Unternehmen und sie benennen diese Aufträge als ihre USP (Unique Selling Proposition). Exemplarisch stehen dafür folgende Aussagen aus den Interviews:

«Wir bieten vor allem Klein- und mittelgroßen Unternehmen (ca. bis 250 MA) über das IHK eine Plattform, um sich gegenseitig zu vernetzen und zu netzwerken.»

«Wir besetzen auch MU, sogar mehr MU als Großunternehmen, da letztere komplizierter und träger sind.»

Auf welche Mandate sich die befragten Personen konzentrieren, zeigt die nachstehende Aufteilung:

- Von den befragten Personen geben acht an, hauptsächlich oder ausschließlich GL-Mandate zu vermitteln.
- Von den befragten Personen geben neun an, hauptsächlich oder ausschließlich VR-Mandate zu vermitteln.
- Von den befragten Personen geben acht an, beides zu etwa gleichen Teilen zu vermitteln.
- Von den befragten Personen geben sieben an, offiziell keine Mandate (mehr) zu vermitteln.

Ein Fazit und damit eine generelle Einschätzung formuliert die Übersicht in Abb. 1.13.

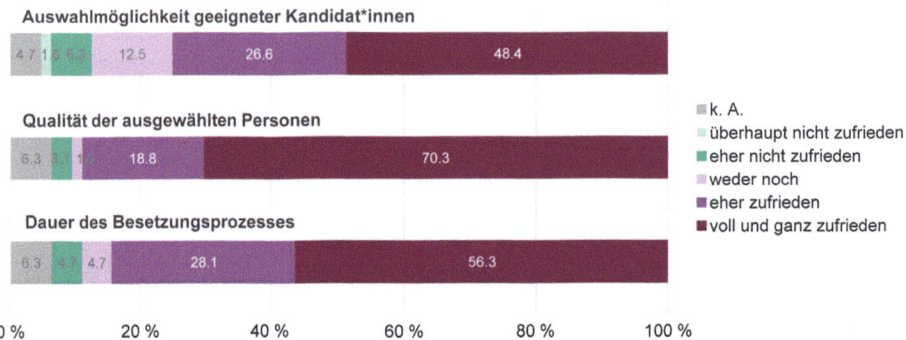

Abb. 1.14 Drei Aspekte der Zufriedenheit mit der eigenen Rekrutierungspraxis. Angaben in Prozent, n = 64

Generell lässt sich vermuten, dass ein mittelgroßer Teil der in unserer Erhebung Befragten und damit in die Vermittlung involvierten Personen rein von ihrem Hintergrund, ihren Erfahrungen und Karriereverläufen in der Besetzungspraxis professionell agiert.

1.4.3 Zufriedenheit mit der eigenen Rekrutierungspraxis

Um den Besetzungsprozess in seiner Professionalität noch besser einschätzen und bewerten zu können, wurden auch die (eher subjektiven) Einschätzungen seitens der Unternehmen in die Analyse einbezogen. Ein Teil der Erhebung untersuchte die Zufriedenheit der Unternehmen mit der eigenen Rekrutierungspraxis bei der Besetzung von VR-Mandaten (vgl. Abb. 1.14). Die Befragten gaben dazu ihre Einschätzung zu folgenden drei Aspekten ab:

- Zufriedenheit mit der Auswahlmöglichkeit geeigneter Kandidat*innen
- Zufriedenheit mit der Qualität der ausgewählten Person
- Zufriedenheit mit der Dauer des Besetzungsprozesses

Bei der Zufriedenheit mit der **Auswahlmöglichkeit** geeigneter Kandidat*innen geben drei Viertel der Untersuchungsteilnehmenden an, mindestens eher zufrieden zu sein – fast die Hälfte ist gar voll und ganz zufrieden.

Bei der **Qualität** der ausgewählten Personen steigt die vollständige Zufriedenheit auf über 70 % und insgesamt sind fast 90 % mindestens eher zufrieden mit der getroffenen Wahl. Auch dauert der **Besetzungsprozess** in der Regel nicht zu lange, da mehr als die Hälfte (56 %) vollständig zufrieden und insgesamt fast 85 % mindestens eher zufrieden sind mit der Dauer des Besetzungsprozesses.

Die Interpretation und Bewertung der drei Kriterien ergeben folgende Schlüsse:

a) Auswahlmöglichkeit
Offenbar reicht der oftmals wenig professionelle Prozess, um dem eigenen Anspruch zu genügen. Zwar würden sich die Befragten eine höhere Auswahlmöglichkeit vorstellen können, aber insgesamt besteht doch Zufriedenheit. In der Auswahlmöglichkeit entgehen jedoch dabei den Unternehmen viele Potenziale.

Bei dem Gesamtvorgehen werden weniger visible Personen (z. B. Frauen) nur zufällig gefunden. Dies hat aber weniger mit ihrem Nicht-Vorhandensein zu tun, sondern mehr damit, dass die eigene Rekrutierungspraxis noch erhebliches Verbesserungspotenzial aufweist.

b) Zufriedenheit mit der Qualität der ausgewählten Person
Die hohe Zufriedenheit mit der Qualität der ausgewählten Personen kann direkt mit den in Abb. 1.8 dargestellten Begründungen für die Prioritätensetzung erklärt werden. Vorwiegend konzentriert sich diese auf Familienmitglieder sowie das private und professionelle Netzwerk. Nach dem Motto «Wenn ich im eigenen Garten die Blumen suche, kann ich bezogen auf den Geschmack der Hausherren nicht irren», scheint diese Zufriedenheit anteilig von einer gewissen Blindheit bezüglich fähiger Alternativen herzurühren – unter Umständen auch aufgrund der Effizienz in der Neubesetzung, sprich den Besetzungsprozess nicht in die Länge zu ziehen. Dennoch ist es erstaunlich, dass bei so wichtigen Funktionen nicht mehr Ehrgeiz in die eigene Professionalität gesetzt wird. Weniger erstaunlich ist dies angesichts der generellen Geringschätzung HR-bezogener Leistungen (vergleiche Abb. 1.11). Hier stellt sich die Frage, ob man lieber unter sich bleiben will (also das Handeln Vorsatz ist) oder man die Risiken sowie entgangenen Chancen mangels Kompetenz oder Wertschätzung von manchem Wissen nicht erkennt (also fahrlässig damit umgeht).

c) Zufriedenheit mit der Dauer des Besetzungsprozesses
Über zwei Drittel der Befragten sind mit der Dauer des Besetzungsprozesses mindestens eher zufrieden, fast die Hälfte gar voll und ganz zufrieden. Ins Verhältnis zur Auswahlmöglichkeit geeigneter Kandidat*innen gesetzt, könte der Besetzungsprozess aber etwas länger dauern, da die vollständige Zufriedenheit bei der Auswahlmöglichkeit geeigneter Kandidaten um einiges tiefer bei 56 % liegt. Dies impliziert zwar eine Mandatsbesetzung innert nützlicher Frist (Effizienz, siehe auch Begründungen in Abb. 1.8), geht aber zulasten der Auswahlmöglichkeit (vollständige Zufriedenheit bei der Hälfte aller Besetzungen – 48 %).

Zusammenfassend lässt sich die Zufriedenheit mit der Rekrutierungspraxis anhand der drei Kriterien folgendermaßen erklären:

- Aufgrund des eigenen gewählten und wenig anspruchsvollen Besetzungsweges ist die Auswahl an Kandidat*innen zufriedenstellend, auch wenn hierbei viel Potenzial

an «besseren» Kandidat*innen durch die wenig professionelle Besetzungspraxis ver-
loren geht. Es ist anzunehmen, dass diese Schwäche der eigenen Praxis zu wenig im
Bewusstsein der Entscheider ist. Aufgrund des «Aufenthalts in den angestammten
Netzwerken» werden Potenziale nicht gesehen, da sie gar nicht erst in das Blick-
feld rücken. Schließlich steht in Verbindung mit der Auswahl der Kandidat*innen
die Qualität, die von den Unternehmen ebenso als zufriedenstellend bewertet wird,
da auch hier der Vergleich zu dem, was alternativ noch möglich wäre, fehlt. Aufgrund der teilweise unzureichenden eigenen Kompetenz in Search und Auswahl und
des Fehlens der Funktion HR bzw. ihrer nicht vorhandenen Integration in die Aktivitäten der Boards fällt dieses Kriterium der Qualität erst auf, wenn eklatante Qualitäts-
defizite des Kandidaten offensichtlich werden. Häufig einen Einfluss hat hierbei, dass
Sozialkompetenzen, Sympathie oder andere «weichere» Faktoren, die möglicherweise
den Kultur- und Teamfit positiv unterstützen, von der eigentlichen Qualität ablenken
und damit weniger in den Fokus rücken. Wenn im Mittelmaß, Verzerrungen in Kauf
nehmend, die Qualität ausreichend erscheint, dann wird wohl niemand damit ein
Problem haben – so lautet die Devise, die hier auch die Zufriedenheit erklären kann.
Die Zufriedenheit mit der Dauer der Rekrutierung ist ebenso mehrheitlich annehmend
gut, wenn der Prozess nicht als zu lange empfunden wird.

- Auswahl, Qualität und Dauer stehen jedoch hier in einem engen Zusammenhang,
denn wenn der Prozess schnell gehen muss, wird weniger Zeit in die wirkliche Suche
nach qualifizierten Kandidat*innen investiert werden können. Dies geht zulasten der
Qualität und der Auswahl. Ebenso wird ein sorgsamer und tiefer Such- und Auswahlprozess eher Zeit kosten, gerade in Anbetracht dessen, dass nicht immer auf Anhieb
die richtigen Kandidat*innen zu finden sind («ongoing» Recruitment-Prozess).

Fazit

Durch das Nichtsehen und/oder aufgrund der teilweise unzureichenden eigenen
Kompetenz in Search und Auswahl sowie des Fehlens der Funktion HR bzw. ihrer
nicht vorhandenen Integration in die Aktivitäten der Boards ist davon auszugehen, dass der Erfolg bei der Auswahl an Kandidat*innen für Boards unter seinen
Möglichkeiten bleibt. Dieser Umstand wird von den Unternehmen allerdings nicht
ausreichend erkannt oder geäußert, da ihnen die Handlungsalternativen zu wenig
bekannt sind oder als zu wenig wichtig scheinen. Zudem würden Unternehmen wohl
nur ungern Fehler oder Schwächen in der Rekrutierung eingestehen, es sei denn, die
Gründe lägen in externen Faktoren, die mit dem Unternehmen nicht in direkter Verbindung stehen. Das könnte beispielsweise der Fall sein, wenn die Headhunter keinen
guten Job gemacht hätten oder der Markt für bestimmte Funktionen generell schlecht
ist etc.

1.5   Gastautorenbeitrag: Best Practice bei der Besetzung von VR- und GL-Mandaten aus Sicht eines Praktikers (von Dominic Lüthi)

1.5.1   Einleitung

Das Verwaltungsratsgremium besetzt die Schlüsselposition im Unternehmen. Der VR leitet das Unternehmen in strategischen, organisatorischen, rechtlichen und finanziellen Belangen. Er stellt das oberste Organ mit Aufsichts- und Lenkungsfunktion einer Schweizer Aktiengesellschaft dar. Er steht damit im Zentrum der Corporate Governance, die ein ausgewogenes Verhältnis zwischen Führung und Kontrolle herstellen soll. (SwissBoardForum, 2019, S. 35) Die weder entziehbaren noch übertragbaren Hauptaufgaben des Verwaltungsrats sind im OR in Artikel 716 geregelt. Die Entscheidungen sollten stets nach ethischen, politischen, sozialen, gesetzlichen und vor allem unternehmerischen Aspekten ausgewogen sein. Die optimale Zusammensetzung des Verwaltungsrats ist damit auch ausschlaggebend für den Erfolg und das Aussenbild des Unternehmens. Der Verwaltungsrat muss auch ein guter Kommunikator sein. Das Gremium muss rasch erkennen können, an welche Empfänger die auf ihn zukommenden Informationen übermittelt werden müssen. (Madörin, 2018, S. 34).

Gibt es dementsprechend einen allgemeinen Vorschlag für den Skill-Mix von Verwaltungsrätinnen und Verwaltungsräten? Macht der Gesetzgeber Vorschriften zu der Anzahl, der Erfahrung oder gar der Zusammensetzung des Gesamt-VRs? Gibt es eine Art «Zauberformel für den Verwaltungsrat», die sich in der Praxis etabliert hat?

Die Antwort aus der Praxis lautet: Ja und Nein. Es gibt Empfehlungen vom Schweizer Wirtschafts-Dachverband Economiesuisse (2023) bezüglich Corporate Governance: Der Swiss Code of Best Practice empfiehlt, dass der Verwaltungsrat mehrheitlich aus Mitgliedern bestehen soll, die keine operativen Führungsaufgaben im Unternehmen erfüllen. Des Weiteren rät er, das VR-Gremium ausgeglichen, eigenständig, angemessen divers, unabhängig und mit den nötigen Fähigkeiten auszustatten. Konkret:

> «Der Verwaltungsrat strebt eine dem Unternehmen angemessene Diversität seiner Mitglieder hinsichtlich Kompetenzen, Erfahrung, Geschlecht, Alter, Hintergrund und Herkunft an.» (economiesuisse, 2023, S. 11)

Warum ist das so? Kritische und unterschiedliche Standpunkte können zum Einreißen des «traditional men's cozy club-decision-making» (Dobrzynski, 1993, S. 50) führen und dienen damit einer besseren Überwachung – was ja notabene Aufgabe des VRs ist.

Der VR muss die Verantwortung für strategische Entscheide übernehmen – und zwar selbst dann, wenn er fachlich nicht in der Lage ist, die Tragweite der von der Geschäftsleitung vorbereiteten Geschäfte vollumfänglich zu erfassen und die Auswirkungen auf die Zukunft der Gesellschaft abschätzen zu können. Ein unkritischer, überforderter Verwaltungsrat wird zu einem reinen Abnickgremium, das die Verantwortung für Entscheide übernimmt, die eigentlich andere gefällt haben. Ein Verwaltungsrat, der nicht die nötigen

Kompetenzen besitzt, wird kaum die richtigen strategischen Entscheide fällen können. Dies muss aus Sicht der Unternehmung unbedingt verhindert werden, indem dafür gesorgt wird, dass die Zusammensetzung des Verwaltungsrates angemessen diversifiziert und durch kompetente Mitglieder besetzt ist.

Albert M. Baehny, seit 2018 Präsident des Verwaltungsrats der Lonza Group AG, achtet bei der Zusammensetzung des Verwaltungsrats auf diverse Aspekte: Fachkompetenz, berufliche Erfahrung, Diversität, Komplementarität und Engagement. Was für ihn aber wirklich den Unterschied zwischen einem guten und einem weniger guten Verwaltungsrat ausmacht, ist das Verhalten. Die besten Prozesse und Governance-Mechanismen können schlechtes individuelles und kollektives Verhalten nicht ganz kompensieren (Gollmer, 2018).

Nachfolgend werden Kriterien für die Zusammensetzung von KMU-Verwaltungsrats-gremien sowie die Suche nach einem passenden neuen VR-Mitglied und die Herstellung von Diversität vorgestellt.

Der Beitrag baut zum einen auf den Erkenntnissen der Masterarbeit «Optimale VR-Komposition in Schweizer KMU» des Autors auf, die 2009 an der Kalaidos Fachhochschule Schweiz verfasst wurde. Aufgrund der Erkenntnisse aus der empirisch sozial-wissenschaftlichen Arbeit ließ sich eine Dienstleistung entwickeln – die erste Schweizer Online-Vermittlungsplattform für Verwaltungsratsmitglieder und KMU. Mit dem Betrieb dieser Plattform konnte der Autor in den letzten zehn Jahren wertvolle Erfahrungen zur idealen Komposition von VR-Gremien sammeln. Zum anderen basiert dieser Beitrag auf einem Aufsatz, der bei Dürr und Lardi (2015, 2020) erschienen ist. Für den vorliegenden Beitrag wurde der Artikel mit den neuesten Praxiserkenntnissen ergänzt.

1.5.2 Phänomen und Herausforderung

Wir erinnern uns an folgende Ereignisse der letzten Jahre:

- 2015 wurde der Diesel- bzw. Abgasskandal publik, bei dem v. a. Volkswagen, aber auch weitere Automobilhersteller die vorgeschriebenen Grenzwerte für Abgase mit gesetzwidrigen Manipulationen umgehen wollten (Stadelmann, 2017).
- 2017 wurde durch die FINMA das Enforcement-Verfahren bezüglich Corporate-Governance-Themen gegen die Raiffeisen eingeleitet (FINMA, 2018).
- 2018 wurde der Subventionsskandal publik, bei dem die PostAuto Schweiz missbräuchlich bezogene Subventionen in Höhe von 78 Mio. CHF erschlichen hatte (UVEK, o. J.).

Dies sind Risiken, die nicht nur allfällige Börsenwerte beeinflussen, sondern Unternehmen bis ins Herz treffen können und damit unbestritten in den Verantwortungsbereich des VR gehören. Diese Vorfälle menschlichen Versagens unterstreichen, wie wichtig die optimale Zusammensetzung des Verwaltungsrats, ausgewogene Meinungen und vor allem der ausgesprochene Willen zur guten Governance sind. Die Frage lautet: Hätten sich diese (und weitere) Vorfälle mit den passenden Grundsätzen und Regeln der Corporate Governance, der nötigen Ausgeglichenheit an Standpunkten, Interessen und Erfahrungen im Board vermeiden lassen?

Zumindest die KMU-Boards handeln bei der Verwaltungsrats-Zuwahl vorwiegend reaktiv: Fehlende Zeit, operative Alltags-Hektik und nicht vorhandene Nominations-Committees sind bei den meisten kleinen und mittelgroßen Unternehmen dafür verantwortlich, dass die Inhaberschaft ausscheidende oder bereits ausgeschiedene Mitglieder des VR neu besetzt. Hinzu kommt, dass der Vorschlag für das neue Mitglied vorwiegend aus dem engsten Beziehungsnetzwerk der Eigentümerschaft stammt. Dies scheint noch immer so zu sein: Die BDO Verwaltungsratsstudie 2017 zeigt hinsichtlich der Wichtigkeit verschiedener Aspekte bei der Zusammenstellung des VR deutlich, dass bei allen Unternehmensgrößen die «Berücksichtigung der Interessen der Eigentümer» am bedeutsamsten ist (Bergmann & Fueglistaller, 2017, S. 16).

Nicht nur das reaktive Handeln, sondern auch die fehlende Diversität gab in den letzten Jahren viel zu denken. So beklagt Rioult (2016), dass Frauen sowohl im Verwaltungsrat als auch in der Geschäftsleitung aus einer Vielzahl von Gründen untervertreten sind.

Insbesondere die Geschlechtervielfalt ist ein berechtigtes Dauerthema, dem zumindest für die börsennotierten Unternehmen mit mindestens 250 Mitarbeitenden mittels der «Comply or explain-rule» entgegengewirkt wird: Die Regel ist Teil der vom Bundesrat verabschiedeten Gleichstellungsstrategie 2030 und legt einen Geschlechterrichtwert von 20 % Frauenanteil für Geschäftsleitungen und 30 % Frauenanteil für Verwaltungsräte fest (EBG, 2021).

Dabei handelt es sich um einen Regelungsmechanismus: Er besagt, dass die Empfehlung entweder befolgt wird oder – bei Nichteinhaltung – eine Erklärung erfordert. Tatsache ist, dass wir diese Regelung haben und dass sie bestimmt als Chance gesehen werden kann, insbesondere dort, wo Frauen zusätzliche Kompetenzen in Geschäftsleitungen und VR-Gremien einbringen, die in den bestehenden Gremien fehlen.

Doch warum sind Frauen in Verwaltungsratsgremien von KMU immer noch untervertreten? Die Gründe sind wohl mannigfaltig und bestimmt auch individuell. Ein häufiges Muster könnte der Redensart «Gleich und gleich gesellt sich gern» nahekommen. Das sogenannte «Thomas-Prinzip» besagt, dass Männer eher Männer vorschlagen, wenn es um die Allokation und Zuwahl eines neuen Gruppen-Mitglieds für den «inneren Zirkel» geht. (Steck, 2020).

Ein verwandtes Phänomen in diesem Zusammenhang stellt wohl auch die «Glass Ceiling» (gläserne Decke) dar. Es drückt aus, dass Angehörige von bestimmten Bevölkerungsgruppen kaum oder gar nicht in gewisse (oberste) Führungspositionen gelangen können. Dieser Ausdruck erscheint oft in Hinblick auf den Umstand, dass sich gut qualifizierte Frauen schwerer auf die Spitzenpositionen von Unternehmen vorarbeiten können, weil sie mit einer Reihe von (teilweise unsichtbaren) Barrieren konfrontiert werden. Dies können beispielsweise der Mangel an informellen Netzwerken, Vorurteile gegenüber Frauen in Führungspositionen oder gar ein vorwiegend auf Männer abgestimmtes Unternehmensklima sein. Es liegt auf der Hand: Ist auf oberster Führungsebene ausreichende Diversität vorhanden, wird beispielsweise der Glasdecken-Effekt abgeschwächt und damit auch mehr Gleichberechtigung zwischen Mann und Frau hergestellt.

1.5.3   Planung und Suche von Verwaltungsratsmitgliedern

Die Erfahrung hat gezeigt, dass eine gewissenhafte Definition der Anforderungsprofile ein Muss ist, um sich innerhalb des VR-Gremiums bewusst zu werden, wonach man wofür sucht.

Die Frage nach dem allgemeingültigen Anforderungsprofil für den Gesamt-Verwaltungsrat wird oft gestellt. Die Antwort lautet am ehesten: Angemessene Diversität. In der Praxis der KMU-Welt sind neben Branchen- und Fachkenntnissen oft weitere Merkmale erwünscht, die sich teilweise aus den unübertragbaren Kernaufgaben des VRs ableiten lassen. Das können Strategiekenntnisse, Finanz- und Führungserfahrung oder Risikomanagement sein. Gerade für VR-Vermittlungen der letzten zehn Jahre ließ sich auch vermehrt eine Nachfrage nach Kenntnissen in den Bereichen Corporate Governance, Digitalisierung, Nachhaltigkeit, Due Diligence, Venture Capital, Ethik, Startup-Aufbau, Change Management etc. feststellen. Selbstverständlich sind für solche Schlüsselpositionen häufig auch diverse weitere Soft Skills wie Methoden-, Sozial- und Selbstkompetenz gefragt.

Dass die Zusammensetzung des Verwaltungsrats von größter Bedeutung ist, scheint klar zu sein. Weniger aber wurde auf die Frage in der Forschung eingegangen, wie denn die VR-Mitglieder gesucht werden sollen. Dabei stellt der besagte Suchprozess für sich schon ein eigenes Risiko dar, um z. B. das oben erwähnte «Thomas-Prinzip» zu umgehen.

Heutzutage existieren Onlinedatenbanken, in denen sich potenzielle VR-Kandidaten mit ihren diversen Skills und Erfahrungen präsentieren und einfach gefunden werden können. Das Potenzial und die Vielfalt, die sich eröffnen, wenn zur Neubesetzung eines offenen VR-Platzes auf eine zeitgemäße Suche zurückgegriffen wird, zeigt beispielhaft die Abb. 1.15, die den diversen Skill-Mix in der Datenbank von VRMandat.com darstellt:

Die Erfahrung des Autors in den letzten Jahren hat gezeigt: Viele VR-Vermittlungen in KMU waren Personen, die eine komplexe Kombination aus verschiedenen Wunschmerkmalen aufwiesen. Abgesehen von diesen individuellen Betrachtungsweisen gibt es eine Handvoll goldener Regeln hinsichtlich der Vielfalt im Verwaltungsrat: Knowhow, Geschlecht, Alter, Netzwerke, Methodik – sofern sich diese Aspekte abbilden lassen (wollen). Genauso stellen in einem VR-Gremium Werte wie Identifikation, Kommunikation, Verfügbarkeit, Unabhängigkeit, Integrität, Erfahrung und Kompetenz gerngesehene Eigenschaften dar. Es gilt also die richtige Dosis zu finden, um einen ausgewogenen, effektiven, kompetenten und effizienten VR zusammenzustellen.

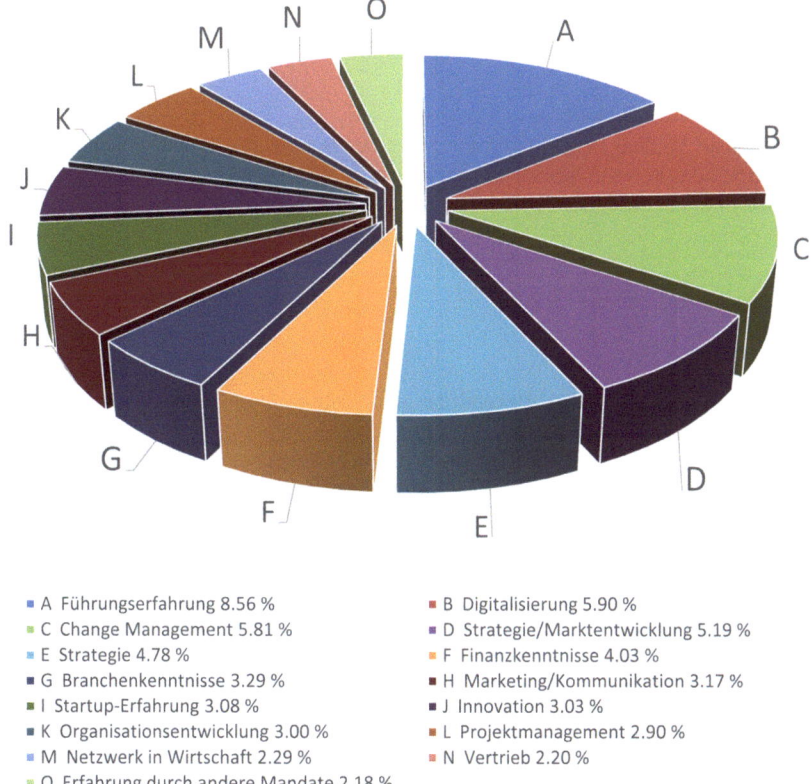

- A Führungserfahrung 8.56 %
- C Change Management 5.81 %
- E Strategie 4.78 %
- G Branchenkenntnisse 3.29 %
- I Startup-Erfahrung 3.08 %
- K Organisationsentwicklung 3.00 %
- M Netzwerk in Wirtschaft 2.29 %
- O Erfahrung durch andere Mandate 2.18 %
- B Digitalisierung 5.90 %
- D Strategie/Marktentwicklung 5.19 %
- F Finanzkenntnisse 4.03 %
- H Marketing/Kommunikation 3.17 %
- J Innovation 3.03 %
- L Projektmanagement 2.90 %
- N Vertrieb 2.20 %

Abb. 1.15 Die 15 am stärksten vertretenen Skills auf VRMandat.com. (Stand: März 2023)

Um allfällige Ziel- und Interessenkonflikte weitestgehend zu vermeiden, bietet es sich an, möglichst unabhängige, integre und den Aufgaben entsprechend kompetente Personen im Verwaltungsrat zu haben. Welche Wunschmerkmale ein neues VR-Mitglied haben soll, ermittelt man nach Hilb (2016, S. 117), indem man die Know-how- und Rollen-Verteilung im Board zuweist.

Die Professionalität der VR-Arbeit kann durch die Existenz eines von außerhalb rekrutierten VR-Mitgliedes erhöht werden, weil dies systembedingt eine formellere Kommunikation verlangt.

Wie an vielen anderen Orten auch geht es oft um Macht, Einfluss und Geld. So kann es sich gerade für die externe VR-Person als herausfordernd erweisen, hart durchzugreifen und sich gleichzeitig bei gewissen Familienmitgliedern nicht unmöglich zu machen. Dazu braucht es Menschenkenntnis und ein gewisses Maß an Taktgefühl (Paltzer-Lang, 2020, S. 24).

Anzustreben wäre ein ausgewogenes, strategisches Gremium mit einer von Vertrauen und Respekt getragenen Unternehmenskultur. Erfahrungsgemäß sind gewisse Kriterien in KMU-Gremien häufiger gesucht. Und trotzdem ist es am Schluss die Ganzheitlichkeit des Teams, die den Gesamtverwaltungsrat die unübertragbaren Aufgaben erledigen lässt und die relevant ist.

«Eine adäquate Struktur und Zusammensetzung des Boards tragen maßgeblich zur erfolgreichen Arbeit des Verwaltungsrats und damit zum nachhaltigen Unternehmungserfolg bei.» (SwissBoardForum, 2019, S. 47)

Literatur

Adams, R. B., & Funk, F. (2012). Beyond the glass ceiling: Does gender matter? *Management Science, 58*(2), 219–235.

Bergmann, H., & Fueglistaller, U. (2017). *BDO Verwaltungsratsstudie 2017: Honorare und Strukturen von Verwaltungsräten in Klein- und Mittelunternehmen in der Schweiz.* https://ch-www.bdo.global/BDO_CH/media/bdo/PDF/DE/Publikation/Studien/BDO-Verwaltungsratsstudie-2017.pdf. Zugegriffen: 1. Febr. 2023.

Bergmann, H., Fueglistaller, U., & Schreiner M. (2020). *BDO Verwaltungsratsstudie. Honorare und Strukturen von Verwaltungsräten in Klein- und Mittelunternehmen in der Schweiz.* https://ch-www.bdo.global/BDO_CH/media/bdo/PDF/DE/Publikation/Studien/BDO-Verwaltungsratsstudie-2020.pdf. Zugegriffen: 20. Apr. 2023.

Dobrzynski, J. H. (1993). The «glass ceiling»: A barrier to the boardroom, too. *Business Week, November, 22,* 50.

economiesuisse. (2023). *Swiss code of best practice for corporate governance.* https://www.economiesuisse.ch/sites/default/files/publications/swisscode_d_web.pdf. Zugegriffen: 14. März 2023.

Eidgenössische Finanzmarktaufsicht FINMA. (2018). *Raiffeisen mit schwerwiegenden Mängeln bei Corporate Governance.* Medienmitteilung. https://www.finma.ch/de/news/2018/06/20180614-mm-raiffeisen/. Zugegriffen: 18. Febr. 2023.

Eidgenössisches Büro für die Gleichstellung von Frau und Mann EBG. (2021). *Gleichstellungsstrategie 2030.* https://www.ebg.admin.ch/dam/ebg/de/dokumente/publikationen_gleichstellung_allgemein/Gleichstellungsstrategie%202030.pdf.download.pdf/Gleichstellungsstrategie%202030.pdf. Zugegriffen: 18. Febr. 2023.

Eidgenössisches Department für Umwelt, Verkehr, Energie und Kommunikation UVEK. (o. J.). *Subventionsbezüge bei PostAuto Schweiz AG.* https://www.uvek.admin.ch/uvek/de/home/uvek/bundesnahe-betriebe/post/untersuchung-zurgewinnerzielung-von-postauto-schweiz.html. Zugegriffen: 18. Febr. 2023.

Ginalski, S. (2016). Frauen an der Spitze schweizerischer Grossunternehmen: Eine historische Analyse der Geschlechterungleichheit. *Social Change in Switzerland, 7.* https://doi.org/10.22019/SC-2016-00008.

Gollmer, M. (2018). «Wer aufhört, besser zu werden, hat aufgehört, gut zu sein». Interview mit Albert M. Baehny. *Finanz und Wirtschaft.* https://www.fuw.ch/article/wer-aufhoert-besser-zu-werden-hat-aufgehoert-gut-zu-sein. Zugegriffen: 14. März 2023.

Hilb, M. (2016). *Integrierte Corporate Governance: Ein neues Konzept der Unternehmens-Führung und -Aufsicht* (6. überarbeitete Aufl.). Springer.

Joecks, J., Pull, K., & Scharfenkamp, K. (2019). Perceived roles of women directors on supervisory boards: Insights from a qualitative study. *German Journal of Human Resource Management, 33*(1), 5–31.

Lardi, M., & Dürr, D. (2015). *Unternehmensführung und Recht: Regulatorisches Umfeld für KMU.* Dike

Madörin, B. (2018). *Der KMU-Verwaltungsrat* (2. Aufl.). Stämpfli.

Paltzer-Lang, G. M. (2020). *Herz und Verstand im Verwaltungsrat: Eine Frau hinterfragt Geschlechter-Unterschiede.* Münster.

Pratto, F., Stallworth, L., Sidanus, J., & Siers, B. (1997). The gender gap in occupational role attainment: A social dominance approach. *Journal of Personality and Social Psychology, 72*(1), 37–53.

Rioult, C. (2016) *Gender Diversity in der Unternehmensführung.* Dissertation. Dike.

Rouiller, N., Lardi, M., & Dürr, D. (2020). *Unternehmensführung und Recht: Regulatorisches Umfeld für KMU/Droit et gestion d'entreprise : Le cadre juridique et réglementaire de l'activité des entreprises.* (2., erw. Aufl. 2e éd. augmentée). Dike.

Stadelmann, U. (2017). Die wichtigsten Ereignisse im VW-Skandal. *Neue Zürcher Zeitung.* https://www.nzz.ch/wirtschaft/dieselskandal-im-vw-konzern-die-wichtigsten-ereignisse-im-vw-skandal-ld.1305582. Zugegriffen: 18. Febr. 2023.

Steck, A. (2020). Warum der Chef meistens Thomas heisst – und fast nie Maria. *NZZ Magazin.* https://magazin.nzz.ch/wirtschaft/thomas-prinzip-rangliste-der-namen-von-verwaltungsraeten-ld.1579876. Zugegriffen: 18. Febr. 2023.

SwissBoardForum. (2019). *Handbuch für den Verwaltungsrat: Ein Ratgeber für die KMU-Praxis* (2., überarbeitete, aktualisierte und erweiterte Aufl.). Cosmos.

Weiterführende Literatur

Eagly, A. H., Diekman, A. B., Johannesen-Schmidt, M. C., & Koenig, A. M. (2010). Gender gaps in sociopolitical attitudes: A social psychological analysis. *Journal of Personality and Social Psychology, 87*(6), 796–816.

Diversity im Top Management und in der Besetzungspraxis: Stellenwert und Umsetzung

2

Zusammenfassung

Boards anders, breiter oder «divers» und damit heterogener aufzustellen, ist keine neue Forderung. Zunächst sollte damit die Gleichberechtigung von Frauen befördert und gegen bestehende Diskriminierungen eingetreten werden.

Angesichts des Fachkräftemangels stehen mittlerweile die Chancen für Frauen und rein genderbezogene Diversity besser. Fraglich bleibt aber, ob genügend Bewusstsein dafür besteht, dass es um mehr als ein Surface-Level geht und auch hohe Führungspositionen betrifft.

In unserem Projekt sollte deshalb geklärt werden, inwiefern sich mittelgroße Unternehmen mit Fragestellungen der Vielfalt und insbesondere Gender Diversity auseinandersetzen, wie sie diese interpretieren und wie sie sich auf sie bezogen positionieren und entwickeln wollen.

Konkret thematisiert dieses Kapitel die generelle Bedeutung des Themas Chancengleichheit und Diversity. Dazu wurden unter anderem die Motive für deren Einsatz, die Besonderheiten von und der Nutzen durch Frauen sowie Hinderungsgründe für (Gender) Diversity dargestellt. Zudem wird die weitere Entwicklung von Gender Diversity eingeschätzt.

Diese Erkenntnisse werden am Ende des Kapitels durch zwei Beiträge von Gastautorinnen ergänzt.

© Der/die Autor(en), exklusiv lizenziert an Springer Fachmedien Wiesbaden GmbH, ein Teil von Springer Nature 2023
S. Olbert-Bock et al., *Diversity in Verwaltungsrat und Geschäftsleitung mittelgroßer Unternehmen,* https://doi.org/10.1007/978-3-658-42400-8_2

2.1   Einleitung: Diversity

2.1.1   Stellenwert und Entwicklung

«Können Sie CEO», titelt der Harvard Business Manager im Februar 2023 just zu dem Zeitpunkt, an dem die Ergebnisse aus dem Projekt «Frauen in VR und GL mittelgroßer Unternehmen – Eine nachhaltige Förderung» zum vorliegenden Buch aufbereitet werden. «Das Top Management steht am Beginn einer Zeitenwende». Die zugehörigen Beiträge verweisen einmal mehr darauf, wie notwendig die Verfügbarkeit bisher vernachlässigter Qualifikationen und einer neuen Art von Führung in den Boardfunktionen von Unternehmen ist.

Boards anders, breiter, vielfältiger, «divers» und damit heterogener aufzustellen, ist dabei keine neue Forderung, sondern hat inzwischen einiges an Tradition. Zunächst ging diese Forderung Hand in Hand mit der Frage nach der Gleichberechtigung von Frauen und gegen bestehende Diskriminierungen. Gender Diversity im Besonderen bezieht sich auf die Geschlechtskategorisierung und ist mit gesellschaftlichen Zuweisungen von Möglichkeiten und Nichtmöglichkeiten verknüpft.

In den vergangenen Jahren verschob sich die wissenschaftliche Diskussion immer weiter weg von einer Surface-Level Diversity, also der Diskussion oberflächlicher Merkmale und sozialer Kategorien wie z. B. Geschlecht, ethnische Herkunft, Alter, Behinderung, Religion und sexuelle Ausrichtung, hin zu tieferliegenden Ebenen, einer Deep-Level Diversity, die sich z. B. auf Haltungen, Präferenzen und Fähigkeiten bezieht. Soziale bzw. moralische Argumente, dass jedes Individuum die gleichen Chancen haben soll, wurden ergänzt um verschiedene Vorteile, die bestehende Unterschiede von Individuen in ihrer Komplementarität z. B. als Cultural Add für Organisationen haben können. Gleichzeitig wurde Kritik an der bestehenden Logik in der Personenauswahl lauter, die entlang einer unmittelbaren Passung bzw. eines Cultural Fit effizientes Handeln verspricht. Angesichts der wachsenden Komplexität wirtschaftlichen Handelns wird eine Vielfalt von Einschätzungen und Hintergründen als vorteilhaft betrachtet. Die Grundannahme einer geforderten Inklusion ist, dass Perspektivenvielfalt und alternatives Denken Kreativität und Innovation fördern sowie blinde Flecken und damit Risiken vermeiden helfen kann.

Insbesondere im Zusammenhang mit Gender Diversity sind inzwischen zahlreiche Studien und Metastudien entstanden. Sie untersuchten oftmals, ob ein höherer Frauenanteil oder eine höhere Geschlechterdiversität zur Unternehmensperformance in z. B. finanzieller oder innovationsbezogener Hinsicht (Noland et al., 2016; Brinkhuis & Scholtens, 2018) oder zu einer verbesserten Nachhaltigkeit oder Corporate Governance beiträgt. Während mit Blick auf die finanzielle Performance verschiedene Studien zu unterschiedlichen Ergebnissen kommen, scheint das Bild bezogen auf Nachhaltigkeit und Governance einheitlicher. Aufgrund bestehender Studien kann davon ausgegangen werden, dass den Unternehmen sowie der Gesellschaft durch einen höheren Anteil an weiblichen VR ein Nutzen im Hinblick auf die Corporate Governance sowie auf die Nachhaltigkeit von Entscheidungen entstehen kann (Reguera-Alvadarado et al., 2017; Ben-Amar et al., 2017; Francoeur et al., 2017). Dazu tragen die Berücksichtigung der Interessen einer größeren Stakeholdervielfalt sowie die ergänzend zu ökonomischen Überlegungen deutlichere Übernahme von Verantwortung für soziale, zivilgesellschaftliche und ökologische Belange bei.

Steigt die Menge an Auswahlmöglichkeiten kompetenter Kandidatinnen und Kandidaten, werden verfügbare Potenziale besser ausgeschöpft und auch die Corporate Governance wird besser wahrgenommen. Es könnten ergänzende Kompetenzen eingebracht werden, an denen es bisher oft fehlt, wie zum Beispiel die Förderung humaner Ressourcen oder die Unternehmenskultur. Allerdings ist Gleichstellung auch ein eigenständiges Ziel von Nachhaltigkeit bzw. der aktuellen 17 SDG (Sustainable Development Goals) und wird zunehmend zum Kriterium zur Beurteilung guter Unternehmensführung/Governance. Zum klaren Beleg einer Kausalität wären allerdings Längsschnittstudien erforderlich, die so nicht verfügbar sind.

2.1.2 Geschlechtsbezogene Diversity – Frauen in Top Management und Boards

Die gläserne Decke (Glass Ceiling) ist eine Metapher für unsichtbare Barrieren des Aufstiegs (Powell & Butterfield, 1994), die nur Frauen und nicht Männern im Wege stehen (Elleguth et al., 2017). Frauen im Top Management und in Boards sind seit ca. 10 bis 15 Jahren in den Fokus der Forschung geraten, zuvor finden sich nur vereinzelt Arbeiten zu diesem Thema (Kirsch, 2018).

Nach wie vor werden Frauen und Männern Eigenschaften und Verhaltensweisen als typisch zugeschrieben. Frauen gelten oft als zu wenig für die Übernahme einer Boardfunktion geeignet, weil ihnen bestimmte Eigenschaften oder Verhaltensweisen entweder fehlen, nicht zugestanden werden, selbst wenn sie gegeben sind, oder aber zum Nachteil gereichen, obwohl sie ggf. sogar sehr nützlich sein könnten. Gemeint ist hier z. B. Einfühlungsvermögen oder Freundlichkeit. Weiterhin gelten Frauen als hilfsbereit, fürsorglich, verständnisvoll, Männer als analytisch denkend, ehrgeizig, durchsetzungsfähig und bestimmend.

Natürlich darf dies nicht darüber hinwegtäuschen, dass es tatsächlich unterschiedlich gut geeignete Verhaltensweisen und Eigenschaften für Boards gibt, was aber auch auf Männer zutrifft. Unklar bleibt dabei, inwiefern es sich bei konstatierten Unterschieden zwischen Männern und Frauen eher um Zuschreibungen oder tatsächliche Unterschiede handelt.

Zur Beschreibung von Persönlichkeitsmerkmalen wird seit Jahrzehnten das wissenschaftlich gut untersuchte Modell der **Big Five** verwendet. Es umfasst die in Tab. 2.1 aufgeführten Aspekte Neurotizismus (als Gegenstück zu emotionaler Stabilität), Offenheit, Extraversion, Gewissenhaftigkeit und Verträglichkeit (Schuler, 2001). Die den

Tab. 2.1 Übersicht der Aspekte der Big Five adaptiert nach Rauthmann (2017)

Kürzel	Domäne	Erläuterung	Adjektive (Auswahl)
O	Offenheit für Erfahrungen *(Openness to experience)*	Interesse an (und Ausmaß der Beschäftigung mit) neuen Erfahrungen, Erlebnissen und Eindrücken	*Intellektuell, schöngeistig, ideenreich, wissbegierig, fantasievoll, unkonventionell*
C	Gewissenhaftigkeit *(Conscientiousness)*	Unterschiede in der Planung, Organisation und Durchführung von langfristigeren Aufgaben	*Gewissenhaft, fleißig, pflichtbewusst, strukturiert, planend, leistungsorientiert, selbstdiszipliniert*
E	Extraversion *(Extraversion)*	Häufigkeit zwischenmenschlicher Interaktion, Bedürfnis nach Stimulation und Erleben von Freude	*Herzlich, gesellig, dominant, energisch, enthusiastisch, heiter*
A	Verträglichkeit *(Agreeableness)*	Freundliche und harmonieherstellende Verhaltensweisen in sozialen Beziehungen	*Freundlich, nett, entgegenkommend, harmoniebedürftig, bescheiden, gutherzig*
N	Neurotizismus *(Neuroticism)*	Ansprechbarkeit für negative Emotionen	*Ängstlich, nervös, reizbar, niedergeschlagen, launisch, verletzlich*

Merkmalen zugeordneten Adjektive weichen dabei teilweise von einem Alltagsverständnis der Eigenschaften ab.

Im Zusammenhang mit dem Führungserfolg wurden bezüglich dieser Eigenschaften Unterschiede zwischen Frauen und Männern festgestellt, wobei allerdings Frauen in den relevanten Merkmalen nicht durchgängig schlechter abschnitten, sondern oft auch besser.

So wird in Studien immer wieder ein positiver Zusammenhang zwischen Extraversion, Gewissenhaftigkeit und Offenheit und hoher beruflicher Leistung hergestellt, Neurotizismus und Verträglichkeit werden hingegen als negativ gesehen (Schuler, 2001). Gemäß einer Auswertung der Daten des Sozioökonomischen Panels (Deutschland) verfügen Führungsfrauen über alle drei positiven Eigenschaften in höherem Maße als Männer und Nicht-Führungsfrauen und schneiden auch bezogen auf Neurotizismus besser ab als diese beiden Personengruppen. Einzig in der Verträglichkeit weichen sie weniger negativ als die Führungsmänner vom Mittelwert aller Erwachsenen ab (Fietze & Tobsch, 2011). Auch eine umfassende Analyse von 360°-Feedbacks zeigt insgesamt bessere Bewertungen von Frauen in zahlreichen Verhaltensweisen (Zenger & Folkmann, 2019). Das Ausmaß an tatsächlichen Unterschieden und Stereotypisierungen abschließend zu klären, dürfte ein nahezu unlösbares Unterfangen sein, weil Verhalten immer im Zusammenhang mit einem Kontext steht und auch die Forschung nicht frei von genderbezogenen Biases bzw. Voreingenommenheit und systematischen Verzerrungen in der Wahrnehmung ist.

Führungsfrauen scheinen sich von der Grundpopulation an Frauen zu unterscheiden, was als Hinweis auf soziale Homogenisierungstendenzen in den Führungsebenen gewertet werden kann. Frauen übertreffen zumindest in einigen Eigenschaften Männer – möglicherweise ist das auch eine Folge davon, dass Frauen zumindest in der Vergangenheit oftmals «besser» sein mussten als Männer, um das Gleiche zu erreichen – auch wenn es durchaus Situationen gibt, in denen Frauen auch Vorteile erlebt haben (vgl. dazu Olbert-Bock et al., 2022).

Weiblichkeit alleine passt bisher jedoch zu häufig nicht zu Boards, die Frauen können aber genauso wenig männliches Verhalten und seine Eigenschaften einfach adaptieren, da sie dann möglicherweise zu wenig akzeptiert würden («Double Bind»). Je weniger eine Person in ihren ihr zugeschriebenen oder tatsächlichen Verhaltensweisen und Eigenschaften dem Prototyp bestehender Board-Mitglieder entspricht, umso mehr ist sie Diskriminierungen ausgesetzt. Die Eigenschaften und Leistungen von Frauen werden als geringer bewertet, sie werden seltener ausgewählt oder gefördert. Die Fälle, in denen sich exponierte Führungsfrauen nicht halten können, sind auffallend häufig in den Medien zu finden. So erhalten Frauen vielfach schlechtere Bewertungen – früher wie auch noch heute (Correll & Simard, 2016; Koenig et al., 2011) – und dies klar auch entlang von sichtbaren oder «objektiven» Merkmalen und Aktionen einer Person, da sie einfach leichter zu erfassen sind.

Der inzwischen – wenn auch allzu hochstilisierte – «alte weiße Mann» verkörpert recht weitgehend «Boardentscheiders Liebling». Wie stark dieser Prototyp die Vorstellungen von Führung immer noch beherrscht, wurde z. B. im Rahmen der Corona-Pandemie und den in der Politik geführten Diskursen deutlich. Spätestens in Situationen, in denen es heikel wird und schnell gehen muss, wird gerne auf traditionelle Schemata zurückgegriffen (vgl. dazu z. B. Stoker et al., 2019; Kakkar & Sivanathan, 2017; Jacquart & Antonakis, 2015). Auch «boardrelevantes Verhalten» und «boardrelevante Merkmale» z. B. im Hinblick auf die terminliche Verfügbarkeit oder die Anwesenheit bei Treffen außerhalb der üblichen Arbeitszeit zählen hier dazu.

Selbst wenn diese Diskussion des besonderen Nutzens von Frauen sicherlich sinnvoll ist, wenn es darum geht, wie man von menschlicher Vielfalt möglichst gut profitieren kann, so ist dennoch erstaunlich, dass sie vor allem bei einer Betrachtung der diskriminierten Gruppe geführt wird.

Wenig musste bisher bei Männern argumentiert werden, was der Zusatznutzen ihrer Beschäftigung im Vergleich zu jener von Frauen ist. Frauen sind das Stigma des Minderwertigen noch nicht ganz losgeworden (vgl. vertiefend dazu Kap. 3, und gerade mit Blick auf Boardfunktionen bleibt noch einiges zu tun, bis sie tatsächlich gleiche Chancen haben.

Angesichts der umfassenden Überzeugungsarbeit, die zahlreiche Diversity-Beauftragte von Unternehmen nach wie vor leisten müssen, ist es dem Thema «Diversity» offenbar noch nicht ganz gelungen, sich – im Sinne von «Inklusion» – aus der Ecke der Förderung benachteiligter Gruppe herauszulösen.

Angesichts des Fachkräftemangels stehen die Chancen für Frauen und rein genderbezogene Diversity zwar gut. Viele Unternehmen wollen jetzt Programme für Frauen auflegen, um diese Reserve des Arbeitsmarktes zu heben. Fraglich bleibt aber, ob es um mehr als ein Surface-Level geht und auch hohe Führungspositionen betreffen wird.

2.1.3 Weitere Entwicklung

Die gläserne Decke konnte zwar über die Jahre angehoben werden, dennoch bleiben die Möglichkeiten für ein weiteres berufliches Vorankommen und gesellschaftliche Einfluss-nahme durch die geringe Beteiligung der Frauen in Boards nach wie vor begrenzt. Letzt-lich gestaltet sich die erfolgreiche Übernahme von VR-Mandaten und GL-Positionen durch Frauen weiterhin schwierig, auch wenn inzwischen genügend dafür gut quali-fizierte Kandidatinnen zu finden sind (Aebi, 2017; Lammers, 2018; Singh et al., 2008).

Der Schweizer Arbeitgeberverband (2017) empfiehlt entsprechend mit seinem «Swiss Code of Best Practice for Corporate Governance» (Swiss Code) den Unternehmen für ihre Verwaltungsratsgremien eine Vertretung beider Geschlechter.

Mit der Entscheidung zum Geschlechterrichtwert von 30 % im Verwaltungsrat und 20 % in der Geschäftsleitung börsenkotierter Gesellschaften hat der Schweizer Nationalrat das Ziel bestärkt, die Anzahl der Frauen in VR und GL zu erhöhen. Damit wird darauf reagiert, dass nach wie vor eine deutliche Differenz zwischen Männern und Frauen im Hinblick auf ihre Beteiligung an Führungsfunktionen und ihre Repräsentation in VR und GL von Unternehmen besteht (OECD, 2016; Catalyst Census, 2016; Egon Zehnder, 2016; ILO, 2015).

In der Schweiz war 2022 die Freude groß, als Frauen die Mehrzahl der Neu-besetzungen im Verwaltungsrat stellten. Dies wurde auch maßgeblich auf den Geschlechterrichtwert zurückgeführt und lobte das eigene vorbildliche Verhalten großer börsenkotierter Unternehmen.

Bei der Einschätzung, ob das Thema von zu wenig Frauen in Boards bzw. einer zu geringen Diversity nun tatsächlich vom Tisch ist, ist hingegen Vorsicht geboten. Zum einen handelt es sich nur um einen kleinen Teil der Schweizer Unternehmen, die dem Geschlechterrichtwert unterworfen sind, und die hier betrachteten mittelgroßen Unter-nehmen[1] sind davon ausgenommen. Zum anderen kann von den Verwaltungsrats-funktionen nicht unbedingt eine Ausstrahlung auf CEO-Positionen erwartet werden. Zum Dritten könnten sich solche Effekte aufgrund demografischer Ursachen als lediglich vorübergehend erweisen.

---

[1] Für unsere Definition von mittelgroßen Unternehmen (MU) vergleiche auch das Abkürzungs-verzeichnis.

Beispielsweise war 2020 in Deutschland die Zahl der erforderlichen Neubesetzungen in den Aufsichtsgremien hoch. Jedoch war nicht nur lediglich die Zahl der weiblichen Führungskräfte bei diesem Wechsel auf den ersten Blick überproportional hoch, sondern auch die der Wechsel. Die Berufungswelle hatte dabei einen mehr oder weniger stark ausgeprägten demografischen Hintergrund. Der mit Abstand häufigste Grund für die ungeplanten Wechsel waren «Differenzen zwischen Aufsichtsrat und Vorstandsvorsitzenden» (Theisen, 2021).

Generell fällt auf, dass in Ländern, in denen eine Quote beschlossen wurde, zwar die Aufsichtsratsquote steigt, die der Vorstände aber auf niedrigem Niveau stagniert (vgl. z. B. Lammers, 2018 für Deutschland). Einer der möglichen Gründe hierfür ist, dass Frauen zwar die Kontrolle, aber nicht unbedingt die Geschäftsführung zugetraut wird (Daily et al., 1999).

Während für Großunternehmen bereits seit Langem Initiativen bestehen, die Anzahl und Förderung von weiblichen VR und GL zu erhöhen und zu etablieren, stecken die Aktivitäten bezogen auf kleine und mittlere Unternehmen noch in den Kinderschuhen. Das Thema «Diversität im Verwaltungsrat» scheint in den mittelgroßen Unternehmen weniger angekommen zu sein. Kleine Unternehmen und insbesondere familiengeführte Unternehmen besetzen ihre wenigen Mandate oft aus ihrem unmittelbaren Umfeld heraus (Habegger et al., 2014). Mittelgroße Unternehmen hingegen nutzen bereits in höherem Maße Beratungen. Sie haben im Vergleich zu Großunternehmen eine geringere Bekanntheit und begrenztere finanzielle und kompetenzbezogene Ressourcen und damit größere Schwierigkeiten, die Mandate zu vergeben. Die Bedeutung vorausgehender Qualifikation durch die Übernahme von Funktionen, oft in der Geschäftsleitung, stellt eine weitere Hürde dar, an der viele kompetente Frauen nach wie vor scheitern.

Demografische Veränderungen scheinen durchaus Optionen für mehr Vielfalt zu bieten, aber nur, wenn sie auch ergriffen werden und von Dauer sind. Offen bleibt bisher auch die Frage, wie sich eine auf Vielfalt und Heterogenität gerichtete Transformation im Top Management und in Boards tatsächlich erreichen lässt.

Angesichts der dargestellten Situation sollte in unserem Projekt geklärt werden, inwiefern sich mittelgroße Unternehmen mit Fragestellungen der Vielfalt und insbesondere Gender Diversity auseinandersetzen, wie sie diese interpretieren und wie sie sich auf sie bezogen positionieren und entwickeln wollen.

Konkret wurden sowohl Ergebnisse aus den 34 Interviews als auch der Unternehmensbefragung (vgl. Einleitung) genutzt. In diesem Kapitel werden aus den Ergebnissen Antworten zu folgenden Überlegungen thematisiert:

- Generelle Bedeutung des Themas Chancengleichheit und Diversity und Begriffsklärung
- Art der Motivation für Diversity/Gender Diversity
- Besonderheiten von und Nutzen durch Frauen
- Einschätzung der weiteren Entwicklung von Gender Diversity
- Hinderungsgründe für Diversity/Gender Diversity

Tab. 2.2 Diversitätsverständ-
nis, n = 57

Verständnis von Diversität	Mittelwert
Unterschiedlicher Background (Fachkenntnisse)	3,8
Unterschiedliche Gender	3,6
Unterschiedliches Alter	3,6
Unterschiedliche Branchenerfahrung	3,5
Unterschiedlicher kultureller Hintergrund	3,3

1 = nicht, 2 = eher weniger, 3 = neutral, 4 = eher stark, 5 = sehr
stark

- Qualitäten und Boardverhalten von Frauen und Männern
- Einsatz des Unternehmens für mehr Diversity
- Spillover-Effekt – Frauen in Führung und CEO-Funktionen
- Gender Diversity als adäquat diskutiertes Thema

2.2   Ergebnisse aus dem Projekt

Die folgenden Unterkapitel beziehen sich größtenteils auf die Ergebnisse aus der online durchgeführten Unternehmensbefragung (vgl. Einleitun zum Buch). Die Befragung richtete sich an Verwaltungsratsmitglieder und Verwaltungsratspräsidierende, Firmeneigentümer sowie Hauptaktionäre.

2.2.1   Generelle Bedeutung von Chancengleichheit und Diversity

Aus den Interviews geht hervor, dass sich die Unternehmen zunehmend bemühen, Vakanzen mit Frauen zu besetzen, allerdings bleiben ihre Ideen oft auf wenige bekannte Frauen bzw. Namen fokussiert. Anders liegt der Fall in der italienischen Schweiz, wo das Engagement für eine stärkere Frauenförderung weniger verbreitet ist.

In der Unternehmensbefragung erhielten die Teilnehmenden die Gelegenheit, den Begriff Diversität nach ihrem Verständnis einzuordnen. Die angebotenen Items basierten auf den zuvor geführten Interviews.

Diversität wird an erster Stelle als Unterschied von Hintergrund und Fachkenntnissen verstanden und etwas seltener mit unterschiedlichem Geschlecht und Alter in Verbindung gebracht (vgl. Tab. 2.2). Beim kulturellen Hintergrund zeigt sich noch mehr Zurückhaltung bei den Befragten, ihn mit Diversität in Verbindung zu bringen.

In diesem Zusammenhang ist die Einschätzung der Diversität des eigenen Verwaltungsratsgremiums der Befragten interessant, die auf einer 5er-Skala von «überhaupt nicht divers» bis «sehr divers» abgebildet ist (vgl. Abb. 2.1).

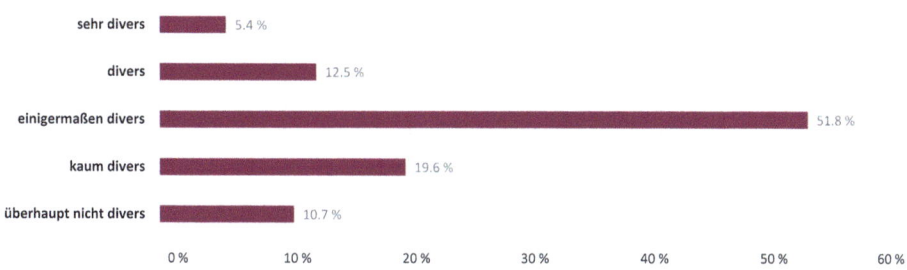

Abb. 2.1   Einschätzung des eigenen VR hinsichtlich Diversität; Angaben in Prozent, n = 57

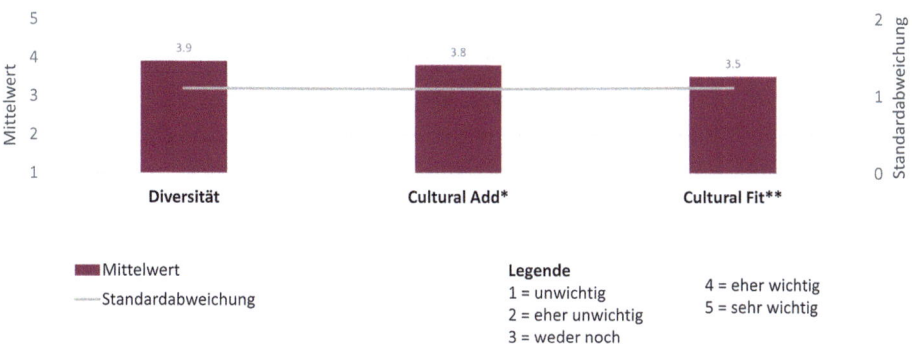

* Unterschiedliche Charaktere (Typenvielfalt), unterschiedliche Haltungen, Einstellungen und Normen der einzelnen VR-Mitglieder
**Ähnliche Haltungen, Einstellungen und Normen der einzelnen VR-Mitglieder

Abb. 2.2   Relevanz von Diversität für eine hohe Qualität der VR-Arbeit, n = 64

Die Hälfte der Befragten schätzt den eigenen Verwaltungsrat als «einigermaßen divers» ein. Ein deutlich geringerer Anteil von knapp 18 % bezeichnet ihn als divers bzw. sehr divers. Fast ein Drittel hingegen (30 %) spricht von kaum oder gar nicht vorhandener Diversität.

Vermutlich ist Diversity oft auch bewusst nicht Ziel: Zwar verdeutlicht die Unternehmensbefragung, dass sie ein eher wichtiger Aspekt zu sein scheint (MW 3,9, vgl. Abb. 2.2), aber sie ist umstritten. Bereits in den Interviews wurde mehrfach festgehalten, dass das Profil und die Fähigkeiten den Anforderungen entsprechen müssen und nicht dem Gender (8 Nennungen).

Entsprechend erhoffen sich 66 % der Unternehmen einen Cultural Add, der sich in unterschiedlichen Charakteren, Haltungen und Einstellungen äußert. Gleichzeitig ist aber auch 58 % der Cultural Fit wichtig (mit den Werten 4 = eher wichtig und 5 = sehr wichtig belegt). Diversity könnte somit auch als Hemmnis betrachtet werden, das zunächst ein effizientes Funktionieren beeinträchtigt.

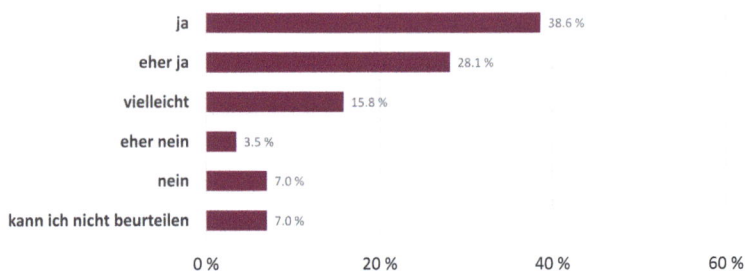

Abb. 2.3 Erwägung zur Erhöhung des Frauenanteils im eigenen VR, n = 57

Das Bedürfnis nach dem Cultural Fit wird tendenziell zu einer Fortführung der bestehenden Besetzungspraxis beitragen, zumindest was die abschließende Entscheidung für oder gegen Kandidat*innen betrifft (vgl. Abb. 2.6 und Abschn. 2.2.4).

Dabei stehen die Antwortenden bezüglich der zukünftigen Besetzung bzw. Erneuerung ihrer Verwaltungsräte einer Erhöhung des Frauenanteils aus Diversitäts-Überlegungen heraus mehrheitlich offen gegenüber. Gut zwei Drittel (67 %) erwägen dies nach eigener Aussage, wobei einzelne Antworten vermutlich auf soziale Erwünschtheit zurückzuführen sind. Zählt man gemäß Abb. 2.3 die unentschlossenen Absichtserklärungen (= vielleicht) dazu, sprechen sich gar 83 % dafür aus, vermehrt Frauen in den Verwaltungsrat zu rekrutieren.

Für viele Unternehmen stellt Geschlechterdiversität einen Beitrag zur Qualitätssicherung des Gremiums dar (vgl. Tab. 2.9). In Kombination mit der Frage nach dem Cultural Add oder Cultural Fit dürfte es sich aber folglich oft eher um eine Surface-Level als eine Deep-Level Diversity handeln.

2.2.2 Art der Motivation für Chancengleichheit/Diversity

Die weiteren Motive für Chancengleichheit bzw. Diversity sind selbst «vielfältig».

Bei ihrer Erhebung wurden Motive unterschieden, die entweder zweckorientiert oder wertbasiert sind. Rührt die Motivation daher, zu erwartenden Regulatorien zuvorzukommen oder eine positive Außenwirkung und damit den guten Ruf des Unternehmens zu erhalten, so steht eher eine Zweckdienlichkeit im Vordergrund. Dazu zählt auch die Erwartung (oder Antizipation) von zukünftigen regulatorischen Eingriffen des Gesetzgebers infolge der für börsenkotierte Großunternehmen mit dem Geschlechterrichtwert von 30 % für Verwaltungsräte und 20 % für Geschäftsleitungen eingeführten Regelung (Schweizerischer Bundesrat, 2020). Es könnte daher sein, dass sich auch mittelgroße Unternehmen mehr für Geschlechtergleichheit einsetzen, was in den Interviews entsprechend signalisiert wurde: Es wurde über Fälle berichtet, in denen gar keine genderneutrale Suche stattfand, sondern ein reiner Frauenfokus gelegt wurde, um den

Tab. 2.3 Leistungserbringung als Motivation zur Erhöhung des Frauenanteils in VR-Gremien, n = 51

Leistungserbringung	
Mehr Querdenken	31 %
Rollendiversität	29 %
Kommunikations- und Entscheidungsprozesse	28 %
Neue Handlungsweisen	24 %
Ausgewogenere Risikobeurteilung	24 %
Bessere Zusammenarbeit	22 %
Besseres Konsumentenverständnis/Stärkerer Kundenfokus	16 %
Bessere Verhandlungstaktik/-strategie	6 %
Stärkere Konfliktfähigkeit	6 %

Geschlechterrichtwert zu erreichen. Teilweise wurden dann auch schlechte Erfahrungen gemacht. Oft wird betont, dass das Profil und die Fähigkeiten den Anforderungen entsprechen müssen. Die Erwartung von weiteren Stakeholdern trägt auch zu einem zunehmenden Druck Richtung Gleichstellung als Kriterium zur Beurteilung der Unternehmensführung bei. Viele Unternehmen zielen auf Legitimität und eine positive Signalwirkung. Weitere «Zusatznutzen» liegen in der eingangs zu diesem Kapitel erwähnten Steigerung von Leistung, Innovationskraft oder Corporate Social Responsibility (CSR) oder können sich innerhalb des VR-Gremiums als qualitative Verbesserung der VR-Arbeit oder im konkreten Boardverhalten der Mitglieder des Gremiums manifestieren. Die wachsende Knappheit an geeigneten Fachleuten, die im operativen Geschäft viele Unternehmen bereits seit einigen Jahren vor zunehmende Herausforderungen stellt, könnte für Boards ebenfalls ein Szenario sein, dessen man sich vorausschauend annehmen will.

Chancengleichheit und Diversity als «Wert an sich» ist normativ getrieben. Sie gehört zum guten Ton und entspricht dem Selbstverständnis der Beteiligten und wird eher intrinsisch motiviert verfolgt.

Welche Gründe sprechen nun aber nach Aussage der Befragten für eine vermehrte Beachtung von Diversitätskriterien und eine verstärkte Ausschau nach qualifizierten und kompetenten Frauen? Insgesamt wurden 20 Aspekte in den nachstehenden vier Kategorien erfragt:

• Chancengleichheit als Wert an sich (Signalling und aktive Kommunikation)
• Leistungserbringung
• Unternehmensperformance
• Talentbezogene Überlegungen

Tab. 2.4 Unternehmensperformance als Motivation zur Erhöhung des Frauenanteils in VR-Gremien, n = 51

Unternehmensperformance	
Nachhaltigeres Handeln/Corporate Social Responsibility (CSR)	22 %
Verbesserung der Unternehmensführung/Governance	22 %
Bessere Change-bezogene Performance	14 %
Höhere Performance/Stärkung der finanziellen Leistungsfähigkeit	10 %
Höhere Innovationskraft	10 %

Tab. 2.5 Talentbezogene Überlegungen als Motivation zur Erhöhung des Frauenanteils in VR-Gremien, n = 51

Talentbezogene Überlegungen	
Andere Netzwerke, Ausweitung der Netzwerke, da die Frauen nicht aus den «üblichen» Netzwerken stammen	41 %
Aufbau und Pflege von Talenten	20 %
Gezielte Förderung einzelner Frauen (z. B. aus der Familie)	12 %

Ein Drittel der Antwortenden gibt an, die Chancengleichheit zwischen männlichen und weiblichen VR-Aspiranten als Wert an sich zu betrachten und darum eine Erhöhung der Frauenanteile anstreben zu wollen. Die weiteren Ergebnisse der Befragung finden sich in Tab. 2.3, 2.4 und 2.5.

Positive Wirkung auf die Leistungserbringung durch mehr Diversität und einen höheren Frauenanteil in einem Verwaltungsrat erhoffen sich die Befragten insbesondere durch eine verstärkte Ausprägung des Querdenkens, eine stärkere Diversität in den verschiedenen Rollen im Verwaltungsrat, aber auch durch eine Verbesserung der Kommunikations- und Entscheidungsprozesse.

Auffallend hingegen sind die niedrigen Werte, die sich auf eine bessere Verhandlungstaktik bzw. -strategie und die stärkere Konfliktfähigkeit beziehen. Dies sieht nur eine kleine Minderheit als Grund für mehr Frauen in VR-Gremien.

In Bezug auf die Unternehmensperformance erstaunen die eher geringen Werte. Kaum 10 % zielen mit mehr Frauen im VR auf eine höhere Performance bzw. eine Stärkung der finanziellen Leistungsfähigkeit des Unternehmens oder höhere Innovationskraft.

Eher erhoffen sich die Befragten durch die Rekrutierung von Frauen eine positive Entwicklung im Bereich der Corporate Social Responsibility (CSR) bzw. der Intensivierung im nachhaltigen Handeln, genauso wie Verbesserungen in der Unternehmensführung bzw. der Governance.

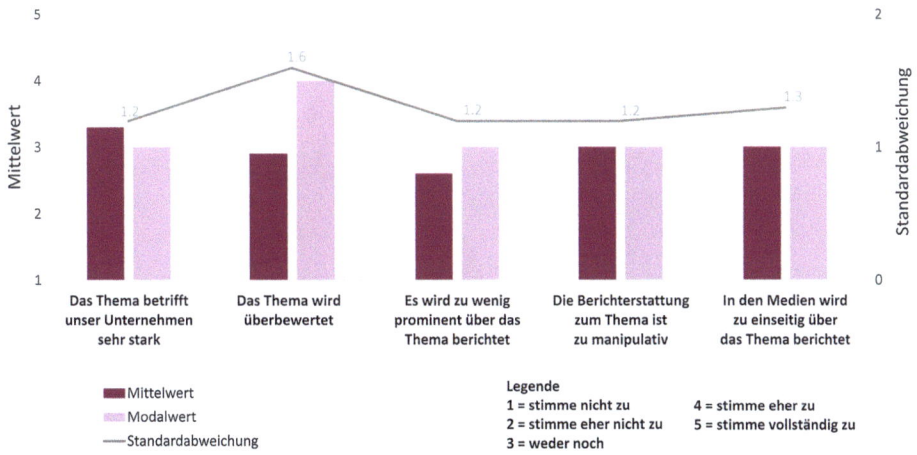

Abb. 2.4 Betroffenheit und Haltungen zum Thema Geschlechterrichtwert, n = 57

Die Ausweitung der Netzwerke durch die Mitglieder bzw. neue Mitglieder im Verwaltungsrat ist mit etwas mehr als 40 % der absolut höchste Wert bei der Motivation, den Frauenanteil zu erhöhen. Unternehmen erhoffen sich hier den Zugang zu weiteren Kompetenzen und Kandidat*innen.

Zusammenfassend stehen die Performance-Vorteile eher im Hintergrund, wenn auf ein besseres Zusammenwirken und Beziehungen zum Umfeld gezielt und vor allem auf einen größeren Pool an möglichen Kandidat*innen mit Zugang zu den Netzwerken weiterer Personen gehofft wird.

2.2.3   Spillover-Effekte des Geschlechterrichtwertes auf mittelgroße Unternehmen

Ein Blick auf Abb. 2.4 legt dar, dass die Antwortenden nicht sonderlich vom Thema Geschlechtergleichheit betroffen zu sein scheinen: Von dem politischen Eingriff bei Großunternehmen sehen sich nur wenige mittelgroße Unternehmen betroffen.

Interessant sind die Angaben zur Aussage «das Thema wird überbewertet», die doch von einem Teil der Antwortenden tendenziell Zustimmung erhält (Modalwert = 4) und offenbar polarisiert, da der Mittelwert dennoch jenem der anderen Aussagen nahekommt und bei einer tieferen bzw. neutralen 3 liegt. Einzelne Personen mit der Haltung, dass das Thema noch mehr Aufmerksamkeit erfahren müsse, stehen jenen gegenüber, die sie bereits als zu hoch betrachten.

Dies bestätigt das Ergebnis, wonach die Hälfte der Antwortenden die Aufmerksamkeit für das Thema der Gleichstellung bei KMU-Verwaltungsräten als ausreichend

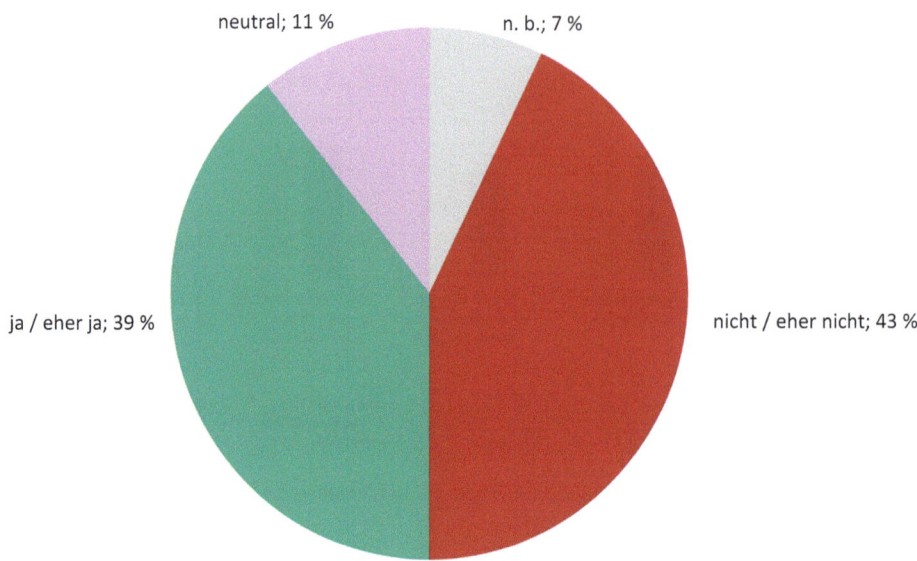

neutral; 11 %

n. b.; 7 %

ja / eher ja; 39 %

nicht / eher nicht; 43 %

Abb. 2.5 Beurteilung der Aufmerksamkeit für das Gleichstellungsthema, n = 56

Tab. 2.6 Einschätzungen zum Geschlechterrichtwert, n = 57

Geschlechterrichtwert	Mittelwert
Die Gesamtzahl an Frauen in Verwaltungsratspositionen wird steigen	4,3
Die Anforderungen an die Transparenz in der Vergabe von Verwaltungsratsmandaten werden steigen	3,7
Der Geschlechterrichtwert führt zu einer Marktverknappung an geeigneten Frauen. Durch die Marktverknappung wird es noch schwieriger, VR-Positionen mit geeigneten Frauen zu besetzen	3,0
Verwaltungsratsgremien werden eine höhere Anzahl an Personen umfassen, um mehr Frauen beteiligen zu können	2,8

beurteilt, wie Abb. 2.5 illustriert. Zu wenig getan wird aus Sicht von beachtlichen 43 % der Befragten.

Mittelbare Folgen aus dem Geschlechterrichtwert für mittelgroße Unternehmen könnten darin bestehen, dass sie noch mehr Mühe haben, geeignete Frauen zu finden. Die wenigen sichtbaren Frauen würden von ihnen schnell berufen und die Suche nach weiteren Kandidatinnen noch schwieriger. Angesichts der Ergebnisse in Kap. 1 wäre dies durchaus ein mögliches Szenario. Doch auch hier entsteht in Anbetracht der Antworten aus Tab. 2.6 eher der Eindruck, dass die Unternehmen sich von der ganzen Diskussion kaum tangiert fühlen – und möglicherweise auch von einer tiefer gehenden Auseinandersetzung, wie sie mehr geeignete Frauen für ihre Verwaltungsratsfunktionen finden. Die

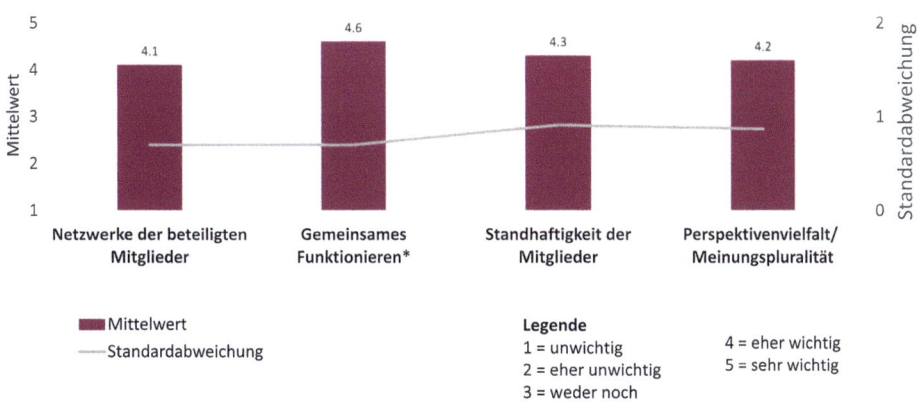

Abb. 2.6   Relevanz von Sichtweisen und Vernetzung für eine hohe Qualität der VR-Arbeit, n = 64

Option, das Gremium zu vergrößern, wird auch kaum gesehen, obwohl es einzelne Fälle gibt, in denen dies berichtet wird.

Lediglich den unmittelbaren Folgen aus dem Eingriff durch den Geschlechterrichtwert stimmen die Befragten zu und gehen von einer steigenden Anzahl an Frauen in den Gremien sowie von einer höheren Transparenz in der Besetzung aus, da bei einer Untererfüllung des Richtwerts die Ursachen angegeben werden müssen.

2.2.4   Voraussetzungen der Zusammenarbeit im Gremium

Wie bereits in Kap. 1 dargelegt, sind die drei am häufigsten genannten Punkte zur Qualitätssicherung im VR-Besetzungsprozess und einer damit später zu erwartenden höherwertigen VR-Arbeit mit Abstand folgende Aspekte (n = 64):

- Zusammensetzung nach Branchendiversität (56 %)
- Zusammensetzung nach Geschlechterdiversität (50 %)
- Zusammensetzung nach Altersdiversität (48 %)

In diesem Zusammenhang zu erwähnen ist die recht geringe Bedeutung eines internen Kontrollsystems (IKS) für die Qualitätssicherung des Besetzungsprozesses.

Beim Verwaltungsrat handelt es sich meist nicht um eine einzelne, sondern mehrere Personen, die Entscheidungen vorbereiten und treffen. Gefragt wurde daher auch, was zu einer guten Zusammenarbeit im Gremium beiträgt.

Die unterschiedliche Auffassung zu einem Cultural Fit oder Cultural Add wurde bereits in Abschn. 2.1.1 sowie in Abschn. 1.3.2.2 dargestellt. So gehen einige Antworten

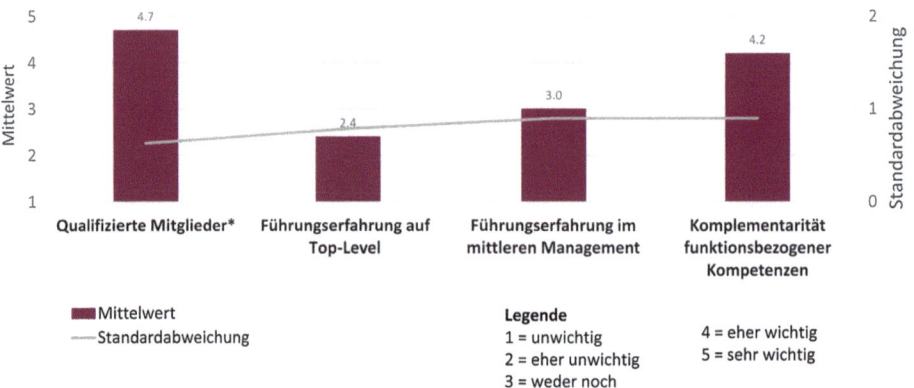

Abb. 2.7 Relevanz qualifikations- und erfahrungsbezogener Merkmale des Gesamtgremiums VR für eine hohe Qualität der VR-Arbeit, n = 64

von einem positiven Beitrag der kulturellen Passung für die Zusammenarbeit aus, während annähernd gleich viele Antworten gerade die kulturelle Komplementarität als wichtig erachten. Genauso werden das «gemeinsame Funktionieren», möglicherweise verstanden als Einheitlichkeit und Effizienz, sowie die Netzwerk- und Perspektivenvielfalt in ihrer Bedeutung ähnlich eingeschätzt (vgl. Abb. 2.6). Folgendes Zitat bringt das zum Ausdruck:

> «In einem VR kommen unterschiedlichste Netzwerke der Mitglieder zusammen. Das ist die beste/verlässlichste Quelle.»

Mit der Standhaftigkeit ist bereits eine wesentliche Eigenschaft einzelner Mitglieder angesprochen, die für die Zusammenarbeit wesentlich ist. Abb. 2.7 befasst sich mit der Bedeutung weiterer qualifikations- und erfahrungsbezogener Merkmale für ein funktionierendes Gesamtgremium.

Fast den Höchstwert erreicht hier der Aspekt «qualifizierte Verwaltungsratsmitglieder» sowie die ebenfalls hohe Einstufung der Komplementarität funktionsspezifischer Kompetenzen, die die Gesamthandlungsfähigkeit in einem VR-Gremium maximieren soll. Eher unwichtig sind die Führungserfahrung auf Top-Level sowie im mittleren Management – wobei Erfahrung aus Großunternehmen nicht unbedingt von Vorteil ist, wie die folgende Äusserung eines Befragten belegt:

> «Das intime Know-how der möglichen Frauen und Herren für den VR ist von zentraler Bedeutung für KMUs. Know-how aus Großunternehmen ist weniger wichtig. Leute aus Großunternehmen komplizieren die Arbeit bei KMUs nur.»

Doch auch «harte» Faktoren tragen dazu bei, dass die Zusammenarbeit gelingt. Vereinzelt finden sich in den Interviews Aussagen, dass die Verfügbarkeit von Frauen

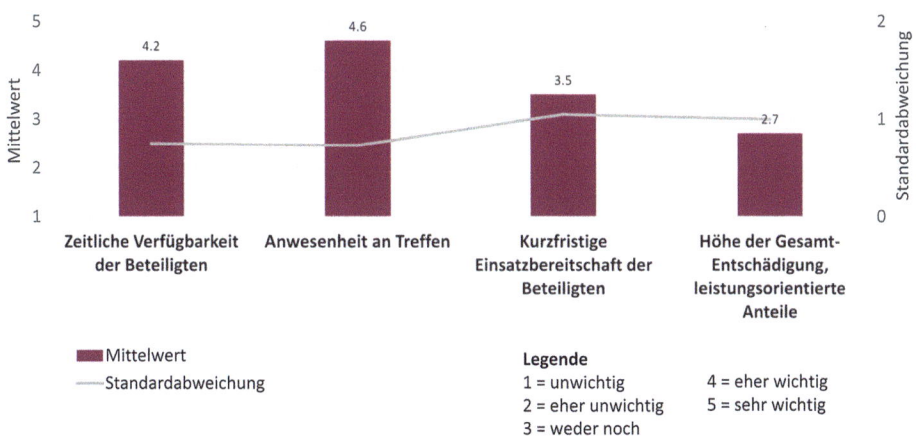

Abb. 2.8 Relevanz formaler Aspekte für eine hohe Qualität der VR-Arbeit, n = 64

schlechter sei. So betonten mehrere Interviewpartner das zu geringe Angebot an Kinderbetreuungsmöglichkeiten und damit einhergehend die Einschränkungen in der Verfügbarkeit von Frauen. Teilweise stünden sich Frauen andererseits aber auch selbst im Weg, indem sie sich höhere Arbeitsauslastungen zu wenig zutrauten bzw. zumuteten.

Es sollte daher in Erfahrung gebracht werden, wie bedeutsam verschiedene Aspekte der Verfügbarkeit für die Zusammenarbeit im VR sind.

Beim Blick auf Abb. 2.8 wird erkennbar, dass kurzfristige Flexibilität offenbar weniger bedeutsam ist. Möglicherweise gilt das eher in unternehmerisch guten und stabilen Zeiten und wird in Krisenzeiten wichtiger, ist doch Reaktions- und Entscheidungsfähigkeit dann essenziell. Unsere Befragung wurde zu Pandemiezeiten durchgeführt, sodass dieser Wert vermutlich bereits höher ausfällt als «in normalen Zeiten».

Die höchste Relevanz erreicht die Anwesenheit bei VR-Sitzungen und die generelle zeitliche Verfügbarkeit der Verwaltungsratsmitglieder. Beides sind Anforderungen, bei deren Erfüllbarkeit sich Männer und Frauen kaum unterscheiden dürften. Sie hängt auch von der Menge an Mandaten einer Person und der Frage ab, welcher Anzahl an Mandaten noch seriös nachgegangen werden kann. Die Mehrheit der Befragten (35 von 51) spricht in diesem Zusammenhang abhängig von der Unternehmensgröße und der Größe des Gremiums von 3–5 VR-Mandaten, für die man gleichzeitig tätig sein kann, um die dafür notwendige Sorgfalt (also auch Krisenzeiten eines Unternehmens) an den Tag zu legen.

Die Entschädigung wird in mittelgroßen Unternehmen oftmals unter jener der großen liegen. Für das Funktionieren des Gremiums wird ihr eine geringere Bedeutung beigemessen.

Tab. 2.7 Stärken und Schwächen von Frauen mit VR- und GL-Ambitionen

Stärken von Frauen nach Einschätzung der Befragten	Schwächen von Frauen nach Einschätzung der Befragten
• Sozial kompetenter [5] • Tiefgründiger [3] • Weniger Goldgräber, bedachter, weniger Bereitschaft zu «faulen Kompromissen» [3] • Weniger selbstherrlich [2] • Näschen für Machtverhältnisse [2] • Attraktivität [2] • Machtkämpfe interessieren nicht [1]	• Geringe Selbstsicherheit [8] • Geringere Karrierekompetenz [7] • Frau zu sein reicht nicht [6] • Schwache Fähigkeit, sich in Alpha-getriebener Kultur zu bewegen [6] • Schwierige Verfügbarkeit [4] • Fehlende Senior-Management-Erfahrung [3] • Fehlendes «Boardroomniveau» [3] • Wirken unsympathisch [2]

2.2.5 Hemmende und fördernde Faktoren für den Einsatz von Frauen

Bezüglich der Zusammenarbeit des Gremiums wurde die Frage aufgeworfen, ob ein von Männern unterscheidbares, anderes Boardverhalten bei Frauen erkennbar ist, das sich als Hemmschuh bemerkbar macht oder als besonderes «Asset» erweist. Als frauenspezifische Stärken und Schwächen kristallisierten sich in den Interviews mehrere Punkte heraus, die in Tab. 2.7 aufgeführt sind.

Bemerkenswert sind die deutlichen Hinweise, dass sich Frauen offenbar zu wenig an die Spielregeln halten, die sich in Boardfunktionen etabliert haben. Dies wird ihnen teilweise positiv angerechnet, deutlich häufiger allerdings kritisiert. So ist es einerseits gut, wenn sie weniger selbstherrlich auftreten und weniger faule Kompromisse schließen. Andererseits kann es aber auch als Beleg genutzt werden, dass sie nicht die politischen Spielarten auf Boardniveau beherrschen oder nicht gedenken, sich daran zu halten, weswegen ihnen die Eignung abgesprochen wird. Es ist davon auszugehen, dass in diesem Zusammenhang den Frauen durchaus paradoxe Botschaften oder Signale im Sinne eines «Double Bind» gesendet werden.

2.2.6 Erfüllung der Anforderungen für VR-Mandate durch Frauen

Die in Kap. 1 vorgestellten Ergebnisse aus den Interviews mit Playern hatten den Eindruck hinterlassen, dass Frauen in der Endauswahl oftmals an der einfach nachweisbaren Vorqualifikation in Form von vorausgehenden Führungspositionen auf Top-Level scheitern, auch wenn sie die Anforderungen an sich erfüllen. Dies war teilweise auch den Interviews der Player zu entnehmen. Oft sei die fehlende Erfahrung von Frauen v. a. in hohen Führungspositionen der «Killerfaktor».

Daher wurden in der Befragung von Unternehmensvertretern die qualifikatorischen und kompetenzbezogenen Voraussetzungen von Frauen für VR-Mandate und (mög-

Legende
1 = nicht bedeutend   2 = wenig bedeutend   3 = weder noch   4 = eher bedeutend   5 = sehr bedeutend

Abb. 2.9 Bedeutsamkeit von Qualifikationen und Vorerfahrungen für ein VR-Mandat, n = 60

lichen) geschlechterspezifischen Unterschiede nochmals näher beleuchtet. In einem ersten Schritt wurden aus den in Kap. 1 dargestellten Anforderungen und Auswahlkriterien ein Katalog an Qualifikationen und Vorerfahrungen sowie einer an Kompetenzen zusammengestellt.

Der Katalog zu Qualifikationen und Vorerfahrungen umfasst die Kategorien *Führung und Management, Fachspezifische Aspekte* und *Bildung,* jener zu Kompetenzen die Kategorien *Unternehmensstrategie, Verhalten im Team, Belastbarkeit* und *Unsicherheit.*

Zunächst wurde eine Einschätzung der Bedeutsamkeit von Qualifikationen/Vorerfahrungen und von Kompetenzen erfasst.

Bei der Bedeutsamkeit von Qualifikationen und Vorerfahrungen, dargestellt in Abb. 2.9, belegen die Führungserfahrung auf Top-Level und die Krisenerprobtheit die Spitzenpositionen (Mittelwert von jeweils 4,1 auf einer Skala von 1 bis 5).

Fachspezifische Thematiken wie ein spezieller fachlicher Hintergrund und Branchen- und Marktkenntnisse folgen, ebenso wie die Mehrsprachigkeit, dicht dahinter mit einem Mittelwert von 4,0. Geringere Bedeutung zugewiesen bekommt der schulische Weg: Hohe Bildungsabschlüsse und Akademikertitel erreichen einen Wert in der Mitte und sind damit am unteren Ende der Liste wiederzufinden.

Die hohe Relevanz der Erfahrung des Einzelnen auf Top-Level überrascht ein wenig, denn für eine gute Qualität der VR-Arbeit insgesamt wurde ihr noch eine sehr viel geringere Rolle zugedacht (vgl. Abb. 2.7).

Bei den Kompetenzen und Eigenschaften ergibt sich die in Abb. 2.10 dargestellte Bedeutungszuweisung.

Mit Ausnahme des Durchsetzungsvermögens und der hohen Arbeitsbelastung, die mit 3,7 und 3,8 immer noch hohe Werte erreichen, sind alle Kompetenzen durchwegs

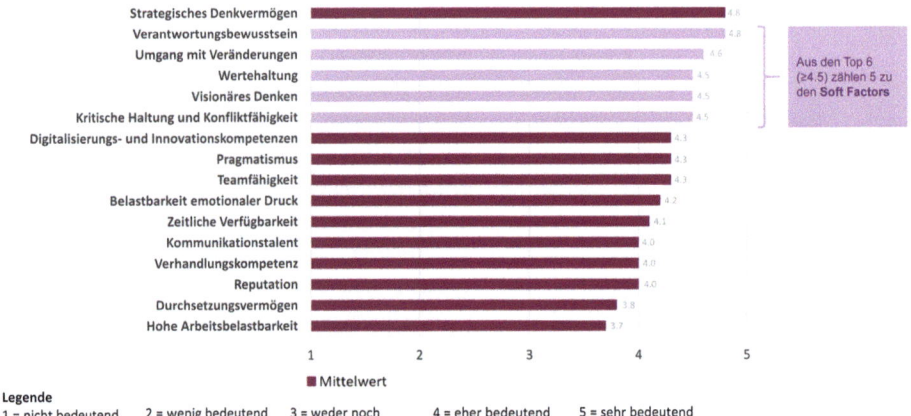

Abb. 2.10 Bedeutsamkeit von Kompetenzen und Eigenschaften für ein VR-Mandat, n = 57

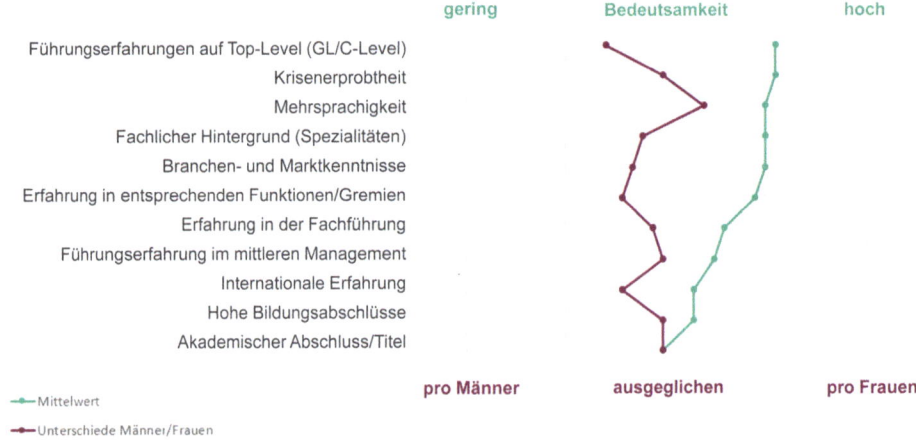

Abb. 2.11 Qualifikationen und Vorerfahrungen für den VR im Vergleich von geschlechterspezifischen Stärken und Bedeutsamkeit, n = 57

mit mindestens 4,0 (= eher bedeutend) eingestuft worden. Sechs Faktoren erhielten sehr hohe Werte zwischen 4,5 und 4,8 von 5.

In einem zweiten Schritt wurde um eine Einschätzung gebeten, inwiefern sich Männer und Frauen sowohl mit Blick auf die Qualifikationen/Vorerfahrungen als auch die Kompetenzen unterscheiden. Die Abb. 2.11 zeigt die Resultate der Zuordnung der zuvor erfragten Vorerfahrungen und Qualifikationen hinsichtlich männer- oder frauenspezifischer Stärken sowie in absteigender Reihenfolge deren Bedeutsamkeit für die Übernahme eines VR-Mandates.

Abb. 2.12 Kompetenzen und Eigenschaften für den VR im Vergleich von geschlechterspezifischen Stärken und Bedeutsamkeit, n = 57

Einzig bei der Mehrsprachigkeit werden Frauen im Geschlechtervergleich als stärker eingestuft. Geschlechterunabhängigkeit existiert bei den Kriterien *Krisenerprobtheit, Führungserfahrung im mittleren Management* sowie den *Bildungsabschlüssen* bzw. den akademischen Titeln. In allen anderen Qualifikationen und Vorerfahrungen werden die Frauen als schlechter eingeschätzt. Darunter fallen die Führungserfahrung auf Top-Level (Geschäftsleitung und C-Level) und die bestehende Erfahrung in entsprechenden Funktionen und Gremien mit ihrem generell niedrigen Frauenanteil (Verwaltungsräte 26 %, Geschäftsleitungen 19 %, vgl. guido schilling ag, 2022, S. 5). Weiter werden die Frauen weniger stark eingestuft beim fachlichen Hintergrund und den Spezialitäten, den Branchen- und Marktkenntnissen sowie bei der internationalen Erfahrung. Zusammenfassend kann festgehalten werden, dass die obersten fünf Positionen mit einer eher hohen Bedeutung (Mittelwerte mindestens 4.0 von 5) mit Ausnahme der Mehrsprachigkeit tendenziell den Männern zugesprochen werden.

Wirft man nun einen Blick auf die konkreten kompetenzbezogenen Anforderungen, so schätzen die Antwortenden die Frauen oftmals sogar als überlegen ein.

Abb. 2.12 illustriert wiederum einen direkten Vergleich zwischen Frauen und Männern im Zusammenhang mit den Kompetenzen und Eigenschaften für ein VR-Mandat.

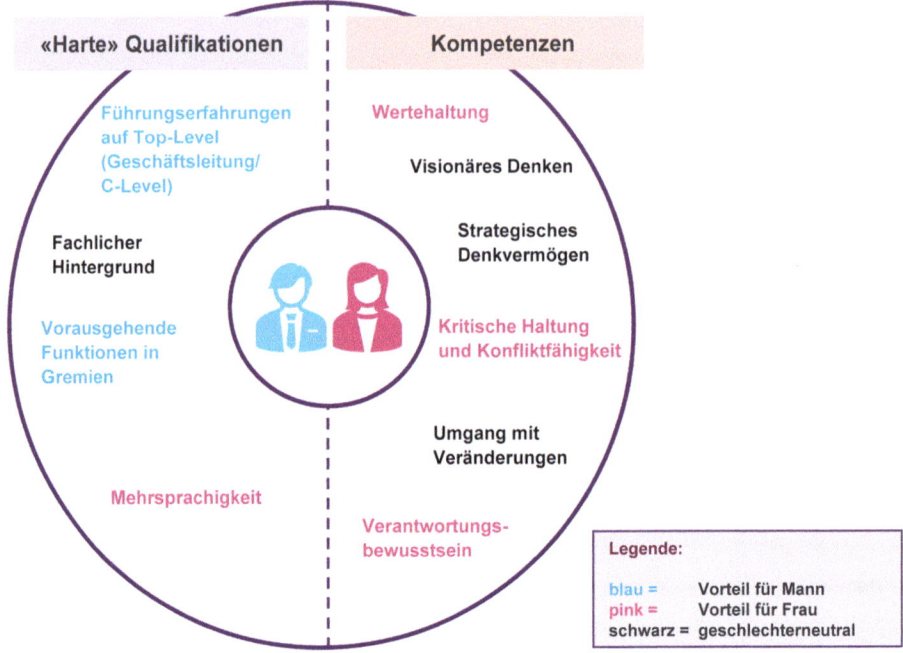

Abb. 2.13 Qualifikationen und Kompetenzen im Geschlechtervergleich

Lediglich strategisches Denkvermögen, digitalisierungsbezogene Kompetenzen, Belastbarkeit und Durchsetzungsvermögen werden – leicht stereotyp – minimal stärker den Männern zugeschrieben, dagegen Verantwortungsbewusstsein, Wertehaltungen und soziale Kompetenzen – ebenso stereotyp – eher den Frauen.

Eine geschlechterneutrale Bewertung erhalten haben das visionäre Denken, der Pragmatismus, die zeitliche Verfügbarkeit sowie die Verhandlungskompetenz und die Reputation.

Tatsächlich werden daher in Summe bei einer kompetenzbezogenen Betrachtung kaum Unterschiede zwischen den Geschlechtern gesehen.

Insgesamt zeigt Abb. 2.12 unübersehbar, dass der tiefe Frauenanteil in Verwaltungs-räten nicht mit den verfügbaren Kompetenzen erklärbar ist, aber möglicherweise damit, dass sie nicht die zugehörige, einfach erkennbare «harte» Qualifikation nachweisen können.

Daher scheint es wichtig, in einen Search- und Auswahlprozess überzugehen, der Kompetenzen anstelle von Artefakten (z. B. Qualifikationen) bewertet.

Basierend auf den Abb. 2.9 bis 2.12 sowie den daraus beschriebenen Resultaten präsentiert Abb. 2.13 eine zusammengeführte Übersicht zur Unterscheidung von

Tab. 2.8 Hemmnisse bei der Gewinnung von Frauen für VR-Mandate, n = 57

	Mittelwert	Standardabweichung
Gewählte Beschaffungswege	2,6	1,26
Formulierung von Ausschreibungen	2,0	1,14
Auswahlinstrumente	2,4	1,25
Auswahlkriterien	2,6	1,25
Beteiligte Personen im Auswahlverfahren	3,1	1,38
Geeignete Frauen sind zu wenig bekannt	3,7	1,20

1 = trifft nicht zu, 2 = trifft eher nicht zu, 3 = weder noch, 4 = trifft eher zu, 5 = trifft vollständig zu

Tab. 2.9 Maßnahmen zur Qualitätssicherung im VR-Besetzungsprozess, n = 64

Maßnahmen zur Qualitätssicherung VR-Besetzungsprozess	Prozent
Zusammensetzung nach Branchendiversität	56 %
Zusammensetzung nach Geschlechterdiversität	50 %
Zusammensetzung nach Altersdiversität	48 %
Monitoring des Besetzungsprozesses	27 %
Internes Kontrollsystem (IKS) und Reporting	23 %
Zusammensetzung entlang weiterer Diversitäts-Kriterien (z. B. Nationalität, kultureller Hintergrund): Freies Textfeld • Kulturelle Mischung • Kenntnisse, Erfahrungsschwerpunkte, Netzwerk • verschiedene berufliche Erfahrungshintergründe • Sprache DE/FR • Nationalität, Werdegang • wichtig: Auch Berücksichtigung von Kandidierenden aus fremden Branchen, welche als Benchmark definiert wurden	19 %
Sonstige Maßnahmen: • Ein gesundes Gleichgewicht nach Geschlechtern sollte selbstverständlich sein. Nicht das Geschlecht, sondern die Kompetenz müssen im Vordergrund stehen • nach Fähigkeiten/Zusammensetzung Know-how/Wissen im VR • Reflexion in den relevanten Gremien (Eigentümer, VR, GL) • Know-how auf unserem Gebiet • Fachkompetenz • Fachliche Kompetenz, Führungserfahrung	14 %

«harten» Qualifikationen (hard factors) sowie Kompetenzen (soft factors). Dabei sind die entsprechenden Stärken von Frauen und Männern in visueller Form hervorgehoben.

Sehr gut erkennbar ist, wie sehr doch vor allem die einfach erkennbare fehlende Führungserfahrung auf Top-Level (Geschäftsleitung/C-Level) zum «Killerfaktor» wird, wie es einige Player bezeichneten. Das hat damit zu tun, dass es schwieriger und aufwendiger ist, Kompetenzen oder Potenziale zu erfassen. Bemerkenswert sind allerdings auch die verschiedentlichen Hinweise darauf, dass es vor allem um den richtigen «Stallgeruch» und die Einhaltung von etablierten Spielregeln geht.

Gegen beides können die Frauen alleine recht wenig machen, solange zum einen die Gatekeeper des Aufstiegs und des Zugangs zur relevanten Vorqualifikation für Boards ihnen die Tore nicht öffnen. Frauen können hier mutiger auftreten. Die Tore einzutreten wird ihnen selbst aber kaum möglich sein.

Unternehmen könnten aber die Vorgehensweisen in der Auswahl verändern und z. B. mehr auf Kompetenzen setzen. Lediglich das Innehaben einer Boardfunktion sagt noch nichts über die tatsächliche Leistung oder das Leistungsvermögen aus. Schönwetter-Kapitän*innen, Führungskräfte, die von der Leistung der Vorgänger oder einem einfachen marktlichen Umfeld profitiert haben, durch persönliche Bande unabhängig von der Leistung gehalten wurden oder einfach Misserfolg verschleiern können, sind nur einzelne mögliche Beispiele für Abweichungen zwischen dargestelltem und tatsächlichem Erfolg.

Die Unternehmen würden von veränderten Vorgehensweisen selbst am meisten profitieren, wenn sie andere Kompetenzen gewinnen und an sich binden könnten. Sie würden bei einem erfolgreichen Zulassen und überlegten Vorgehen zum Erreichen von Vielfalt z. B. flexibler, robuster und innovativer werden. Denn tatsächlich – es kommt unter einer Leistungsperspektive nicht primär auf das Geschlecht an. Zudem würden sie dann an den etablierten «Spielregeln» des Boardverhaltens rütteln, die ein weiteres Hemmnis für Frauen darstellen.

Vermutlich liegt gerade hierin ein Schlüssel: Unternehmen widmen sich der Leistungsperspektive einer Deep-Level Diversity offenbar wenig. Zumindest erstaunt aus einer rationalen Perspektive, wenn – wie aus den Befragungsergebnissen hervorgehend – für privatwirtschaftliche Unternehmen leistungsbezogene Motive bei dem Streben nach Diversity eine eher untergeordnete Rolle spielen.

2.2.7   Hinderungsgründe für Diversity/Gender Diversity

Der Weg zu einer Gender Diversity ist offenbar noch weit. Im Projekt wurde nämlich nach den unmittelbaren Hemmnissen gefragt, die Unternehmen bei der Suche und Auswahl von Frauen zu schaffen machen. Tab. 2.8 führt die sechs abgefragten Aspekte auf:

Gesamthaft zeigt die Tabelle deutlich, dass das eigene Vorgehen bei der Suche und Auswahl von Kandidat*innen seitens der Unternehmen nicht problematisiert und von ihnen nicht wirklich als Hemmnis für die Rekrutierung von Frauen wahrgenommen wird. Und das, obwohl Diversität nach Angabe der Antwortenden sogar die wichtigste Maßnahme zur Qualitätssicherung im VR-Besetzungsprozess ist (Tab. 2.9).

Bereits die Ergebnisse in Kap. 1 zeigen deutliche Lücken im Hinblick auf eine professionelle Beschaffung und Auswahl von Kandidat*innen für Boards.

Auch verbleiben die Unternehmen erstaunlich passiv und erwarten, dass die Frauen sich an ihnen ausrichten: denn Suche und Auswahl sind wenig unter Berücksichtigung von bestehendem Wissen aufgestellt, wie sie diese passender auf Frauen zuschneiden können. Geeignete Maßnahmen finden sich sowohl auf Prozess- als auch auf Handlungsebene:

Prozessebene

- Klar definierter VR-Besetzungsprozess
- Klar formuliertes Anforderungsprofil
- Formulierung der Stellenausschreibung
- Öffentliche Stellenausschreibung
- Interviews mit der Geschäftsleitung
- Kriteriengeleitete Auswahl

Handlungsebene

- Maßnahmen, um Verzerrungen bzw. Diskriminierungen zu vermeiden
- Aktives Bemühen um Vielfalt/Diversity
- Nutzung verschiedener Instrumente zur Auswahl (z. B. Assessments, Interviews etc.)

Von ihrer Nutzung erhält man in Abb. 1.10 in Kap. 1 einen Eindruck. Einzig die kriteriengeleitete Auswahl und ein klar formuliertes Anforderungsprofil werden «oft» angewendet. Nur «ab und zu» werden Maßnahmen ergriffen, um Verzerrungen bzw. Diskriminierungen zu vermeiden. Auf diese Weise ist es schwierig, bestehende Muster zu überwinden.

Erstaunlich ist diese geringe Professionalisierung wiederum nicht – dem (strategischen) HR als einer typischen Frauendomäne wird ja von vielen keine Bedeutung zugesprochen (vgl. Abb. 1.11 in Kap. 1).

Auffällig ist, dass der Erfolg mit dem bisher beschrittenen Vorgehen ausbleibt, da geeignete Frauen, die es ohne Zweifel gibt (siehe Geschlechtervergleich der Kompetenzen in Abb. 2.12), den Unternehmen zu wenig bekannt werden. Sie sind offenbar nicht in den relevanten Netzwerken und/oder weisen nicht die Attribute auf, die sie als Potenzialkandidatin erkennbar machen.

2.2.8   Schlusswort

Im Kern geht aus den Befragungsergebnissen sehr deutlich hervor, dass viele Unternehmen zwar ihren Frauenanteil erhöhen wollen, aber mit ihrem Bemühen sehr an der Oberfläche kratzen. Es besteht wenig Initiative, wenig Problembewusstsein, wenig Wissen und gegebenenfalls hier und da auch geringeres Interesse, die eigenen Vorgehensweisen bei der Rekrutierung zu erneuern. So lassen die Ergebnisse u. a. deutlich erkennen, dass Frauen gemäß ihrer Kompetenzen zumindest gleich gut für VR- oder

GL-Mandate geeignet wären wie Männer. Nach der «harten» Qualifikation, die meist die bereits bestehende Erfahrung als CEO oder VR wäre und nach wie vor die Auswahl dominiert, schneiden sie aber schlechter ab.

Will man hier eine Änderung erreichen, ist es zum einen wichtig, Frauen den Zugang zu diesen Qualifikationen zu vereinfachen und für eine bessere Durchlässigkeit der Talentpipeline bis ins Top Management zu sorgen. Statt bekannte Personen «herumzu-reichen», würden immer wieder neue Potenziale verfügbar. Zum anderen sollte mehr Augenmerk auf Kompetenzen gelegt werden und – überspitzt ausgedrückt – weniger darauf, ob bereits eine Vorqualifikation in irgendeiner Form auf C-Level besteht.

Primär wird von Unternehmensseite erwartet, dass Frauen sich an bestehende Strukturen und Mindsets anpassen, anstelle auch auf sie zuzugehen und die Strukturen und den Mindset anzupassen.

Der Besetzungsprozess ist wenig mit Qualitätskriterien unterlegt. Dies erstaunt ange-sichts der Aussage, dass «qualifizierte Verwaltungsratsmitglieder» zentral für eine gute Leistung sind. Auch ist er wenig auf Frauen zugeschnitten. Es ließen sich Kriterien auf-stellen, um die Besetzungsqualität differenziert zu bewerten.

Die bestehende Praxis dreht sich etwas im Kreis, obwohl sich das Umfeld stark verändert. Insgesamt besteht viel Luft nach oben für eine HR-bezogene Professionalisierung, auch in den Boards selbst.

Ihr Übriges dazu tut die Haltung mancher Frauen: «Ich meine immer noch, dass alle Interessierten mich doch suchen müssten, und bin erstaunt, dass sie das nicht tun.» Dies ist ein mehrfach in den Coachings (vgl. Kap. 4) zur Sprache gekommener, hinderlicher Glaubenssatz.

Wenn zwei sich finden wollen (suchende Unternehmen und kompetente Frauen), aber keiner auf den anderen zugeht, wird es schwierig, eine Beziehung aufzunehmen. Für eine nachhaltige Förderung und zahlenmäßige Erhöhung von Frauen braucht es also verstärkte Bemühungen von den Unternehmen selbst, aber auch von den Frauen. Diese müssen das «Entdeckt-werden-Wollen» hinter sich lassen und die Eigeninitiative für eine bessere Sichtbarkeit ihrer Kompetenzen und Leistungsausweise aktiv verstärken.

Die herausforderndste Aufgabe besteht vermutlich aber darin, die vom Harvard Business Manager 02/23 geforderte tatsächliche Veränderung der Haltungen, Präferenzen und Fähigkeiten in den Boards zu erreichen. Mit Blick auf die Umsetzbar-keit der sog. Deep-Level Diversity ist auf Tendenzen eines selbstreferenziellen Systems hinzuweisen, die sich oft als Homophilie im Management zeigen.

Eine vielfach diskutierte Veränderung des Sprachgebrauchs nützt begrenzt, zumal z. B. Attribute wie «Durchsetzungsfähigkeit» zwar männlich konnotiert sein mögen, aber ihr Ersatz in Anforderungskriterien wenig sinnvoll ist, da es sich um eine wichtige Wett-bewerbseigenschaft handelt.

Deep-Level Diversity stellt vielmehr die Frage danach, wie gut es Personen gelingen kann, ein zu der Bezugsgruppe abweichendes Verhalten oder eine entsprechende Argumentation auf Dauer durchzuhalten, ohne sich zu isolieren – obwohl sie immerhin die Hürde gemeistert haben, überhaupt in das Gremium aufgenommen zu werden.

2.3   Gastautorenbeitrag: Besetzungspraxis und Ansatzpunkte für mehr Diversity (von Silvia Coiro)

Nach langen Jahren des Stillstands und homöopathischer Schritte nahm die Entwicklung betreffend einer ausgewogenen Geschlechterdurchmischung in der Schweizer Wirtschaft jüngst Fahrt auf. Good Corporate Governance hielt Einzug in die Unternehmen, deren oberste Führungskräfte den Mehrwert einer guten Gender Diversity erkannten und auch aufgrund des regulatorischen Drucks sowie der Entwicklungen in den Nachbarländern dem Thema entsprechende Aufmerksamkeit beimaßen. Die hundert größten Schweizer Arbeitgeber stehen kurz davor, die Vorgaben zu den Geschlechterrichtwerten in Verwaltungsrat (30 %) und Geschäftsleitung (20 %) zu realisieren. Die SMI-Konzerne sind Vorreiter dieser Entwicklung und haben die beiden geforderten Richtwerte bereits erreicht.

2.3.1   Stand der Besetzungspraxis in Verwaltungsrat und Geschäftsleitung – Erkenntnisse aus 17 Jahren schillingreport

In der Schweiz ist der schillingreport (www.schillingreport.ch) das etablierte Instrument, das seit 2006 die Zusammensetzung der Geschäftsleitungen und seit 2010 jene der Verwaltungsräte der größten hundert Schweizer Arbeitgeber erfasst. Die Erhebung gibt Auskunft über die Größe der Gremien und deren Zusammensetzung nach Geschlecht, Nationalität, Alter, schulischem und beruflichem Background. Trotz dieser großen Vielfalt an Diversitätsmerkmalen liegt der große Schwerpunkt des öffentlichen Interesses auf dem Thema, wie erfolgreiche Unternehmen die Gender Diversity ihrer Geschäftsleitungen und Verwaltungsräte steigern können. Dies wurde nicht zuletzt durch die Aktienrechtsrevision, die am 1. Januar 2023 in Kraft trat, befeuert.

Seit 2010 stieg der Frauenanteil in den Verwaltungsräten der hundert größten Arbeitgeber von 10 % auf aktuell 26 % an. Bei in etwa gleichbleibender Zunahme werden die hundert größten Arbeitgeber den Geschlechterrichtwert von 30 % bis 2024 erreichen und die staatlichen Vorgaben erfüllen. Nur noch wenige Unternehmen (7 %) haben gar keine Frauen im Verwaltungsrat, während bereits 69 % der Unternehmen mindestens 2 Frauen für ihr strategisches Gremium gewinnen konnten. Somit beschäftigen bereits zwei Drittel der Unternehmen mindestens 2 Verwaltungsrätinnen, was bei einer durchschnittlichen Gremiengröße von 9 Mitgliedern ebenfalls darauf hinweist, dass die meisten Unternehmen den Richtwert von 30 % bereits erreicht haben oder kurz vor dem Erreichen stehen (vgl. Abb. 2.14).

So positiv die Entwicklung in der Schweiz klingen mag, muss dennoch festgehalten werden, dass sie im internationalen Vergleich punkto Gender Diversity auf den hinteren Plätzen rangiert (vgl. Abb. 2.15). Die meisten europäischen Länder haben die Marke von 30 % bereits erreicht oder längst überschritten. Und dies liegt bei Weitem

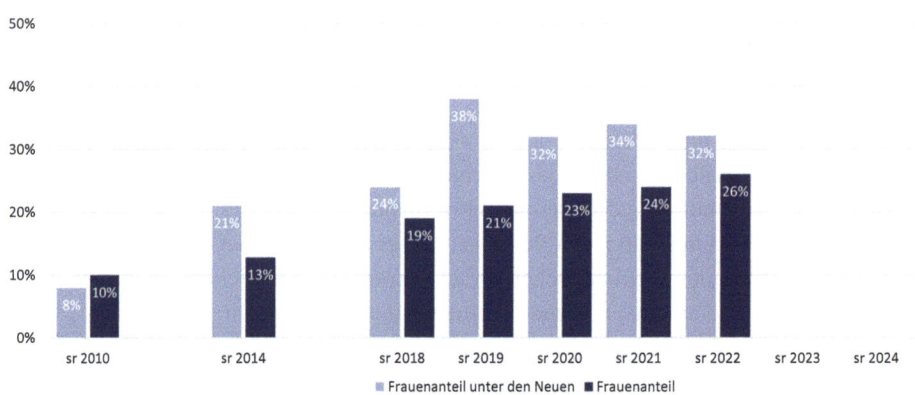

Abb. 2.14 Frauenanteil in den Verwaltungsräten der hundert größten Schweizer Arbeitgeber im Jahresverlauf

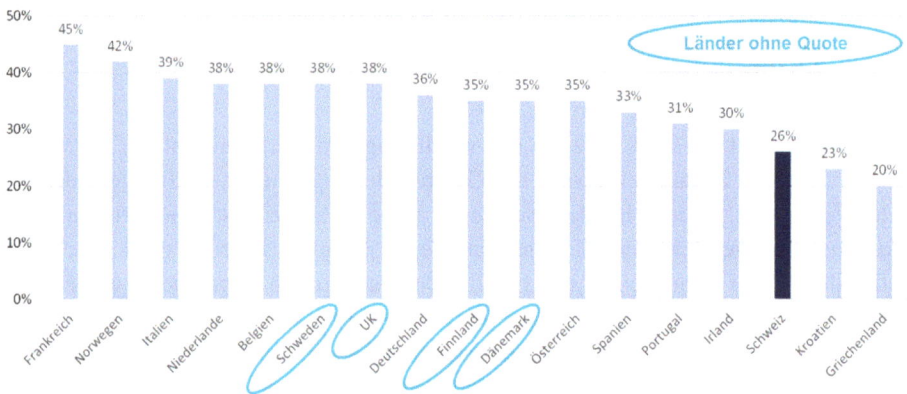

Abb. 2.15 Frauenanteile im Verwaltungsrat im europäischen Vergleich, Quelle EU-Kommission

nicht nur an Quotenregelungen, denn Länder wie Schweden, UK, Finnland und Dänemark verfügen über keine Quoten. In der Schweiz ist der SMI als Blue-Chip-Index der bedeutendste Aktienindex der Schweiz und enthält die 20 größten Titel aus dem SPI. Auf den SMI entfallen rund 90 % der Gesamtkapitalisierung des Schweizer Aktienmarkts. Die SMI-Konzerne haben die Marke von 30 % Frauen im Verwaltungsrat bereits geknackt. Diese sehr global aufgestellten Konzerne suchen und finden ihre weiblichen Mitglieder auf der ganzen Welt, wohingegen sich die rein Schweiz-orientierten Unternehmen mehrheitlich aus dem Schweizer Topf bedienen können (Abb. 2.16).

Anders als in den Verwaltungsräten ist das Ziel einer ausgewogenen Gender Diversity in den Geschäftsleitungen ein Generationenprojekt (vgl. Abb. 2.17). Während sich für Verwaltungsräte auch Expertinnen aus z. B. Audit, Legal, Compliance und

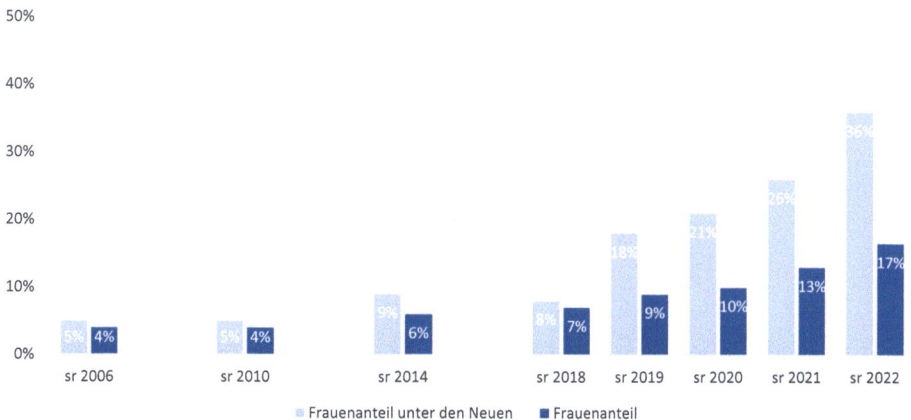

Abb. 2.16 Frauenanteil in den Geschäftsleitungen der hundert größten Schweizer Arbeitgeber im Jahresverlauf

Communication qualifizieren, verlangt eine Entwicklung in operative Konzernleitungs-rollen entsprechende Management- und Leadership-Erfahrung.

In den Geschäftsleitungen der hundert größten Arbeitgeber entwickelte sich der Frauenanteil seit 2006 von 4 % auf 17 % in 2022 (vgl. Abb. 2.16).

In den Geschäftsleitungen dauerte es 15 Jahre, bis ein Frauenanteil von 10 % erreicht wurde. Diese «Sensibilisierungsphase» war geprägt von den «Early Movers» unter den Unternehmen, die sinnvolle Maßnahmen einführten, um ihre Gender-Diversity-Pipeline auszubauen. Sie erkannten, wie wichtig eine eigene Pipeline mit weiblichen Talenten für die Arbeitgeberattraktivität und den Geschäftserfolg ist. Auf die Sensibilisierungs-phase folgte die «Bewusstseinsphase». Die Wichtigkeit durchmischter Teams ist im Alltag der Entscheider angekommen, die Unternehmen investieren in zukunftsfähige Programme und setzen sich für eine familienfreundliche Personalpolitik ein. Aktuell beschäftigen 69 % der Unternehmen mindestens eine Frau in der Geschäftsleitung. Viele Länder – Frankreich, Norwegen, Schweden und UK, um nur einige Beispiele zu nennen – sind schon deutlich weiter, was dieses Thema anbelangt. Dort ist es für Frauen seit Jahrzehnten gängig, dass man auch mit Familie zu hohen Pensen weiterarbeitet und Karriere macht. Diesbezüglich besteht in der Schweiz bekanntermaßen Nachholbedarf. Noch gibt es viele Arbeitgeber, die erst am Anfang stehen mit der Entwicklung einer familienfreundlichen Personalpolitik und deren Mehrwert auch noch zu wenig erkennen. Die Höhe der Rückkehrquote von Frauen nach Mutterschaftsurlauben ist noch zu selten ein Ziel der HR-Strategie und eine Messgröße für den Erfolg von Führungskräften. Die Arbeitgeber mit einer guten Kultur der Vielfalt sind da klar im Vorteil, und es wird sich rasch zeigen, dass sie weniger Schwierigkeiten in der Rekrutierung von Spitzen-talenten haben werden – im Hinblick auf den sich akzentuierenden Fachkräftemangel ein entscheidender Wettbewerbsvorteil. Die Überschreitung der 30 %-Grenze markiert

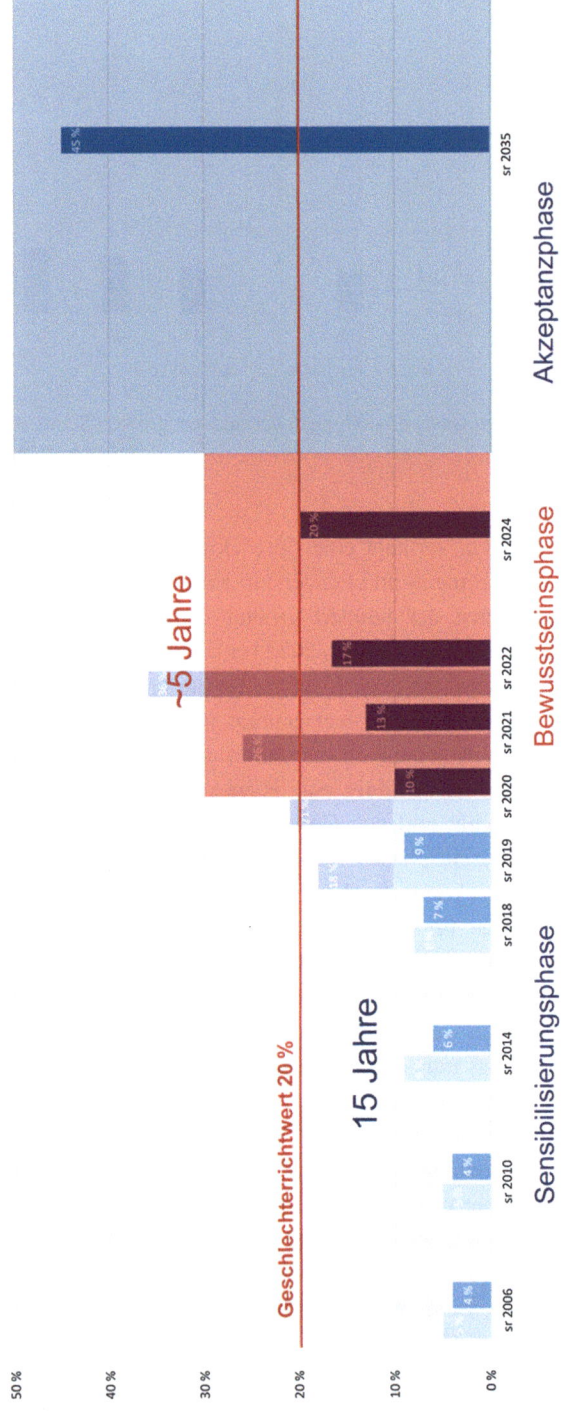

Abb. 2.17 Generationenprojekt ausgewogene Gender Diversity in den Geschäftsleitungen

den Übergang zur «Akzeptanzphase». In dieser reifen Phase werden die Unternehmen über alle Führungsstufen hinweg durchgehend Männer- und Frauenanteile von 40 bis 60 % vorweisen, eine breite Geschlechterdurchmischung wird der Regelfall, das Thema Geschlechterdurchmischung wird keines mehr sein.

2.3.2   Gründe für die bisherige Besetzungspraxis

Die Verwaltungsräte wurden über Jahrzehnte von Männern dominiert, die Nachfolgerekrutierungen aus dem eigenen Netzwerk betrieben. Dies hatte zur Folge, dass die Gremien wenig divers aufgestellt waren, da man vorwiegend Mitglieder dazugewann, mit denen man auf derselben Wellenlänge war. In diesen sogenannten «Old Boys Clubs» spielte man sich gegenseitig Mandate zu und ließ es an Transparenz betreffend der Rekrutierungspraxis missen. So waren auch die Aufgaben und Verantwortlichkeiten eines Verwaltungsrats lange Zeit wenig klar definiert, was sich aber über die vergangenen Jahre substanziell weiterentwickelte. Die regulatorischen Anforderungen nahmen zu, die Branchen selbst gaben sich Regeln zur guten Unternehmensführung, klare Auflagen zu (Good) Corporate Governance führten zu einer starken Professionalisierung der Verwaltungsratsarbeit. Traf man sich früher viermal im Jahr zu einer nachmittäglichen Verwaltungsratssitzung mit anschließendem Nachtessen, ist die Arbeit heute zusätzlich zu den Sitzungen und den mehrtägigen Strategie-Workshops von Committee-Tätigkeiten geprägt, in denen Themen zuhanden der Verwaltungsratssitzungen vorbereitet werden, um schneller vertiefte Entscheidungsgrundlagen zur Verfügung zu haben. Die Verwaltungsratsarbeit wandelte sich somit vom Ehrenamt zum anspruchsvollen Teilzeitpensum.

In den Geschäftsleitungen der Schweizer Wirtschaft fanden sich über Jahrzehnte nur sehr wenige Frauen. Die Gründe dafür sind vielfältig. Traditionell bereitete man die hiesigen Mädchen auf ein Leben als Mutter und Hausfrau vor, weshalb der Anteil Studentinnen an den Hochschulen lange Zeit sehr tief war und Frauen bei Geburt der Kinder aus dem Berufsleben ausschieden bzw. nur in Kleinstpensen weiterarbeiteten. So war es für Frauen praktisch unmöglich, die Familie mit dem Wunsch nach einer Karriere zu vereinbaren. Lange fehlten auch entsprechende Vorbilder, die als Orientierungspunkt dienten. Noch heute hat die arbeitende Mutter in der Gesellschaft ein negatives Image und muss sich oft anhören, dass sie ihre Kinder vernachlässigt. Das Bild der Rabenmutter dürfte viele Frauen davon abgehalten haben, auf die Karriere zu setzen, solange die Kinder klein waren. Somit ist die **Gesellschaft** ein Grund für die tiefen Frauenanteile in den Geschäftsleitungen. Ein weiterer Grund findet sich in der **Politik.** Die Gesetzgebung in der Schweiz ist auf einen Ein-/Hauptverdienerhaushalt ausgelegt. Noch heute ist es steuerlich nicht attraktiv, wenn der eine Ehepartner in einem tieferen Pensum weiterarbeitet. Zudem gab es lange Zeit kaum staatliche Strukturen, die es arbeitenden Frauen ermöglichten, einer geregelten Arbeit in einem Vollzeitpensum nachzugehen. Der dritte Grund findet sich bei den **Unternehmen** selbst, die sich nicht darum bemühten, junge Mütter im Berufsleben zu halten und diese trotz einer Periode in Teilzeit weiter zu fördern. So war und ist es immer noch üblich, dass Sitzungen zu allen Tageszeiten stattfinden ohne Rücksicht auf die Bedürfnisse von Eltern. In dieser Hinsicht gehört in der Schweiz die öffentliche Verwaltung zu den Pionieren. Diese hat früh Rahmenbedingungen geschaffen, die es Teilzeitarbeitenden erlauben, Karriere zu machen sowie Topkaderpositionen zu besetzen und zu halten. So verfügt der Public Sector bereits über einen Frauenanteil von 23 % im obersten Management. Ein Grund liegt sicher darin, dass die rein auf die Schweiz ausgerichtete Tätigkeit weniger anspruchsvoll zu organisieren ist als eine Arbeit in einem globalen Konzern, bei dem irgendwo auf der Welt immer gearbeitet wird, sich der Managementanspruch zeitlich nicht auf «nine to five» mitteleuropäischer Zeit eingrenzen lässt und oft unvorhergesehene Auslandreisen anstehen.

2.3.3   Stellhebel für eine bessere Geschlechterdurchmischung in den Führungsetagen der Schweizer Wirtschaft

In den Verwaltungsräten veränderte sich in den vergangenen 10 Jahren sehr viel. Good Corporate Governance hat Einzug gehalten und die Verwaltungsräte stellen sich heute entlang eines Kompetenzmodells auf, das die Bedürfnisse des Unternehmens spiegelt und auch klare Vorgaben hinsichtlich Diversitätsaspekten macht. Die Gremien haben die Vorteile einer besseren Durchmischung erkannt und suchen aktiv nach einer Diversität, die eine echte Diskussion mit unterschiedlichen Sichtweisen erlaubt, um für das Unternehmen das Maximum zu realisieren. Frauen bringen diesbezüglich eine ausgewogenere Risikobereitschaft mit, haben ein gutes Sensorium für kulturelle und People-Aspekte und messen dem Thema Nachhaltigkeit entsprechende Aufmerksamkeit bei. Da es sich bei der Verwaltungsratstätigkeit um eine Teilzeitaufgabe handelt, eignet sie sich ideal für Frauen. Zudem unterscheidet man in der Zusammensetzung eines Verwaltungsratsgremiums zwischen generalistischen Profilen, die eine hohe Markt- und Kundennähe – durchaus auch sehr global – haben, und sogenannten Spezialistenrollen wie Audit/Finanzen, Legal und Corporate Governance, für die sich ausgezeichnet qualifizierte weibliche Profile im Markt finden lassen. Deshalb ist es zentral, dass der/die Vorsitzende des Nominationskomitees die nötige Diversität im Verwaltungsrat einfordert und darauf achtet, dass die Shortlist der möglichen neuen Mitglieder genügend ausgewogen ist. So kann es durchaus vorkommen, dass für gewisse Vakanzen ausschließlich Frauen geprüft werden, wenn das zu suchende Profil darauf schließen lässt, dass im Markt ein genügend großes Potenzial vorhanden ist.

Die Stellhebel für eine bessere Geschlechterdurchmischung in den Geschäftsleitungen liegen zum einen in den vorher genannten Gründen. Das gesellschaftliche Image der arbeitenden Mutter muss sich verbessern, es braucht staatliche Strukturen, die eine Ganztagesbetreuung der Kinder sicherstellen und die gesetzlichen Rahmenbedingungen hinsichtlich Besteuerung müssen angepasst werden, um Vollzeit arbeitende Eltern nicht

länger zu benachteiligen. Schulen mit Tagesstrukturen und ergänzendem Betreuungs-
angebot sind ein möglicher Hebel, der Eltern Entlastung bringt. Der aktuelle Mangel an
Fach- und Führungskräften beschleunigt auch die Diskussion, dass der Staat nicht nur
die Volksschule, sondern bereits die Kosten der Kindertagesstätten übernehmen soll.
Besonders gefordert sind die Unternehmen selbst, die mit einer familienfreundlichen
Personalpolitik junge Eltern, die Teilzeit arbeiten möchten, im Unternehmen behalten
und weiter fördern. Dies ist auch im Hinblick auf den sich akzentuierenden Fachkräftemangel wichtig. Zudem verändert sich bei den jüngeren Generationen das Selbstverständnis von Arbeit, weshalb viele gar keine Karriere im klassischen Sinne mehr
anstreben, sondern eine Balance zwischen Arbeit und anderen Interessen suchen. Eine
zeitgemäße Unternehmenspolitik bezüglich Arbeitspensen, Art und Weise der Arbeit
(z. B. Work at Home oder Work Anywhere) sowie klare Regeln zu Sitzungen (z. B. keine
Meetings vor 09.00 Uhr und nach 17.30 Uhr) tragen dem Rechnung. Ein weiterer Stellhebel für die Unternehmen ist es, die sogenannte «Gender-Diversity-Pipeline» gut zu
managen. Diese Pipeline zeigt auf, welches Potenzial an Frauen im Top Management
und im Middle Management vorhanden ist. Denn während man sich für Verwaltungsratspositionen auch aus einer Spezialistenrolle direkt qualifizieren kann, baut sich die
Führungs-, Strategie- und Managementkompetenz in operativen Rollen fortlaufend auf.
Damit auch genügend Frauen für Geschäftsleitungsvakanzen zur Verfügung stehen, ist es
notwendig, das interne Talent Development entsprechend auszurichten und Frauen früh
in Führungspositionen im Middle Management zu befördern.

2.3.4   Fazit

Gut durchmische Führungsteams sind das Resultat einer gelebten Firmenkultur. Wenn
man im schillingreport schaut, welche Firmen als Leuchttürme strahlen, so sind es jene,
in denen sowohl vom Verwaltungsrat als auch von der Konzernleitung aus Überzeugung
Diversität eingefordert und gelebt wird. Die Unternehmen und die Führungskräfte setzen
sich diesbezügliche Ziele, an denen sie sich messen lassen. So kann die Höhe der Rückkehrquote von Frauen nach Mutterschaftsurlauben in hohen Pensen ein erklärtes Ziel
der HR-Strategie und eine Messgröße für den Erfolg von Führungskräften sein. Einen
optimalen Mix betreffend jegliche Art von Durchmischung erreicht man nicht durch die
Etablierung einer Diversity-Stelle, die man irgendwo in der Personalabteilung ansiedelt.
Solche Stellen bieten dem Management gute Unterstützung bei der Erreichung von deren
Zielen, doch muss sich jede Führungskraft selbst für eine ausgewogene Diversity einsetzen. Aus der gesellschaftlichen Perspektive her gilt es, veraltete Denkmuster zu den
traditionellen Geschlechterrollen aufzubrechen und Familie stärker von beiden Elternteilen her zu betrachten. So ist es bei jungen Paaren heute üblich, dass beide Eltern-
teile ihr Pensum reduzieren und sich die Familienarbeit gleichberechtigt teilen. Junge
Eltern müssen sich bewusst sein, dass das Vereinen von Familie und Karriere über einen
bestimmten Zeitraum von beiden Elternteilen ein hohes Engagement verlangt.

Neben Gesellschaft, Politik und den Unternehmen sind auch die Frauen selbst gefordert. Anders als Männer, die darauf programmiert sind, auf die eigenen Erfolge aufmerksam zu machen, und getrieben von einer gewissen Neugier sowie auch Opportunismus Jobmöglichkeiten prüfen, auch wenn sie nicht aktiv auf der Suche sind, reagieren Frauen bei derartigen Anfragen viel zurückhaltender und stellen das eigene Licht unter den Scheffel. Die Argumente sind oft, dass sie die aktuelle Aufgabe noch nicht beendet haben oder sich die Position nicht zutrauen. So wäre es wünschenswert, dass Frauen sich aktiver um die eigene Karriere bemühen und auch einmal eine Opportunität prüfen, wenn sie nicht auf der Suche sind. Dies eröffnet oft neue Horizonte und schärft das Bewusstsein für berufliche Entwicklungsschritte.

2.4 Interview: AufsichtsART® – von der Kunst, sich selbst die Tür zum Boardroom aufzumachen (mit Clarissa-Diana de Grancy)

«Wir wissen, wir haben die Freiheit, uns selbst zu erfinden. Wir dürfen uns die Rolle aussuchen, die wir spielen möchten. In dieser Rolle sind wir immer authentisch. Zukunftsgestalter, die wissen, wohin sie wollen, stellen sich nicht mit anderen in die Wartehalle – sie entwickeln ihren eigenen Fahrplan und machen sich selbst die Tür zum Boardroom auf. Wir glauben, System und Strukturen werden niemals perfekt sein.» (Clarissa-Diana de Grancy, 2022)

Frauen schreiben geltende Spielregeln neu. Zum Vorteil für alle. Dieses Interview kam im Rahmen eines anvisierten Projektes zwischen dem IOL (Institut für Organisation und Leadership) und der Fachhochschule OST in St. Gallen und Frau Clarissa-Diana de Grancy, Gründerin und geschäftsführende Gesellschafterin der WOMEN'S BOARDWAY GmbH, zustande. Durch das Interview führte Anna-Katharina Kilp, Wissenschaftliche Mitarbeiterin am IOL OST. Wir bedanken uns für dieses verzweigte Gespräch über Netzwerke, Nebelkerzen und den individuellen Weg zur/der Mandatsgewinnung.

Bestseller wie *Lean in* von Sheryl Sandberg trugen zu der Überzeugung bei: «Wenn ich mich nur richtig reinhänge, dann klappt das schon mit dem Mandat.» – Lange Zeit galt *Boardreadiness* als ein Thema, mit dem sich besonders Frauen auseinandergesetzt haben. Inzwischen interessieren sich immer mehr Männer dafür. Warum?
Weil das Interesse an einem Mandat bei Männern und Frauen chancenfair verteilt ist? – Nein, im Ernst, ohne pauschal von «den Frauen» und «den Männern» sprechen zu wollen, beobachte ich mehrheitlich bei Männern eine ausgeprägte Bereitschaft, in das eigene berufliche Weiterkommen zu investieren. Demgegenüber gibt es unter Frauen die Einstellung: «Ich bin Frau, gut aufgestellt, bestqualifiziert – warum soll ich ausgerechnet in meinem Alter noch aufsatteln, bloß um da hinzukommen, wo die Männer längst

sind?» Diese Haltung hat sich seit Einführung der Quote «gefühlt» weiter verfestigt. Es ist ein neuer Gap entstanden.

Stichwort «Gap» – glauben Sie, dass die Medien in ihrer manchmal einseitigen Berichterstattung zu einer Frontenverhärtung zwischen Frauen und Männern beitragen?

Medien setzen nun mal gerne auf Celebrities. Schließlich möchten Verlage eine breite Leserschaft ansprechen. Wenn ein Magazin jemanden gehypt hat, dann wird das nächste dies gerne aufgreifen. Storys machen buchstäblich die Runde, was zu einer, wie ich finde, hypertrophen Entwicklung führt, bei der das Große immer größer wird. Player, die bekannt sind, werden noch bekannter. Ergo kommen die anderen, die auch Potenzial haben, in der Berichterstattung nicht vor. Medien könnten viel mehr tun. Zum Beispiel ihrer Verantwortung gerecht werden, indem sie Persönlichkeiten, die gut sind, aus ihrem Schatten herausholen.

Was halten Sie von dem Begriff «Quotenfrau»?

Warum sollte etwas dagegen sprechen, *Quotenfrau* zu sein, auch wenn ich, wenn Sie mich fragen, den Begriff schon immer albern gefunden habe.

Glauben Sie, dass es Unternehmen gibt, die eine Frau an Board holen, um der Welt zu zeigen, dass man die Quote erfüllt hat, noch vor der Überzeugung, dass eine Frau dem Unternehmen einen Mehrwert bietet?

Wahrscheinlich würde niemand offiziell mit dem Statement rausgehen, eine Frau bloß wegen der Erfüllung irgendeiner Quote an Bo(a)rd geholt zu haben, das wäre ja Pinkwashing. Trotzdem gibt es in Deutschland Unternehmen, die ihre Berichtspflicht nutzten, um sich als Befürworter der «Zielgröße Null» zu outen. – Eher nahm man einen leeren Stuhl in Kauf, als ihn mit einer Frau zu besetzen, was zwar noch nicht vorkam, doch spricht das doch eine deutliche Sprache. Inzwischen haben sich nicht wenige Quotengegner zu Quotenbefürwortern entwickelt, weil sie eingesehen haben, dass sich auf der Basis von Freiwilligkeit eben auch nichts verändert hat.

Ich erinnere mich, wie bei Einführung der Quote hinter vorgehaltener Hand prognostiziert wurde, dass Unternehmen es darauf anlegen würden, Frauen mit nicht so guter Passung zu berufen. Hinterher hätte sich dann belegen lassen, dass die Quote keine Lösung darstellt. Sowas können sich zeitgemäße Unternehmen heute gar nicht mehr leisten.

«Wir finden keine qualifizierten Frauen» – was halten Sie von diesem Satz, den man auch in Unternehmerkreisen immer wieder zu hören bekommt?

Zumindest verhält es sich so, dass ausgerechnet der Ruf derjenigen, die gar nicht unbedingt für ein Mandat qualifiziert sind, am lautesten hallt. Fakt ist: Dieser Ruf ist überwiegend männlich. Gleichwohl lässt sich beobachten, dass manche, die erstmal gar nicht unbedingt die ideale Qualifikation oder den optimalen Lebenslauf mitbringen, innerhalb eines Aufsichtsgremiums dennoch sehr wertvolle Mandatsträger sein können und mit intelligenten Bemerkungen und Einwürfen viele Dinge hinterfragen.

Systematische Rekrutierungsprozesse, wie sie bei der Besetzung von Positionen im Top Management üblich sind, gibt es bei der Besetzung von Aufsichts- und Kontrollgremien nicht. Da sagt man sich: «Wir brauchen einen, wer kennt denn jemanden?», und dann fragt man herum, und dann wird es vielleicht jemanden geben, der oder die ideal passt, aber in der Regel ist die Gefahr sehr groß, dass die Besetzung über «family, friends and fools» läuft und nicht über Qualität. Vor diesem Hintergrund klingt der Mythos um jene Frauen, die man angeblich nicht findet, regelrecht absurd.

Übrigens setzen sich Initiativen wie die *Femtec* gezielt für die Stärkung von Mädchen in MINT-Fächern ein. Immer mehr junge Frauen entscheiden sich für einen naturwissenschaftlichen oder technischen Studiengang. Tatsächlich finden sich – Stand heute – so wenig Frauen in hohen Führungspositionen, weil sie bereits im Mittelbau unterrepräsentiert sind. Dabei befindet sich gerade hier der Nährboden für Talente, die es gezielt voranzubringen gilt.

Anders als in DAX-Konzernen, wo Frauenförderprogramme im Sinne der Corporate Governance selbstverständlich dazugehören, besteht im Mittelstand bei vielen Unternehmen noch Nachholbedarf. Gleichzeitig sehen wir, dass reine Frauenförderprogramme den Gap zwischen weiblichen und männlichen Mitarbeitenden nur weiter vergrößern. «Warum wird die Kollegin gefördert und nicht ich», wird sich mancher Mann schon gefragt haben. *Frauenförderung* – bereits der Begriff bringt Frauen in die Defensive, weil er in sich darauf verweist, dass Frauen förderungswürdig seien, was sie doch hinsichtlich ihrer Kompetenzen nicht in stärkerem Maße sind als Männer.

Was können Unternehmen abseits von Frauenförderung noch tun, wenn sie den Frauenanteil in ihrem Gremium anheben möchten?

Es geht um die Bereitschaft zur ehrlichen Selbstreflexion: Aus welchem Grund denke ich als Unternehmerin, als Unternehmer, als Aufsichtsratsvorsitzender (w/m/d), dass eine bestimmte Person geeignet ist? – Weil sie mir von einem Kollegen empfohlen wurde, dem ich vertraue? Weil ich denke, diese oder jene Person verfügt über entsprechende Netzwerke, die meinem Unternehmen nützen können? Oder aber habe ich eine bestimmte Person im Blick, weil ich weiß, dass diese über Kompetenzen verfügt, die im Board noch nicht vorhanden sind und bei denen ich überzeugt bin, dass genau dieses Know-how das bereits Vorhandene optimal ergänzt? Welche Gedanken auch immer die Suche nach der oder dem Passenden begleiten – wer ein innovatives Board mit einer diversen Zusammensetzung anstrebt, wird kaum auf Feel-good-Atmosphäre setzen.

Unternehmer, die sich als First Mover verstehen, wissen, dass interdisziplinär und divers aufgestellte Teams ihnen einen Wettbewerbsvorteil bringen, ebenso die Einbindung von Playern, die in der Lage sind, den Ball auch mal eine Gangart härter zu spielen, Stichwort Streitkultur. Zeitgemäße Unternehmen holen sich echte Zukunftsgestalter ins Board – ob Mann oder Frau. Kompetenzen, die einander ergänzen, dazu unterschiedliche Persönlichkeiten – der Mix macht's und ist entscheidend für die optimale Board- und letztlich Unternehmensperformance.

Wer nicht bereit ist, sich bei der Suche nach geeigneten Kandidatinnen und Kandidaten vom «family & friends»-Modell zu lösen, vergibt als Unternehmen schlichtweg die Chance, sich Multi-Perspektive ins Haus zu holen und dadurch besser zu werden. Es geht um die Bereitschaft, neue Wege zu gehen und sich die eigenen Werte immer wieder vor Augen zu halten. Und es geht darum, sich selbst auf die Spur zu kommen: Blinde Flecken entdecken.

Vor ein paar Jahren sagte ich, Unternehmen müssen mutiger sein. Heute würde ich nicht mehr durchgängig von Mut sprechen. Mut würde bedeuten, sich etwas zu trauen, das ein Risiko birgt. Rhetorische Frage: Wo bitte liegt das Risiko, auf Individualisten zu setzen, die bereit sind, intrinsisch motiviert und mit Machermentalität die Zukunft eines Unternehmens mitzugestalten?

Kann es sein, dass bei Frauen ein stärkeres Augenmerk auf deren Skills gelegt wird bzw. auf Praxiserfahrung in vorangegangenen Positionen sowie deren Bildungs-abschlüsse als bei Männern?
Das kann ich bestätigen. Frauen müssen ihre Fähigkeiten in den meisten Fällen stärker unter Beweis stellen, nicht zuletzt, weil sie oft auch nach einer erfolgten Mandatierung für eine gewisse Zeit unter Beobachtung stehen – und sei es aufgrund der medialen Auf-merksamkeit, über die wir eben gesprochen haben. Das mag auch daran liegen, dass Frauen sich oft als einzige Frau in einem Männergremium behaupten müssen und daher in einem ansonsten homogenen Team mehr auffallen.

Welche Effekte haben Aufsichtsratszertifizierungen auf die Mandatierung?
Noch vor wenigen Jahren ließ man das Zertifikat seines Aufsichtsratslehrgangs besser in der Schublade. Niemand wollte sich dem Verdacht aussetzen, es «nötig» zu haben. Heute posten viele ihre Abschlüsse auf Social Media. Wer ein Mandat im Ausland anstrebt, sollte ggf. eine Zertifizierung im jeweiligen Land vor Ort ins Auge fassen. Grundsätzlich gilt es, sich die Zertifizierungsanbieter erstmal genauer anzuschauen und sich nach der eigenen Zielsetzung zu fragen, immer in dem Bewusstsein: Ein Zertifikat macht noch kein Mandat.

Sehen Sie die Mitarbeit in einem Aufsichts- oder Kontrollgremium als Beruf oder als Berufung?
Nennen wir es Stiftungsrat, Verwaltungsrat, Beirat – ein Board-Mandat ist heute auf alle Fälle kein Ehrenamt mehr. Und ich beziehe mich jetzt ausschließlich auf diejenigen, die mit der entsprechenden Ernsthaftigkeit an ihr Mitwirken in so einem Gremium heran-gehen: Wegen der enormen, immer stringenter werdenden Haftungen und Regulierungen ist Gremienarbeit inzwischen tatsächlich zu einem Beruf geworden, für den man sich aus- und weiterbilden muss.

Mit der Berufung ist es wie bei jeder anderen beruflichen Tätigkeit auch: Ab dem Moment, wo ich mich mit Leidenschaft einbringe, springt der Funke auch auf andere über. Wenn ich dazu beitragen möchte, dass Prozesse sich im besten Sinne des Unternehmens verändern, sollte ich in der Lage sein, meine Mitmenschen zu begeistern und «mitzunehmen». Es geht darum, das Herz zu berühren. Und auch wenn einige Player nach wie vor dafür plädieren, man solle sich im Board zurücknehmen und die Beobachterrolle einnehmen – der unternehmerische Blick gewinnt im Board zunehmend an Relevanz. Dazu gehört, dass wir das, was wir tun, auch als Berufung begreifen.

Was ist von Aufsichtsratsschulungen zu halten?
Es gibt zwei Betrachtungsebenen: Erstens, das Gremium als ein Organ, das in der Verantwortung steht, Schaden von dem Unternehmen abzuwenden. Zweitens, die Aufsichtsratspersönlichkeit, die sich qua Mandat diversen Haftungsrisiken gegenübersieht.

Gremien-Professionalisierung ist heute nicht einfach bloß nice to have – sie ist für jedes Unternehmen unerlässlich, das im internationalen Wettbewerb auf Kurs bleiben will. Daneben steht die politische Forderung, da schon die Standards guter und verantwortungsvoller Unternehmensführung (Corporate Governance) börsennotierten Gesellschaften die Empfehlung geben, ihre Aufsichtsräte zu professionalisieren. Dabei spielt auch das Signal nach außen eine Rolle: Seht her, Kunden, Mitarbeiter und Öffentlichkeit vertrauen uns. Die Regelungen sind zwar nicht verbindlich, allerdings ist jedes Unternehmen dazu verpflichtet, jährlich eine Erklärung abzugeben. Umso wichtiger ist es, Praxiswissen drauf zu haben und die Bereitschaft mitzubringen, an messbaren Ergebnissen erkennbar mitarbeiten zu wollen.

Märkte im globalen Wandel entwickeln sich rasant, neue digitale Geschäftsmodelle stellen Unternehmer vor komplexe Herausforderungen – Aufsichts- und Kontrollgremien verändern sich. Zunehmend besteht ihre Aufgabe darin, der Geschäftsleitung respektive dem Vorstand als Sparringspartner zur Seite zu stehen, beim One-Tier-System in der Schweiz gelebte Praxis …

Ein belastbares Netzwerk reicht heute nicht mehr – moderne Aufsichtsräte brauchen ein Konzept. Man muss als Board Member vielleicht nicht alles wissen und können. Was man aber in jedem Fall wissen sollte: Welche Fragen darf ich tunlichst stellen, mit denen sich persönliche Haftungsrisiken minimieren lassen. Sowas lässt sich nicht mit D&O-Versicherungen abfedern. Für jeden Mandatsträger ist es insofern bereits aufgrund von Haftungsrisiken sinnvoll, von Zeit zu Zeit zu überprüfen, ob das eigene Aufsichtsratswissen à jour ist.

Ungeachtet dessen sind gerade Frauen immer weniger bereit, sich nochmal zurück auf die Schulbank schicken zu lassen und sich dem von allen Seiten an sie herangetragenen Selbstoptimierungsdruck zu unterwerfen. Dabei gelten C-Levels, die sich durch permanente Lernbereitschaft auszeichnen, in Vermittlerkreisen als Persönlichkeiten mit Board-Potenzial. Diese «Kann ich schon, weiß ich schon»-Mentalität kommt bei Headhuntern gar nicht gut an, da fällt man schnell mal durchs Raster. Das darf man (auch als Frau) wissen.

Darüber sollte man nicht trotzig werden, stattdessen sich Bildungslücken ehrlich eingestehen und dann gezielt nachjustieren. Wie schon beim Zertifikat sollte man sich klarmachen: Eine Schulung macht noch kein Mandat.

Mit WOMEN'S BOARDWAY haben Sie ein integriertes Boardreadiness-Programm entwickelt, das einen zentralen Aspekt in den Fokus nimmt: Die Positionierung
Man bewirbt sich nicht um ein Mandat, man wird berufen. Es ist wichtig, sich das immer wieder vor Augen zu halten. Deshalb ist Positionierung wichtig, heute auch «Sichtbarkeit» genannt, die sich aber, anders als man immer denkt, auf der inneren Tonspur vollzieht: In der Interaktion mit Entscheiderinnen und Entscheidern spielt die Blickrichtung eine Rolle, das Herstellen von Augenhöhe. Dies wiederum hat etwas mit unserem Selbstverständnis zu tun. Wer gesehen werden will, ist aufgerufen, sich so zu zeigen, dass er (oder sie) überhaupt tatsächlich gesehen werden *kann*. Dieses Sehen stellt sich erst ein, wenn es gelingt, den Blick so zu lenken, dass ich gesehen werde, wie ich selbst gerne gesehen werden *möchte*. Es geht insofern darum, eine Kongruenz, eine Deckungsgleichheit zu erreichen zwischen den verschiedenen Wahrnehmungsebenen, der in unserem Innern und der im Außen. Es geht also immer um die Überwindung eines Zwischenraums. Dies bezieht sich gar nicht so sehr auf die fachlichen Qualifikationen, auf die es – über welchen Weg auch immer – aufmerksam zu machen gilt.

Weiterhin ist es von Bedeutung, sich in einem Umfeld wie selbstverständlich zu bewegen, wo diejenigen ihre Zeit verbringen, die ein Mandat zu besetzen haben. Dabei geht es nicht allein um Habitus oder die Gabe, inspirieren zu können. Es geht um unseren Bezug zu uns selbst, die innere Spur. Darin liegt eine Herausforderung, denn Selbstreflexion, die den visionären Blick überhaupt erst ermöglicht, der im Top Management benötigt wird, um wahrgenommen zu werden, wurde den Mikromanagerinnen und ihren männlichen Kollegen im Mittelbau richtiggehend abtrainiert.

Wir haben den BoardPiloten in der Überzeugung entwickelt, dass der Schlüssel für die Tür zum Boardroom in uns selbst zu finden ist. Eine klare Positionierung darf dennoch immer auch nach außen gerichtet sein.

Was bietet BoardPilot mandatsinteressierten Frauen konkret?
BoardPilot setzt sich aus insgesamt sieben Modulen zusammen, die inhaltlich und dramaturgisch aufeinander aufbauen und den strategischen Dreiklang abbilden: Basisqualifikationen (Hard Facts), informelles Wissen (strategisches Know-how), Selbstwissen (Soft Skills).

Am Anfang eines jeden Positionierungsprozesses steht die Vision. Dieses Abenteuer, Kleines in großen Zusammenhängen zu denken. Aus dieser Vision erwächst – Stück für Stück – die Umfeldanalyse, die zugleich Standortbestimmung ist. Wo steht die Person gerade? In welchen relevanten Netzwerken bewegt sich diese Person? Wer bremst einen vielleicht dort? Wer blockiert unbewusst oder vielleicht sogar bewusst? In diesem Zusammenhang kann es hilfreich sein, Glaubenssätze, Prägungen, vielleicht auch Ängste oder Muster, die unter Umständen hinderlich sein könnten, also das gesamte «Inner

Game», zu betrachten. Vielleicht stellt sich im Laufe dieses Prozesses heraus, dass es
Dinge gibt, die hinderlich sind, wenn es darum geht, etwas Neues ins Leben zu lassen.
Stichwort: «Alte Zöpfe abschneiden». Auch da gibt es Strategien. Wir erfahren, wie es
gelingt, ein künstliches Vakuum zu schaffen, das es sinnvoll wieder zu füllen gilt.

Die Umfeldanalyse bildet das Herzstück des gesamten Positionierungsprozesses, weil
man anschließend absolute Klarheit über Fragen hat, die man vielleicht bis jetzt nur vage
gefühlt hat. Wer bin ich? Was kann ich? Was möchte ich auf dieser Welt bewegen? Die
eigene USP bildet das Fundament. Dann erst kommt die zentrale Frage: Was ist meine
Vision in meinem Fachgebiet? Denn es ist nicht nur die innere Klarheit, die jemanden
überzeugend sein lässt. Oft glaubt man genau zu wissen, was einen ausmacht, und doch
ist es meist so viel mehr. Dies zu entdecken, dafür braucht es den externen Blick, dazu
braucht man Sparringspartner.

Inwiefern spielt der Lebenslauf eine Rolle?
Die gemeinsam herausgearbeitete USP darf auch im Lebenslauf klar erkennbar sein.
Sollte dies nicht der Fall sein, modellieren wir die Vita gemeinsam so lange, bis alles
stimmig ist. Egal um welches Mandat es konkret geht, es gilt, den eigenen CV stets an
die angestrebte Branche anzupassen. Im Vorfeld sollte man sich Klarheit über wichtige
Fragen verschafft haben: In welchem fachlichen Umfeld möchte ich mich bewegen?
Wie groß soll das Unternehmen sein? Soll es im Start-up-Bereich sein oder im Stiftungs-
wesen oder soll es ein DAX-Unternehmen sein oder in einer Anstalt des Öffentlichen
Rechts? Darüber hinaus gilt es zu definieren, wann überhaupt der richtige Zeitpunkt für
den Einstieg in ein Gremium bzw. in ein neues Gremium gekommen ist.

Wie steht es um das Grundlagenwissen, über das jeder Aufsichtsrat verfügen sollte?
Hardfacts sind Themen wie die innere Ordnung des Gremiums, Verschwiegenheit,
Compliance, Ausschussarbeit sowie der Corporate-Governance-Kodex und Board-
Trends. Im BoardPilot geht es gerade nicht um den Dreiklang «Rechte, Pflichten,
Haftungsfragen», sondern um das Zusammenspiel von Faktenwissen und *informellem*
Board-Wissen. Wer um die teils inoffiziellen Mechanismen im Board weiß und im Bilde
ist, worauf man besonders achten darf, erhält zugleich mehr Sicherheit auf dem Weg in
ein Board hinein. Man geht mit einer definitiv entspannteren Erwartungshaltung in die
Mandatsgewinnung. Das gleiche gilt auch für diejenigen, die bereits in einem Aufsichts-
gremium mitarbeiten und sich gedanklich mit dem Wechsel befassen. Da geht es dann
primär um die Auslotung von Wissenslücken. Vielleicht stellen Sie auf dem Weg für sich
auch fest, dass Gremienarbeit gar nicht das Richtige für Sie ist oder dass Sie Ihr Können
besser in einem Beirat zur Entfaltung bringen.

**Sie meinen also, dass bei einer Mandatierung ganz andere Aspekte zum Tragen
kommen, als wir zunächst denken?**
Beim BoardPilot geht es zentral um die Kniffe und Trittsicherheit in Momenten, in
denen Sie sich im Board wirklich behaupten müssen. Kleines Beispiel: Ein wichtiger

Punkt, sich im Board zu halten, ist die Fähigkeit, Missverständnissen vorzubeugen und eine mögliche Gegnerschaft nachhaltig und auf ein Minimum zu reduzieren. Oder – jeder kennt das – man hatte einen guten Gedanken, auf den zunächst niemand einging. Kommt der nächste, sagt das Gleiche und alle springen auf. Wie schaffen Sie es, dass man Ihnen Gehör schenkt? Darüber hinaus erhalten Sie Tipps, wie Sie Ihre Energien möglichst wirkungsvoll und wohldosiert einsetzen, zum Beispiel, indem Sie wichtige von unwichtigen Details unterscheiden lernen. Auch das ist ein wichtiger Aspekt: Welches Bild geben Sie von sich ab, wie agieren Sie professionell, wie werden Sie ernst genommen?

Geht es auch um Netzwerke?
Netzwerke sind elementar. Dabei geht es gar nicht so sehr darum, welche es gibt und wie bedeutsam sie sind, denn der Ruf eines Netzwerks ist manchmal sehr viel besser als das, was man als Mitglied schließlich vorfindet. Vielmehr geht es um das «Wie» des Networkings und den Umgang mit Persönlichkeiten, im Placer-Jargon «Celebrities». Wir dürfen nicht vergessen: Nähe entscheidet, insofern geht es um *Zugehörigkeitssignale*.

Wenn ich eine Position erreichen will, sollte ich mich natürlich auch mit den Menschen, die dort sind, umgeben. Es reicht nicht aus, sich nur in diesen Kreisen zu bewegen, vielmehr geht es darum, die gleiche Sprache zu sprechen. Man muss ein Thema haben, das für diese Leute interessant ist. Die müssen sagen: «Wow, danke, das hat mich inspiriert.» Übrigens: Jedes Netzwerk ist immer bloß so gut, wie ich mich in diesem engagiere und bereit bin, mich zu zeigen. Es geht darum, Strategien für sich selbst zu entwickeln, wie man sich gekonnt ins Spiel bringt, ohne selbst den Eindruck zu haben, man hätte sich irgendwie deplatziert verhalten. Stichwort: «Fettnäpfchen». Es geht darum, wie Sie sich den Entscheiderinnen und Entscheidern trittsicher nähern, ohne sie zu «verscheuchen», denn sie sind, wie jemand mal sagte, der es wissen muss, «scheue Rehe».

Nehmen wir mal an, eine Frau hat es geschafft. Sie hat die letzten Meter erfolgreich gemeistert und ist nun Verwaltungs- bzw. Aufsichtsrätin. Worauf muss sie achten, damit sie sich im Board nachhaltig etabliert?
Für die Sattelfestigkeit im Board ist es wichtig, dass sie das, was sie zu sagen hat, entsprechend klar und unmissverständlich rüberbringt. Es geht nun darum, dafür zu sorgen, dass man ihr folgt. Dafür sollte die Rätin über ein Repertoire an Sprachcodes und Policies verfügen. Nicht immer, wenn wir uns angegriffen fühlen, ist es gleich ein Angriff. Trotzdem wissen wir alle, wie das ist, wenn wir in eine Situation geraten, wo man plötzlich dasteht und nicht mehr weiterweiß: «Oh Gott, was der mir da gerade geboten hat. Was sag' ich da drauf jetzt bloß?» Wenn man nicht aufpasst, kann es passieren, sich selbst ein Bein zu stellen.

Doch was, wenn jemand es bewusst darauf anlegt, Sie aus Ihrem Mandat zu drängen? Woran erkennen Sie, dass jemand an Ihrem Stuhl sägt, und wie kommen Sie dem zuvor? Es ist von Bedeutung, «Nebelkerzen» und Ablenkungsmanöver beizeiten zu erkennen.

Dafür kann man Antennen entwickeln. Die größten Trickser sind oftmals diejenigen, die am meisten Vertrauen ausstrahlen. Das Bauchgefühl warnt uns nicht vor List und Tücke, doch gibt es subtile Signale, die wir erkennen können, wenn wir vorbereitet sind. Und wenn wir in der Lage sind, diese Signale zu deuten, ist das sehr hilfreich, um unlautere Mitmenschen rechtzeitig zu durchschauen.

Innerhalb der Board-Community gelten Gepflogenheiten. Diese informellen Codes in all ihren Feinheiten zu kennen und zu beherrschen, den Habitus zu verinnerlichen, das ist elementar, um in der Board-Community als zugehörig wahrgenommen und anerkannt zu werden. Bloß lässt sich Habitus nicht mal eben antrainieren. Es geht um mehr, um Ethos, um Werte, die wir verkörpern, und um eine innere Haltung, die über unsere Persönlichkeit transportiert wird.

Nicht alle setzen sich gerne in die erste Reihe – wie schaffe ich es, mein Potenzial sichtbar zu machen, wenn ich eher der zurückhaltende Typ bin?
Wenn man auf eine Konferenz geht in einer Branche, in der man ein Mandat anstrebt, dann *muss* man ans Rednerpult. Weil man eine Mission hat, eine Idee, die man nach vorne tragen möchte, und zeigen will, was die eigene USP ausmacht. Erst dann, wenn Sie sich zeigen, öffnen sich – wie magisch – Zugänge in die relevanten Kreise. Wer ein Mandat in einem DAX-Konzern anstrebt, kann die Gelegenheit ergreifen, Aktien zu erwerben, um bei den Hauptversammlungen präsent zu sein. Wortmeldungen werden zwar häufig den Großaktionären vorbehalten sein – und ich verwende hier bewusst die männliche Form – trotzdem bekommt man wichtige Insights, die, wenn man sich für ein Mandat in Position bringen möchte, wertvoll sein können.

Jedenfalls gilt es, die eigenen Starqualitäten in sich zu entdecken und weiter herauszuarbeiten. Jede und jeder trägt solche Starqualitäten in sich und kann sie entwickeln. Das bringt zum Beispiel Vorteile beim finalen Interview, dem letzten Gespräch also vor der möglichen Mandatierung. Diese Gespräche haben viel mit Augenhöhe und «geschmeidiger» Gesprächsführung zu tun. Wie präsentieren Sie sich adäquat vor einer Entscheidungskommission? Worauf dürfen Sie achten? Und worauf im Einzelgespräch mit einem bzw. einer Vorsitzenden? Wie kommen Sie bei Ihrem Gegenüber «passend» rüber? Mit Ihrer Persönlichkeit, mit Ihrer USP, mit Ihrem Wertbeitrag, mit allem, was Sie persönlich und mit Ihrer fachlichen Expertise ausmacht. Da darf man eben einfach eine Menge richtig machen, um es positiv auszudrücken.

Es gibt also jede Menge zu lernen. Doch worauf sollte ich bei der Auswahl eines Schulungsanbieters achten?
Das Wichtigste zuerst: Ich erlebe bei Kandidatinnen immer wieder die allzu große Bereitschaft, im Weiterbildner den Heilsbringer zu sehen und hinterher enttäuscht zu sein, wenn die erhoffte Mandatierung auf sich warten lässt. Deshalb würde ich mir als Mandatssuchende vorher sehr genau überlegen, warum ich eine Schulung machen möchte. Weil ich glaube, ich brauche diesen Ausweis des Könnens für Dritte? Mache ich es für mich, weil ich mich dann sicherer fühle, oder weil ich glaube, man traut mir das

Amt dann eher zu? Erwarte ich von einem Schulungsanbieter etwas, das eigentlich Aufgabe des Vermittlungsprozesses sein sollte? Frauen stecken zusätzlich in dem Dilemma, dass man sie auf der einen Seite glauben macht, es sei in ihrem Sinne, proaktiv auf Unternehmen zuzugehen, während es auf der anderen Seite als No-Go gilt, sich allzu demonstrativ «feilzubieten». Wer berufen werden will, wird im Idealfall gefunden. Das gilt auch für Männer.

Im Vorfeld der Auswahl eines Schulungsanbieters sollte man sich die Frage nach der persönlichen Zielsetzung stellen. Gut beraten ist, wer die unterschiedlichen Schulungsanbieter miteinander vergleicht und vor dem eigenen Horizont reflektiert, welche Bildungslücke überhaupt konkret geschlossen sein will: Möchte ich mein Verwaltungsratswissen überprüfen oder möchte ich mir zunächst Basisqualifikationen aneignen? Oder brauche ich ein griffiges Aufsichtsratsprofil?

Was verstehen Sie unter Gremienklarheit?
Gremienklarheit bedeutet, sich als Persönlichkeit der eigenen Kernkompetenzen bewusst zu werden und für sich selbst herauszudestillieren, was man als potenzieller Board Member an den Tisch bringt. Was macht einen Menschen besonders – hinsichtlich der Skills, aber auch in Sachen Persönlichkeit? Worin unterscheide ich mich von anderen, was ist mein Markenkern, was macht mich aus? An welchen Gestaltungsprozessen möchte ich in einem Unternehmen konkret mitarbeiten? Und: Woher rührt mein Mandatsinteresse? Die Motivation, das «Why», wie man heute sagt – entscheidet maßgeblich über den Erfolg des Mandatsgewinnungsprojekts.

In Gesprächen mit Kandidatinnen zeigt sich häufig, dass der Wunsch nach einem Mandat anderen, teils unbewussten Wünschen entspringt. Das ist sicherlich auch bei Männern so. Wer Interesse an einem Mandat hat, sollte diese verdeckten Motivationen für sich zuerst freilegen, denn im Gespräch wird Unausgesprochenes immer durchscheinen und sich womöglich als Karrierehemmnis erweisen. Was möchte ich in die Welt bringen? Meistens ist es eine Melange aus mehreren Aspekten. Es ist wichtig, sich selbst genau zu hinterfragen, inwiefern man bereit ist, so ein Amt verantwortungsbewusst auszufüllen.

Scheuen Frauen die Verantwortung, die mit der Mandatierung auf sie zukommt und kommen deshalb seltener ins Board?
Oft fehlt das Bewusstsein für die mannigfaltigen Gestaltungsmöglichkeiten, die ein Board-Mandat eröffnet und was einem diese Arbeit zurückgibt. Nicht nur, dass das fordernde Tagesgeschäft den Blick verstellt – oft wird die Arbeit im Verwaltungsrat mit honorigen Herrschaften in Verbindung gebracht, die den Zenit ihrer Karriere längst überschritten haben und hinter verschlossenen Türen Strippen ziehen. Das ist Karikatur, ich möchte bloß sagen, bei vielen liegt Gremienarbeit völlig außerhalb des Denkradius. Abgesehen davon denke ich nicht, dass Frauen den Zuwachs an Verantwortung scheuen, sondern dass sie – ganz im Gegenteil – im hohen Maß verantwortungsvoll agieren, indem sie sich die Frage stellen: Werde ich diesem Amt dann später auch gerecht?

Lustigerweise müssen sich Frauen mit mehreren Mandaten polemisch die Bezeichnung «Goldrock» gefallen lassen, während es bei Männern völlig okay ist, wenn sie mehrere Mandate parallel bekleiden. Ihnen traut man die gleich mehrfache Verantwortung zu.

Warum wird immer wieder gefragt, welchen «Mehrwert» eine Frau «an den Tisch», sprich: ins Board bringt?
Die Frage nach dem «Mehrwert» stellt sich generell und ist durchaus relevant – bei Männern wie Frauen. Dennoch beobachte ich immer wieder, wie Frauen sich je nach Anforderung dem Appell ausgesetzt sehen, sich Zusatzqualifikationen draufschaffen zu sollen, während die gleiche Aufgabe einem Mann fraglos zugetraut wird. Das spiegelt sich im Selbstverständnis: Während die Frau noch in sich hineinhorcht oder gar Dritte um Feedback bittet («Kann ich das? Habe ich das schon mal gemacht?»), hat der Mann die Herausforderung längst angenommen und sich in unbekanntes Terrain vorgewagt. Ich kenne keinen Mann, der sich sagen lassen würde, dass er nochmal einen MBA machen soll. Ich erlebe Kandidatinnen, die exzellent sind und dennoch an sich zweifeln.

Die Forderung nach mehr Sichtbarkeit der Frauen wird für viele Frauen zur Bürde. Sie fragen sich, ob sie nicht doch noch ein bisschen mehr für sich tun müssten – eine Zertifizierung, die Weiterbildung on top, mehr Social Media, eine Publikation und am besten noch die neue superfancy Website. Neben allen anderen Anforderungen soll frau nebenher auch noch Solopreneurin in eigener Sache sein. Dabei entsteht ein innerer Druck, der sich ungünstig auf die Mandatsgewinnung auswirkt. Oft ist es ein Kreisen um das Wunschmandat, das auf Perfektionismus beruht, im Sinne von: «Ich muss erst dies, ich muss erst das, bevor ich jenes machen kann.»

Sie haben ein Positionierungsprogramm entwickelt und stehen diesem Begriff dennoch kontrovers gegenüber?
Ich spüre, das Wort Positionierung bedarf der Neudefinition. Menschen lieben Ordnungssysteme. Sobald wir etwas in die Schublade stecken, einen Sachverhalt oder einen Menschen einordnen können, kann er, sie, es uns nicht mehr bedrohen, über das, was sich in der Schublade befindet, muss nicht mehr weiter nachgedacht werden. Manchmal kommen Kandidatinnen zu mir, die nicht mehr wissen, mit welchen ihrer vielen Kernkompetenzen genau sie «sichtbar» werden sollen – manchmal sind es mehrere Kompetenzen, in denen sie sich genau gleich stark wiederfinden. Dass gerade in der Vielfalt die Chance liegt, wird durch eine Coaching-Industrie nicht unbedingt bestätigt, die proklamiert, man solle fokussieren und sich auf das konzentrieren, was man am besten kann. Das Geschäft mit der Ego-Positionierung boomt. Ich kenne Interimsmanager, die so viel Geld in ihr Selbstmarketing stecken, wie andere nicht mal Jahresumsatz machen. Das sind dann Kandidaten, die unternehmerisch unterwegs sind. Diese Menschen lassen sich wie Schauspieler vermarkten oder wie Models. Da werden große Agenturen beauftragt, die aus dem schüchternen Berater gegen einen hohen Einsatz den authentischen Sympathieträger machen, der in Showreels weise Sprüche aus der Hüfte

schießt, für die er bei allen als der Experte in Sachen X gesetzt ist. Solche Player starten unter völlig anderen Vorzeichen.

Ist so eine gemachte Authentizität authentisch?

Ich sage: Nein. Der Effekt mag authentisch wirken, die Person ist es nicht. Zumindest wird hier nur ein winziger Teilaspekt, die Facette einer Person gezeigt. Was ich problematisch finde: Wir sollen uns von anderen unterscheiden, deshalb müssen wir anders sein. Sind wir anders und leben unsere Komplexität, sagt man uns, wir hätten kein klares Profil. Sind wir im wirklichen Sinne authentisch, also echt, und sagen, was wir denken, fliegen wir raus oder kommen erst gar nicht ins Board. Deshalb plädiere ich beispielsweise für die Etablierung einer neuen Streitkultur.

Mit der klassischen Hin-Positioniererei werden Persönlichkeiten zumindest plattgerastert. Weil das so ist und wir es so schnell nicht ändern werden, gilt es, konstruktiv damit umzugehen. Es geht also nicht so sehr darum, sich ständig die Frage zu stellen, ob ich richtig bin. Es gilt, zu der Überzeugung zu gelangen: Ich bin gut so, wie ich heute bin.

Wir sollten aufhören, an unserem Skill Set und an unserer Außenwirkung herumzuschrauben, auch wenn wir vielleicht denken, dass wir uns damit unangreifbar machen oder weil wir denken, dass man uns dank der Erbringung des objektiven Beweises des eigenen Könnens mehr zutraut. Nicht jeder ist die geborene Schauspielerin. Der Sprung ins Board gelingt mit großer Leichtigkeit, wenn wir uns unserer selbst bewusst sind. Es geht ganz leicht – und zwar so, wie wir heute sind.

Welche Rolle können Frauennetzwerke bei der Mandatierung spielen?

Keine (lacht). – Fast keine. Das werden die Macherinnen von Frauennetzwerken jetzt nicht gerne hören, aber ich zähle selbst dazu, deshalb darf ich das, glaube ich, so sagen. Und ich möchte – um es positiv auszudrücken – ergänzen, dass es jede Menge gibt, was Frauennetzwerke besser machen können. Bislang habe ich weniger als eine Handvoll Frauennetzwerke erlebt, die die Werte leben, die sie proklamieren: Solidarität, Aufrichtigkeit und Redlichkeit im Umgang miteinander, echte gegenseitige Unterstützung bei beruflichen Engpässen.

Ich spreche immer gerne von der «Picknickdecken-Kultur». Es scheint bequem, dort Platz zu nehmen und sich im Lamento im Einklang des Modus von «we versus them» gut zu fühlen. Frauen sind nicht immer der Frauen beste Freundin, das dürfte sich herumgesprochen haben. Frauensolidarität verkommt oft sogar in Communities, die nach eigener Aussage der gegenseitigen Stärkung dienen, zum Lippenbekenntnis. Ich persönlich habe noch keine Frau kennengelernt, die über ein Frauennetzwerk in ein Mandat gefunden hat, selbst wenn manche Netzwerkinitiatorinnen das Gegenteil behaupten. Eine Empfehlung mag mal vorgekommen sein, ist jedoch sicherlich die Ausnahme.

Welche Rolle spielen Datenbanken beim Placement?

Vor Jahren gab es in Deutschland ein paar Frauennetzwerke, die mit einer Aufsichts-rätinnen-Datenbank warben. Frauen sollten sich ermutigt fühlen, Mitglied dieser Netz-werke zu werden, um über die Datenbank leichter gefunden zu werden. Ich muss allerdings sagen, dass ich bislang keinem Placer begegnet bin, der über derlei Daten-banken nach Kandidatinnen gesucht hätte, auch wenn mancher sicherlich interessehalber mal einen Blick hineingeworfen hat. Dagegen gibt es nach wie vor Placement-Agenturen, die sich in der Öffentlichkeit gerne als Kooperationspartner von derlei Frauennetzwerken darstellen – eine besondere Form des Pink Washings, könnte man meinen, doch möchte ich nichts unterstellen.

Sollte ich mich auf der Suche nach einem Mandat an einen Vermittler wenden? – Wie ist Ihr Blick auf den Placement-Markt?

Ich bin nach wie vor überzeugt: Wir müssen weiter dafür eintreten, den Direktkontakt zwischen Unternehmen und Kandidatin niederschwelliger zu gestalten. Es kann nicht sein, dass wir Kandidatinnen in einer immer komplexeren Arbeitswelt umständliche Verrenkungen der Selbstpräsentation zumuten. Vor dem Hintergrund der angestrebten Unabhängigkeit wirft es im übrigen Fragen auf, warum es nach wie vor Player gibt, die sich in Mandate einkaufen. Der Placement-Markt stützt diesen Status quo.

Umgekehrt entgeht Unternehmen wertvolles Potenzial, wenn es ihnen verwehrt bleibt, aus einem vorhandenen Board-Potenzial im Markt vollumfassend schöpfen zu können. Was haben Unternehmen davon, wenn sie sich jemanden ins Board holen, der wie ein Fußballer herumgereicht wird? Manchmal erweist sich gerade der Hidden Champion als Glücksgriff. Als Gewinner der Zukunft werden Unternehmen hervorgehen, die sich als erste trauen, neue Wege zu gehen.

Werden Frauen kritisch gesehen, die sich proaktiv für ein Verwaltungsratsmandat in Stellung bringen?

Ich formuliere es mal provokativ: Wenn ein Mann selbstsicher auftritt, gilt er als ent-scheidungsfreudig und kernig, eine forsche Frau gilt als zickig, die potenziell Unruhe reinbringt. Im Board von Vorgestern wird ein Klima der Harmonie und der Einheit kultiviert. Wir dürfen uns vorstellen, dass die Mitglieder eines bestehenden Boards oftmals schon seit Jahren auf vielfältigste Weise miteinander Business machen. So ein Gremium ist eine eingeschworene Gemeinschaft, man kennt sich, man weiß um die jeweiligen Schwächen der anderen, man fährt zusammen in den Skiurlaub. Jedes neue Mitglied im Gremium ist erstmal Fremdkörper und verändert dieses bewährte Team-gefüge im ersten Moment. Deshalb nimmt man gerne eine Person in die engere Wahl, die man kennt, mit der ein gewachsenes Vertrauensverhältnis besteht und in deren Gegen-wart sich alle entspannt fühlen. Besonders in Familienunternehmen und generell im Mittelstand, sogar in den meist männlich dominierten Start-ups ist das zu beobachten. Obwohl man gerade hier längst verstanden haben müsste: Keine Frau im Board – kein Investor.

Jede Frau, die mit einem Mandat dynamische Gestaltungsprozesse im Sinn hat, sollte sich daher fragen, ob die Mitarbeit in einem Gremium wirklich erstrebenswert ist, in dem jede Diskussion im Keim erstickt wird und wo jeder erstmal abwarten wird, was der (oder die) Vorsitzende sagt, um dann erst die «eigene» Sichtweise formulieren zu können.

Jede Person, die ein Mandat sucht, sollte sich doch einfach mal hinstellen und umgekehrt die Frage stellen: Passt ihr zu mir? Und dann: Welches Gremium passt überhaupt zu mir? Welches Unternehmen passt zu mir? Wo möchte ich mitgestalten, welche Themen liegen mir am Herzen? Möchte ich in einem Gremium mitwirken, wo ich jedes Wort dreimal im Mund herumdrehen muss? Ist das erstrebenswert? Will ich meine Lebenszeit in einem Unternehmen verändeln, wo ich nicht gehört werde, wo mein Können nichts gilt? Oder bevorzuge ich stattdessen nicht lieber Freiräume der Mitgestaltung? Wie soll das Unternehmen sein, in dessen Board ich *mit* gestalten möchte – soll es ein Konzern sein oder eine NGO, eine Stiftung oder ein Start-up? Wie bin ich selbst aufgestellt – arbeite ich im Konzern oder soll als Unternehmerin der Sprung ins Board gelingen?

Es macht nun mal einen Unterschied, ob ich Social Entrepreneurin im eigenen Start-up oder Intrapreneurin in einer Behörde bin. Was wollte ich früher, als Kind, immer schon werden? Was habe ich studiert und warum? Welches sind die Werte, die mir wichtig sind im Leben? Wo liegen meine eigentlichen Stärken, und was kann ich tun, um der Welt etwas zurückzugeben?

Bei all diesen Fragen geht es gar nicht so sehr um Einfluss, Macht oder Geld – es geht um mehr Sinn. Es fällt mir auf, dass diese Frage, die nach dem Sinn, bei den meisten erst etwa mit der Lebensmitte aufkommt: Was möchte ich auf dieser Welt bewegen? Was will ich eigentlich im Leben? Welche Spur möchte ich hinterlassen? Dann sagen sich die Menschen: Das hier ist meine Lebenszeit. Ich möchte sichtbar sein, mit dem was ich kann, was ich bin, ich möchte gestalten. Wir wollen uns auf die Spur kommen. Tatsächlich hat Positionierung viel mit Gestaltung zu tun, zugleich mit meinem Geworfensein in die Welt, mit Identität. Was viele erst mit der Zeit erkennen: Es geht um die innere Spur – und die ist unsichtbar.

Literatur

Aebi, D. (23. September 2017). Kompetente Frauen in die Verwaltungsräte! *Neue Zürcher Zeitung*. https://www.nzz.ch/meinung/kolumnen/kompetente-frauen-in-die-verwaltungsraete-ld.1317919. Zugegriffen: 11. Mai 2023.

Ben-Amar, W., Chang, M., & McIlkenny, P. (2017). Board gender diversity and corporate response to sustainability initiatives: Evidence from the carbon disclosure project. *Journal of Business Ethics, 142*, 369–383.

Brinkhuis, E., & Scholtens, B. (2018). Investor response to appointment of female CEOs and CFOs. *The Leadership Quarterly, 29*(3), 423–441. https://doi.org/10.1007/s10551-015-2759-1.

Bundesrat. (2020). Geschlechterrichtwerte und Transparenzregeln für Rohstoffsektor treten Anfang 2021 in Kraft. https://www.admin.ch/gov/de/start/dokumentation/medienmitteilungen.msg-id-80358.html. Zugegriffen: 11. Mai 2023.

Catalyst Census. (2016). Women and men board directors. https://www.catalyst.org/knowledge/2016-catalyst-census-women-and-men-board-directors. Zugegriffen: 11. Mai 2023.

Correll, S. J., & Simard, C. (2016). Research: Vague feedback is holding women back. *Harvard Business Review*. https://hbr.org/2016/04/research-vague-feedback-is-holding-women-back. Zugegriffen: 11. Mai 2023.

Daily, C. M., Certo, S. T., & Dalton, D. R. (1999). A decade of corporate women: Some progress in the boardroom, none in the executive suite. *Strategic Management Journal, 20*(1), 93–100.

Egon Zehnder. (2016). Global board diversity analysis. https://www.egonzehnder.com/cdn/serve/migration/1513690982-fdca7566369310c20fd1e32cf9fdaef4.pdf. Zugegriffen: 11. Mai 2023.

Elleguth, P., Kohaut, S., & Möller, I. (2017). Wo schaffen es Frauen an die Spitze? Eine empirische Analyse mit Betriebsdaten. *Industrielle Beziehungen, 2,* 196–217.

Fietze, S., & Tobsch, V. (2011). Germany's next top manager: Does personality explain the gender career gap? *Management Revue, 22*(3), 240–273.

Francoeur, C., Labelle, R., Balti, S., & El Bouzaidi, S. (2017). To what extent do gender diverse boards enhance corporate social performance? *Journal of Business Ethics, 155,* 343–357. https://doi.org/10.1007/s10551-017-3529-z.

guido schilling ag. (2022). schillingreport 2022 | Transparenz an der Spitze – Die Führungs-gremien der Schweizer Wirtschaft und des öffentlichen Sektors. https://www.schillingpartners.ch/content/uploads/2022/05/schillingreport-2022_DE.pdf. Zugegriffen: 11. Mai 2023.

Habegger, A., Wettstein, M., & Tokarski, K. (2014). Diversität im KMU-Verwaltungsrat. Umfrage zu Frauen in Verwaltungsräten von Klein- und Mittelunternehmen (KMU) in der Deutsch-schweiz. Studie im Auftrag von GetDiversity, Forschungsbericht des Instituts Unternehmens-entwicklung der Berner Fachhochschule, Bern 2014.

Harvard Business Manager. (2023). Können Sie CEO? Februar 2023. Hamburg.

ILO. (2015). Gaining momentum. Women in Business and Management. https://www.ilo.org/wcmsp5/groups/public/---dgreports/---dcomm/---publ/documents/publication/wcms_316450.pdf. Zugegriffen: 11. Mai 2023.

Jacquart, P., & Antonakis, J. (2015). When does Charisma matter for top-level leaders? Effect of attributional ambiguity. *Academy of Management Journal, 58*(4), 1051–1074. https://doi.org/10.5465/amj.2012.0831.

Kakkar, H., & Sivanathan, N. (2017). When the appeal of a dominant leader is greater than a prestige leader. *Proceedings of the National Academy of Sciences of the United States of America, 114*(26), 6734–6739.

Kirsch, A. (2018). The gender composition of corporate boards: A review and research agenda. A review and research agenda. *Leadership Quarterly, 29,* 346–364.

Koenig, A. M., Eagly, A. H., Mitchell, A. A., & Ristikari, T. (2011). Are leader stereotypes masculine? A meta-analysis of three research paradigms. *Psychological Bulletin, 137*(4), 616–642. https://psycnet.apa.org/doi/10.1037/a0023557.

Lammers, B. (2018). Diversity im Topmanagement. *Zeitschrift Führung + Organisation, 87*(4), 225–232.

Noland, M., Moran, T., & Kotschwar, B. R. (2016). Is gender diversity profitable? Evidence from a global survey. Peterson Institute for International Economics Working Paper No. 16–3. https://papers.ssrn.com/sol3/Delivery.cfm/SSRN_ID2729348_code356528.pdf?abstractid=2729348&mirid=1. Zugegriffen: 11. Mai 2023.

OECD. (2016). Improving women's access to leadership. Background report. https://www.oecd.org/daf/ca/OECD-Women-Leadership-2016-Report.pdf. Zugegriffen: 11. Mai 2023.

Olbert-Bock, S., Redzepi, A., Bischof, N., & Beganovic, N. (2022). Innovation im HR und Career Development – Nutzung der Potenziale von Frauen 45+. Handbuch zum Projekt. St.Gallen.

Powell, G. N., & Butterfield, D. A. (1994). Investigating the «glass ceiling» phenomenon: An empirical study of actual promotions to top management. *Academy of Management Journal, 37*(1), 68–86.

Rauthmann, J. F. (2017). *Persönlichkeitspsychologie: Paradigmen – Strömungen – Theorien.* Springer.

Reguera-Alvadarado, N., de Fuentes, P., & Laffaraga, J. (2017). Does board gender diversity influence financial performance? Evidence from Spain. *Journal of Business Ethics, 141*(2), 337–350.

Schuler, H. (2001). *Lehrbuch der Personalpsychologie.* Hogrefe.

Schweizer Arbeitgeberverband. (2017). Mehr Frauen in Verwaltungsräte. 10 erprobte Tipps für die Praxis. https://www.arbeitgeber.ch/arbeitsmarkt/ein-kompass-fuer-mehr-frauen-in-verwaltungsraeten/. Zugegriffen: 11. Mai 2023.

Singh, V., Terjesen, S., & Vinnicombe, S. (2008). Newly appointed directors in the boardroom: How do women and men differ? *European Management Journal, 26*(1), 48–58.

Stoker, J. I., Garretsen, H., & Soudis, D. (2019). Tightening the leash after a threat: A multi-level event study on leadership behavior following the financial crisis. *The Leadership Quarterly, 30*(2), 199–214. https://doi.org/10.1016/j.leaqua.2018.08.004.

Theisen, M. R. (15. Juni 2021). Dünne Personaldecke. *Theisen Meint, Newsletter zu Der Aufsichtsrat.*

Zenger, J., & Folkmann, J. (2019). Research: Women score higher than men in most leadership skills. *Harvard Business Review.* https://hbr.org/2019/06/research-women-score-higher-than-men-in-most-leadership-skills. Zugegriffen: 11. Mai 2023.

Senarclens de Grancy, C.-D. (2017). Boardway Dogma. In: AREX 2017 – Der Award für Aufsichtsrat Exzellenz, Fritz, J. (Hrsg.), S. 139 ff.

Frauen im Top Management

3

Zusammenfassung

Unternehmen bemühen sich zunehmend, Vakanzen im Verwaltungsrat divers zu besetzen. Dabei beklagen sie, dass die Auswahl an kompetenten Frauen sich auf wenige, bekannte Namen fokussiere. Dabei gäbe es viele geeignete Frauen, die oft aber zu wenig sichtbar sind. Mithilfe von Personas wird aufgezeigt, welche Typen von Frauen bestehen, die sich für ein Mandat interessieren.

Die Sichtbarkeit dieser Frauen kann u. a. über die Optimierung ihrer Netzwerkkompetenz erhöht werden. Frauen scheinen jedoch ihre Netzwerke weniger effektiv und effizient zu nutzen als ihre männlichen Kollegen. Aufgrund von individuellen Netzwerkerhebungen verschiedener Verwaltungsratsaspirantinnen können vier Netzwerktypen ermittelt werden, für die sich jeweils unterschiedliche Maßnahmen ergeben, um die eigene Netzwerkkompetenz zu optimieren und das eigene Networking zielgerichteter zu gestalten.

Am Ende des Kapitels geben zwei Praktikerinnen Einblick in ihre Erfahrungen mit Frauen auf dem Weg in Verwaltungsratsmandate.

3.1 Ergebnisse aus dem Projekt

Die Diversitätsthemen (nicht nur Gender, sondern auch Alter, Herkunft etc.) werden, wie in den vorangegangenen Kapiteln beschrieben, immer wichtiger bei der Besetzung von Positionen im Verwaltungsrat eines Unternehmens oder im Top Management. Trotz oder gerade angesichts dieser zunehmenden Bedeutung haben Unternehmen und im Speziellen mittelgroße Unternehmen einen großen Nachholbedarf im Hinblick auf die Anzahl der Frauen in Verwaltungsratsgremien (vgl. Abb. 2.3). Gemäß den Projektergebnissen ziehen es zwei Drittel (67 %) der befragten Unternehmen in Erwägung, den Frauenanteil in ihrem Verwaltungsrat zu erhöhen, 39 % bejahen dies sogar vollständig. Zählen die unentschlossenen Absichtserklärungen (= vielleicht) ebenfalls dazu, sprechen sich sogar 83 % dafür aus, vermehrt Frauen für den Verwaltungsrat zu rekrutieren. Dieser Wert sollte allerdings kritisch hinterfragt werden, denn eine Absichtserklärung allein führt nicht automatisch zu einer diversen Zusammensetzung des Verwaltungsrates und läuft Gefahr, ein Lippenbekenntnis zu bleiben.

Die Gründe und Motive derjenigen Befragten, die eine Erhöhung des Frauenanteils in ihrem Verwaltungsrat in Betracht ziehen (vielleicht, eher ja, ja = 83 %), lassen sich in folgende Kategorien zusammenfassen:

- Signalling
- Leistungserbringung
- Unternehmensperformance
- Einbezug weiterer Netzwerke.

Beim **Signalling** sind Außenwirkung und Gründe des guten Rufes für rund ein Drittel der Befragten die Motivatoren. Ebenfalls ein Drittel gab an, die Chancengleichheit zwischen männlichen und weiblichen Verwaltungsrats-Aspiranten als Wert an sich zu betrachten und deshalb eine Erhöhung der Frauenanteile fördern zu wollen.

Für eine bessere **Leistungserbringung** durch einen höheren Frauenanteil erhofft sich knapp ein Drittel mehr Querdenken und mehr Rollendiversität im Gremium (29 %). Etwas mehr als ein Viertel verspricht sich dadurch bessere Kommunikations- und Entscheidungsprozesse.

In Bezug auf die **Unternehmensperformance** fallen die eher tiefen Werte auf. Kaum 10 % der teilnehmenden Unternehmen glauben, mit mehr Frauen auch eine höhere Performance bzw. eine Stärkung der finanziellen Leistungsfähigkeit des Unternehmens oder eine höhere Innovationskraft zu erreichen.

Der **Einbezug weiterer Netzwerke** in den Verwaltungsrat ist mit 41 % der absolut höchste Wert bei der Motivation, den Frauenanteil zu erhöhen. Dies zeigt durchaus, dass die bestehenden Netzwerke in sich etwas geschlossen scheinen und Frauen andere Personengruppen für unternehmensrelevante Aktivitäten kontaktieren können.

Dem grundsätzlichen Engagement und der Absichtserklärung, den Frauenanteil in Verwaltungsratsgremien zu erhöhen, steht gegenüber, dass sich die Auswahl meist auf wenige bekannte Frauen fokussiert. Diese Frauen sind in aller Munde, und wenn es um die Besetzung eines Mandates geht, stehen immer wieder die gleichen Namen auf den Longlists. Das Resultat ist oft, dass diese Frauen bereits viele Mehrfachmandate haben und teils die Ressourcen für weitere Mandate fehlen. Das Zurückgreifen auf immer die gleichen Namen scheint sich auch durch die Ergebnisse des WZB-Forschungsprojektes zum Mitbestimmungsindex (MB-ix) zu bestätigen. Innerhalb der Führungs- und Kontrollstrukturen in Deutschland sind Frauen und Männer in etwa gleich gut und gleich stark vernetzt. Ebenfalls sind beide Geschlechter über Mehrfachmandate vernetzt und es konnten keine geschlechterspezifischen Unterschiede festgestellt werden (Scholz & Wing, 2018). Gibt es neben diesen wenigen bekannten Frauen keine weiteren fähigen Frauen für Verwaltungsratsmandate? Die Antwort ist simpel: doch – und zwar sehr viele, aber sie müssen gesehen und gefunden werden.

Seitens der Unternehmen ist ein grundsätzliches Engagement ersichtlich, Vakanzen mit Frauen zu besetzen, aber teilweise wird es aufgezwungen oder wie erwähnt auf wenige bekannte Frauen fokussiert. Dies kann so weit gehen, dass in einzelnen Fällen keine genderneutrale Suche stattfindet, sondern ein reiner Frauenfokus gelegt wird, um den Geschlechterrichtwert zu erreichen. Oft wird die fehlende Breite an kompetenten und geeigneten Frauenkandidaturen als Hinderungsgrund angegeben. Die Projektergebnisse haben diesbezüglich verdeutlicht, dass die geeigneten Frauenprofile durchaus vorhanden, aber zu wenig sichtbar oder zu wenig gut in den relevanten Kanälen vernetzt sind.

3.1.1 Frauenprofile, die VR- und GL-Mandate anstreben

Mehrfach wurde von den interviewten Playern in Phase 1 unterstrichen, dass das Kandidatenprofil und die Kompetenzen den Anforderungen an ein Verwaltungsrats- oder Geschäftsleitungsmandat entsprechen müssen und das Gender nicht das alleinige Auswahlkriterium sein darf (vgl. Abschn. 1.3.2). Kandidatenprofile sind aber sehr häufig auf Männer zugeschnitten, und auch die bestehenden Boardstrukturen, die den Auswahlprozess entscheidend prägen, sind nach wie vor männerdominiert. Gleichzeitig bilden sich Frauen oft in Bereichen weiter, die in Verwaltungsratsgremien weniger gefragt sind. Zu erwähnen sind Supportfunktionen oder auch Personalthemen. Die fehlende Erfahrung von Frauen in Führungspositionen wird als weiterer «Killerfaktor» betrachtet.

Oft scheint es auch die geringere Selbstsicherheit zu sein, die den Frauen zum Verhängnis wird. Hohe Selbstsicherheit passt zur impliziten Vorstellung des «Machers» als geeignete Person für die Führung. Solange diese Vorstellung vorherrscht, dürfte es (manchen) Frauen schwerfallen, akzeptiert zu werden (Ronay et al., 2019), nicht zuletzt, weil ihnen selbstsicheres Auftreten im Sinne einer «Double Bind»-Situation nicht zum Vorteil gereicht, da es als «unweiblich» und in vielen Fällen für eine Frau als unpassend gewertet werden dürfte. Männer ihrerseits werden zwar für ihr «gesundes» Selbstvertrauen bis hin zu Selbstüberschätzung kritisiert, aber in der Selbstvermarktung zahlt sich dieses Verhalten immer noch aus. Diesbezüglich passt die Aussage eines Interviewpartners, der zu Recht die Frage aufwirft: «Häufig wird kritisiert, dass es zu wenig Frauen hat. Aber Frauen treten auch nicht hervor. Die Frage ist: treten die Frauen nicht hervor, weil sie wissen, dass sie keine Chance haben, gewählt zu werden, oder wollen es die Frauen gar nicht?»

Die Befragten wurden im Rahmen des Projektes gefragt, inwiefern Frauen die Anforderungen für ein Verwaltungsrats- oder Geschäftsleitungsmandat erfüllen. Während die Frauen auf der einen Seite von den Befragten als sozial kompetenter eingestuft wurden, werden die geringere Selbstsicherheit und Karrierekompetenz als größte Schwächen der Frauen betrachtet. Die weiteren Stärken und Schwächen von Frauen mit VR- und GL-Ambitionen sind zusammengefasst in Tab. 2.7 festgehalten.

Das Fehlen weiterer Karrierekompetenzen, wie systematisches Vorgehen im Karriereaufbau, eine gezielte Verkaufsstrategie und Argumentationsweise sowie insbesondere zu wenig ausgeprägte Netzwerkorientierung, werden von vielen Befragten als Schwierigkeiten von Frauen auf dem Weg in Boards genannt. Das «andere» Auftreten wie z. B. «Bescheidenheit» kann tatsächlich ein Risiko sein, selbst wenn es gemäß den Interviewergebnissen eine Stärke sein sollte. Aber auch die den Frauen zugeschriebene geringe Bereitschaft zu faulen Kompromissen kann sie vor ein Dilemma stellen. Die Wahrnehmung von Leadership ist geschlechtlich unterschiedlich. Ein Kriterium oder eine Eigenschaft, die einem Mann als positiv attestiert wird, wird einer Frau mit der gleichen Ausprägung negativ angerechnet. Ein Interviewpartner hat es wie folgt beschrieben: «Man will Frauen in der Gesellschaft gernhaben. Frauen mit starker Dominanz haben gelernt, sich anzupassen.» Personen mit stark ausgeprägtem Dominanz- und Führungs-Gen finden sich sowohl bei den Frauen als auch bei den Männern. Die Wahrnehmung dieser gleichen Eigenschaften ist aber bei Mann und Frau wie erwähnt unterschiedlich. Frauen mit solchen Eigenschaften werden tendenziell als unsympathisch wahrgenommen und gelten als Person «mit Haaren auf den Zähnen».

Aufgrund ihrer gesellschaftlichen Rollenvielfalt und des seltenen Status als Hauptverdienende werden Frauen als weniger flexibel und nicht durchgehend einsatzbereit bzw. verfügbar dargestellt.

Deutlich wird des Weiteren, dass manche Frauen offenbar zu sehr von einer «selbstverständlichen» Förderung nur aufgrund ihres Geschlechts ausgehen, bzw. auf sie bezogen angenommen wird, dass sie das tun würden, obwohl sie andere wesentliche Anforderungen (vermeintlich) nicht erfüllen. Diesbezüglich äußern sich verschiedene Interviewees, dass Frauen nach wie vor besser sein müssen als Männer, um zumindest als «gleichwertig» betrachtet zu werden. Ebenso wird festgehalten, dass die heutigen Frauen selbstbewusst sind und gut kommunizieren können. Die Frauen der 1. Generation in den Verwaltungsräten waren nach Einschätzung von Befragten teilweise «Beißerinnen» und wiesen eine Pseudomännlichkeit auf. Die Frauen der heutigen Generation kommen in den meisten Fällen über eine Businesskarriere, sind erfolgreich und performance-orientiert und bringen das nötige Selbstvertrauen für eine Verwaltungsratstätigkeit mit. Diese Frauen sind sich auch bewusst, dass sie das «diverse Element» spielen lassen müssen.

Aus diesen und ähnlichen Überlegungen der Befragten lassen sich vier typische Frauenprofile für Verwaltungsrats- und Geschäftsleitungsmandate ableiten. Diese vier Hauptkategorien werden als «Personas» dargestellt.

Eine Persona ist ein fiktives, detailliert beschriebenes, archetypisches Profil, das bestimmte Gruppen von Verhaltensweisen, Zielen und Motivationen repräsentiert. Der Begriff «Persona» stammt ursprünglich aus dem Lateinischen und bezieht sich auf die Rolle oder das Maskenbild, das von Schauspielern in Theaterstücken verwendet wird.

Im Marketingbereich hat sich der Begriff «Persona» bereits seit Jahren etabliert. Die Persona-Methode wurde von dem Softwareentwickler Alan Cooper geprägt, um Zielgruppen anhand von fiktiven Charakteren, die als Repräsentanten dieser Zielgruppen dienen, zu beschreiben (Cooper, 1999). Insofern dienen Personas dazu, Bedürfnisse, Wünsche und Verhaltensweisen der Zielgruppen besser zu verstehen, um bessere Entscheidungen treffen und auf sie abgestimmte Dienstleistungen, Produkte und Angebote entwickeln zu können. Immer öfter wird der Begriff «Persona» auch in anderen Bereichen außerhalb des Marketings verwendet, so auch regelmäßig im Recruiting. Für die richtige Stellenbesetzung und um die Mitarbeitenden langfristig an das Unternehmen zu binden, wird es immer entscheidender, zu erkennen, was zukünftige Mitarbeitende auszeichnet und was ihre Anliegen und Bedarfslagen sind. Dazu benötigt das Unternehmen eine Vorstellung darüber, wer sich wahrscheinlich auf die offene Position bewerben wird. Eine gute Option, diese Vorstellung zu verbildlichen, ist die Erstellung von Personen, sogenannten Candidate Personas (Rippler, 2022).

Aus den Projektergebnissen haben sich vier Candidate Personas für Frauen ergeben, die sich für eine Position in Verwaltungsratsgremien interessieren. Diese vier Personas werden in Abb. 3.1 dargestellt und anhand der wichtigsten Charakteristika beschrieben.

Die beschriebenen Personas unterscheiden sich nicht nur in ihren Eigenschaften, sondern auch in der Art und Weise, wie sie typischerweise im Geschäftsleben funktionieren, also in ihrer Art, wie sie «Karriere» verstehen und diesbezüglich vorgehen (Bischof et al., 2022).

Persona Typ 1 Frauen mit selbstsicherer Präsenz in Männerdomänen wie Sandra Stark orientieren sich auch in ihren Karriereverhaltensmustern stark an den männlichen Kollegen, konzentrieren sich auf ihre Karrieren und sind meist kinderlos. In den Interviews wurde dieser Typ Persona charakterisiert als Karrierefrauen ohne Kinder, die eher gegen Genderthemen sind und sich eher mit der Männer- als mit der Frauenwelt identifizieren. Teils wurde in diesem Zusammenhang auch erwähnt, dass Frauen wie die Persona Sandra Stark der Meinung sind, andere Frauen könnten durch entsprechende Zielstrebigkeit und den nötigen Ehrgeiz ihre Ziele selbst erreichen, genau so, wie es ihnen auch gelungen ist. Eine spezifische Unterstützung oder gar Förderung anderer Frauen ist aus ihrer Sicht weder förderlich noch nötig.

Persona Typ 2 Frauen mit einer exklusiven Unterstützung wie die Persona Fränzi Förderung erlangen eine Verwaltungsratsposition dank ihrer Herkunft (Familie) oder dank der Unterstützung eines individuellen Förderers und Promoters (z. B. politischer Ziehvater).

Persona Typ 3 Die Persona Jennifer Jung gehört zu den Frauen unter fünfzig, mit spezifischen Kenntnissen in Bereichen, wo qualifizierte Fachkräfte Mangelware sind. Die Frauen kommen so auf den Radar und sind für die Unternehmen doppelt attraktiv, denn neben der spezifischen Kompetenz (z. B. Digitalisierungskompetenz) kann die

Persona Typ 1: Sandra Stark (Frau mit selbstsicherer Präsenz in Männerdomänen)

Sandra Stark Frauen mit Präsenz in Männerdomänen	**Werdegang/Kompetenzen** ▪ Oft Erfahrung in Kaderpositionen bei Banken, Versicherungen, Anwaltskanzleien, Wirtschaftsprüfungsgesellschaften ▪ Studium der Rechts- oder Wirtschaftswissenschaften ▪ Evtl. Arbeitserfahrung im Ausland	**Demographie/familiäre Situation:** ▪ 45–60 Jahre ▪ In Partnerschaft lebend ▪ Eher kinderlos
	Persönlichkeit/Interessen: ▪ Sachliche, klare und fundierte Meinungsvertretung ▪ Networking fällt ihr leicht ▪ Genderthemen sollten nicht im Vordergrund stehen ▪ Erfolg ist Ergebnis gezielter Arbeit	**VR-Ambitionen** ▪ Finanzsektor: Banken- und Versicherungsbranche ▪ MEM-Industrie

Persona Typ 2: Fränzi Förderung (Frau mit exklusiver Unterstützung)

Fränzi Förderung Frauen mit starker (privater) Vernetzung / Förderung	**Werdegang/Kompetenzen** ▪ Oft Nachfolgerin in einem Familienunternehmen ▪ Fundierte Aus- und Weiterbildung (Berufslehre, eidg. Diplome, evtl. Fachhochschulstudium) ▪ Pragmatische Macherin	**Demographie/familiäre Situation:** ▪ 35–50 Jahre ▪ Kinder und Karriere werden als Herausforderung angesehen
	Persönlichkeit/Interessen: ▪ Kann sich gut integrieren ▪ Öfters auch politisch interessiert oder selbst aktiv ▪ Strebt an, eine bedeutende Rolle im Familienunternehmen einzunehmen	**VR-Ambitionen** ▪ Mitglied des VR im Familienunternehmen ▪ Nutzt pragmatisch sich ergebende Chancen

Persona Typ 3: Jennifer Jung (Frau mit spezifischen Kenntnissen)

Jennifer Jung Frauen mit spezifischen Kenntnissen	**Werdegang/Kompetenzen** ▪ Oft Erfahrung in Industrie-, Pharma-, Medtech- oder Technologieunternehmen ▪ FH- oder Unistudium ▪ Hohe Digitalisierungskompetenz	**Demographie/familiäre Situation:** ▪ 35–45 Jahre ▪ Jung und dynamisch ▪ Eher kinderlos, DINKS
	Persönlichkeit/Interessen: ▪ Denkt «anders», out of the box ▪ Arbeit und Privatleben vermischen sich stark ▪ Aufgewachsen in der Gleichstellungsmentalität ▪ Selbstsicher	**VR-Ambitionen** ▪ Sinnhaftigkeit der Aufgabe steht im Vordergrund (auch bei Wahl der VR-Mandate) ▪ Durchbrechen der Macho-Strukturen

Persona Typ 4: Eva Erfolgreich (Frau mit Leistungsnachweis)

Eva Erfolgreich Frauen mit ausgewiesenen Leistungsnachweisen	**Werdegang / Kompetenzen** ▪ Breite Berufs- und Führungserfahrung in verschiedenen Branchen ▪ Oft auch internationale Berufserfahrung ▪ Hochschulstudium, oft mit Promotion ▪ Strategisches Denken ▪ Sprachen und Kommunikation	**Demographie/familiäre Situation:** ▪ 45–60 Jahre ▪ In Partnerschaft lebend ▪ Kinder bereits selbstständig/erwachsen
	Persönlichkeit/Interessen: ▪ Starke, mutige Persönlichkeit ▪ Verfügt über ein sehr gutes (berufliches) Netzwerk ▪ Opportunistisch	**VR-Ambitionen** ▪ Strebt mehrere VR-Mandate an ▪ VR-Mandate als Teil des Geschäftsmodells ▪ Hat Zeit für Mandate und ist aufgrund der Erfahrung bereit, gezielte Risiken einzugehen.

Abb. 3.1   Vier Personas von Frauen in Verwaltungsratsmandaten

Vakanz mit einer Frau besetzt werden. Diese Frauen wurden in den Interviews wie folgt beschrieben: Frauen zwischen 35 und 40 Jahren, die in den «neuen» Berufen wie z. B. Digitalisierung, Cyber-Kriminalität, Risk Management etc. stark sind. Diese Frauen kennen sich in der neuen Ökonomie (Big Data, Nachhaltigkeit etc.) aus und sind deshalb sehr gefragt, weil sie vermutlich einen gewissen Bereich besonders gut abdecken.

Persona Typ 4 Anders dagegen Frauen wie die Persona Eva Erfolgreich, die oft jahrelang mit C-Level- und/oder Boardmembern zusammengearbeitet haben und neben einer breiten Erfahrung auch großes strategisches Interesse mitbringen. Karriere und Kinder wurden miteinander oder teils nacheinander realisiert. Im nächsten beruflichen Abschnitt soll aber die strategische Arbeit stärker im Vordergrund stehen. In den Interviews wurden Frauen wie Eva Erfolgreich als Personen beschrieben, die etwas zurückgeben wollen. Neben dem Interesse an Verwaltungsratsmandaten haben sie auch die Ressourcen – sowohl zeitlich als auch fachlich und von der Persönlichkeit her –, um ein solches Mandat anzunehmen. Sie haben aber auch Spaß an Auseinandersetzungen und an einer offenen Streitkultur, wenn es um die Sache geht. Selten sind diese Frauen «Abnickerinnen». Sie scheuen nicht die Konfrontation, sondern haben stets das Wohl der Unternehmung vor Augen.

Kontrastierend zu den vier positiv konnotierten Typen (Personas) wurden von den Interviewten Frauen geschildert, die davon ausgingen, dass ihnen besondere Vorzüge nur aufgrund ihres Geschlechts oder ihrer Eigenschaft als Mutter eingeräumt würden, ohne sich der auf sie zukommenden Verantwortung ausreichend bewusst zu sein.

Berater*innen, die ihr Portfolio ergänzen, oder Unternehmer*innen, die einen Blick in andere Organisationen suchen, sind weitere Einzeldarstellungen.

3.1.2 Relevanz der Personas für die Besetzung von VR-Mandaten

Für Unternehmen kann es hilfreich sein, sich bei der Besetzung von vakanten Positionen bzw. Mandaten passender Personas bewusst zu werden.

In Kap. 1 wurde der Besetzungsprozess im Detail beschrieben (vgl. Abschn. 1.2, Abb. 1.5 und 1.6). In einer ersten Phase wird das Anforderungsprofil inkl. der Aufgaben und Verantwortlichkeiten festgelegt. Die Umfrage im Rahmen des Projektes bei mittelgroßen Unternehmen bestätigt, dass die Unternehmen oft anhand einer kriteriengeleiteten Auswahl unterstützt durch ein klar formuliertes Anforderungsprofil die Professionalität bei der Besetzung von Verwaltungsratspositionen sicherstellen. Bei der Festlegung der Auswahlkriterien spielen immer auch Aspekte der Gesamtzusammensetzung des Verwaltungsrates eine wichtige Rolle. In Bezug auf die Frage der Passung zur Kultur gehen die Einschätzungen durchaus auseinander. Während einzelne Vertreter einen Cultural Add als wesentlich betrachten, sprechen sich andere vielmehr für einen Cultural Fit aus (vgl. Abb. 2.2). Unter Cultural Add werden unterschiedliche Charaktere, Haltungen, Einstellungen und Normen (Typenvielfalt) verstanden, während der Cultural

Fit die ähnlichen Haltungen, Einstellungen und Normen der verschiedenen Verwaltungs-ratsmitglieder meint.

All diese Überlegungen fließen in die Formulierung der Erwartungen und Anforderungen ans neue Verwaltungsratsmitglied ein. Dabei kann insbesondere auch der Komplementarität von Merkmalen in der Gesamtzusammensetzung und den kompetenz-bezogenen Besonderheiten von Frauen mehr Bedeutung zugewiesen werden. Werden zusätzlich die Potenziale stärker in die Betrachtung einbezogen, statt ausschließlich die dokumentierte (Führungs-)Erfahrung zu würdigen, wäre es gemäß den Projektergeb-nissen möglich, mehr geeignete Frauen zu identifizieren und zu nominieren. In der Phase 2 des Beschaffungsprozesses können im Rahmen der Bestimmung der Beschaffungs-wege und des Auswahlverfahrens seitens der Unternehmen die oben beschriebenen Personas ins Spiel gebracht werden. Dabei ist vorab zu klären, welcher Typ Persona die definierten Anforderungskriterien am besten erfüllt und welche Erfahrungen im Kontext der Gesamtzusammensetzung des Verwaltungsrates notwendig sind.

Die jeweiligen Personas unterscheiden sich bezüglich ihrer grundsätzlichen Ver-waltungsratsambitionen. Während **Persona Typ 1** (Sandra Stark – Frau mit selbst-sicherer Präsenz in Männerdomänen) auch ein Mandat in einer tendenziell immer noch eher männerdominierten Branche anstrebt wie z. B. im Finanzsektor oder in der MEM-Industrie, steigt **Persona Typ 2** (Fränzi Förderung – Frau mit exklusiver Unterstützung) selbstredend ins Familienunternehmen ein und nutzt dort die sich ergebenden Chancen. Unternehmen, die die Rekrutierung primär aus dem familiären Umfeld bewältigen, begründen dies nicht nur damit, dass die Familienmitglieder auch das Aktionariat wider-spiegeln, sondern unter anderem auch mit Aussagen wie «geschichtlich so verankert und Teil der Kultur» oder «Vertrauen und Loyalität sind nebst fachlichen Qualifikationen ausschlaggebend».

Bezüglich der Verwaltungsratsambitionen von **Persona Typ 3** (Jennifer Jung – Frau mit spezifischen Kenntnissen) steht die Sinnhaftigkeit der Aufgabe im Vordergrund. Unternehmen, die eine starke Werteorientierung haben oder spezifische Anliegen wie z. B. die Nachhaltigkeit oder soziale Themen in den Vordergrund stellen, werden vornehmlich nach Persona Typ 3 Ausschau halten. **Persona Typ 4** (Eva Erfolg-reich – Frau mit ausgewiesenen Leistungsnachweisen) eignet sich schließlich für zeit- und ressourcenintensive Mandate. Die Verwaltungsratsmandate sind Teil ihres Geschäftsmodelles oder werden zur ausschließlichen beruflichen Tätigkeit. Persona Typ 4 hat Zeit, sich im Detail mit den unternehmerischen Herausforderungen auseinanderzu-setzen, und ist aufgrund ihrer langjährigen Erfahrung auch bereit, gezielte Risiken einzu-gehen.

Sowohl Persona Typ 3 als auch Persona Typ 4 sind aufgrund ihrer Ambitionen und Ziele auch für Start-ups besonders interessant.

Für die Frauen erwies sich der Einsatz der Personas in den Coachings als sehr hilf-reich (sh. Abschn. 4.1), um sich der eigenen Persona bewusst zu werden, sich gegenüber anderen Personas abzugrenzen und sich dabei die eigenen Motive klar zu machen.

3.1.3 Motive der Frauen, VR- und GL-Mandate anzustreben

Die Motive, weshalb Frauen ein Verwaltungsrats- oder Geschäftsleitungsmandat anstreben, sind vielfältig und je nach Lebensphase der Frau unterschiedlich. Mit allen Aspirantinnen für ein Verwaltungsrats- oder Geschäftsleitungsmandat wurden im Rahmen des Projektes persönliche Interviews durchgeführt, um die Ambitionen, aber auch die Motive und Treiber zur Übernahme eines Verwaltungsratsmandates zu erfahren. Diese Informationen waren einerseits die Basis für die anschließenden individuellen Coachings (vgl. Abschn. 4.1.1), andererseits konnten die Antworten aller 31 Aspirantinnen inhaltlich zusammengefasst und analysiert werden.

Die Tab. 3.1 zeigt die wichtigsten Motive und Treiber der 31 befragten Aspirantinnen mit der Anzahl der Nennungen (Mehrfachnennungen waren möglich) im Überblick.

Als wichtigstes Motiv der Aspirantinnen hat sich die Möglichkeit herauskristallisiert, das eigene Wissen und die gemachten Erfahrungen weiterzugeben und in die Verwaltungsratsgremien einzubringen. Unter diesen Aspekt kann auch die Weitergabe von spezifischem Wissen wie z. B. im Bereich der Krisenkommunikation subsummiert werden. Beim weitergegebenen Know-how interessieren insbesondere die Sicht für die Gesamtzusammenhänge, aber auch die Möglichkeit, Vision und Strategie der Unternehmen aktiv mitzugestalten. Die Aussagen der Aspirantinnen zeigen deutlich auf, dass es ihnen nicht nur darum geht, dabei zu sein, sondern sie einen wesentlichen Beitrag zur Weiterentwicklung der Unternehmen leisten wollen. Das Motiv «Erfahrung und Wissen weitergeben» wird von Frauen, die dem Persona Typ 4 (Frau mit ausgewiesenen Leistungsnachweisen) zugeordnet werden können, besonders häufig genannt. Dies ist nicht weiter erstaunlich, können doch die meisten Vertreterinnen dieses Persona-Typs auf eine langjährige Berufs- und häufig auch Führungserfahrung im In- und Ausland verweisen. Eine Aspirantin hat ihre Motivation für ein Verwaltungsratsmandat wie folgt festgehalten:

Tab. 3.1 Spezifische Motivation, ein VR-Mandat zu übernehmen. (Quelle: eigene Darstellung basierend auf den Interviews)

Motive/Treiber der Aspirantinnen	Anzahl der Nennungen
Erfahrung und Wissen weitergeben inkl. Erfahrung in Krisen-kommunikation einbringen	11
Gesamtsicht	8
Mitgestalten der Vision und der Strategie	7
Weibliches Element einbringen	3
Nächster Karriereschritt/sich selbst weiterentwickeln	3
Aktiv bleiben	2

«Es hat nicht einen Trigger-Moment gegeben, der ausschlaggebend war, mich für ein Verwaltungsratsmandat zu interessieren. Vielmehr besteht der Wunsch, mein Wissen und meine
Erfahrung weiterzugeben und einen Mehrwert zu stiften. Dies kann ich in der Rolle als Verwaltungsrat gut erreichen.»

Eine andere Aspirantin formulierte es auch ganz altruistisch:

«Ich hatte viel Glück im Leben und konnte wertvolle Erfahrungen sammeln. Davon will ich
nun etwas weitergeben.»

Die Sicht aufs Ganze war der zweitwichtigste Grund für das Interesse an einem Verwaltungsratsmandat. Dieses Motiv konnte nicht nur einem Persona-Typ zugeordnet
werden, sondern war bei allen Typen gleichermaßen vertreten. Eine Aspirantin
formulierte ihr persönliches Ziel so:

«Themen auf Gesamtebene steuern und Strategien mitgestalten.»

Das Gestaltungselement im visionären und strategischen Bereich wurde ebenfalls von
allen Persona-Typen genannt. Folgende prägnante Aussagen von Aspirantinnen unter-
streichen den Beweggrund, in einem Team gemeinsam die zukünftige Ausrichtung eines
Unternehmens oder einer Organisation aktiv mitzugestalten:

«Es ist der Reiz, zusammen mit einem professionellen Gremium etwas anzureißen. Es ist
spannend, in einem Team Visionen zu entwickeln, Personen mit auf die Reise zu nehmen.»

«Ich habe Interesse an allem, was neue Strategien betrifft und eine ‹Quersicht› erfordert.»

Vereinzelt waren auch mehr persönliche Aspekte die antreibenden Motive der
Aspirantinnen, wie z. B. das Bedürfnis, sich selbst weiterzuentwickeln, wofür ein Verwaltungsratsmandat ein optimaler nächster Schritt sein könnte, oder der Wunsch, weiterhin aktiv zu bleiben, auch wenn das Pensionsalter naht oder bereits erreicht ist.

Das Bedürfnis, das weibliche Element und damit mehr Diversität in die Verwaltungsratsgremien einzubringen, wurde ebenfalls vereinzelt genannt. Meistens erwähnten die
Aspirantinnen diesen Aspekt allerdings nicht spontan, denn alle wollen nicht wegen
des Frauenbonus ein Verwaltungsratsmandat erlangen, sondern weil ihre Kompetenzen
gefragt sind. Eine Aspirantin hat es treffend formuliert:

«Als Frau und Mutter zweier Töchter bin ich für die Thematik Frauenförderung besonders
sensibilisiert. Gerade auch in meiner Branche arbeite ich als einzige Frau in einem Team
mit 10 Männern. Da stelle ich oft fest, wie gut es auch den Männern tut, wenn so ein Auf-
gabenbereich mal eine Frau macht. Mir macht es Freude, in so einem Setting meine Frau
zu stehen. Ich denke, dass es auch Verwaltungsratsgremien guttun würde, wenn mehr
Frauenskills (bessere Kommunikation, mehr Empathie und Mediation) vertreten sind.»

3.2 Herausforderung Netzwerke

Im Besetzungsprozess für Verwaltungsrats- und Geschäftsleitungsmandate nehmen der Aufbau und die Pflege des eigenen Netzwerkes (wie bereits in Abschn. 2.2.2 und 2.2.4 gesamthaft dargelegt) eine zentrale Rolle ein. Die grundsätzliche Netzwerkkompetenz von Frauen, aber auch die wesentlichen Beteiligten des Netzwerkes sowie das Verhalten und die Stärken von Frauen in der Netzwerkarbeit sollen vertieft betrachtet werden.

Unter Netzwerkkompetenz verstehen wir ein Bündel von Kompetenzen:

- Kommunikative Fähigkeiten, um auf Personen zuzugehen
- Fähigkeiten, Beziehungen aufzubauen und zu unterhalten
- Bereitschaft zur konstruktiven Zusammenarbeit mit Netzwerkpartnern
- Kompetenzen der Zusammenarbeit in den Hauptthemenfeldern des Netzwerks
- Kompetenzen der Netzwerkpflege und -ausbaus

Personen nutzen Networking als mikropolitische Machttaktik, um die Beziehung zu relevanten Entscheidungsträgern strategisch geplant und bewusst zur Realisierung ihrer eigenen Interessen zu nutzen (Rastetter & Cornils, 2012). Karrieren und insbesondere Führungskarrieren in Unternehmen und Organisationen entwickeln sich häufig in Machtverhältnissen, die stark von Männern dominiert sind und «männerbündische Strukturen» aufweisen. Mehrere Studien zeigen den Zusammenhang zwischen der Netzwerkarbeit und dem Karriereerfolg auf. Dank der Netzwerkarbeit können informelle und freiwillige Beziehungen genutzt werden, um in gewisse soziale Kreise einzusteigen und so die individuellen Karrieremöglichkeiten zu unterstützen und erleichtern. Networking ermöglicht den Austausch über relevante Themen, aber kann auch für Feedbacks, für gezielten Support oder als Informationslieferant genutzt werden. Dadurch kann die eigene Bekanntheit in einem bestimmten Umfeld gesteigert werden und als wesentlicher Vorteil erhöht sich die Chance, persönlich weiterempfohlen zu werden. Dem steht v. a. der zeitliche Aufwand für die Pflege der Netzwerke gegenüber, verknüpft mit der Unsicherheit, ob die Netzwerkkontakte tatsächlich nutzenstiftend und zielführend sind (Mucha et al., 2015). Frauen nutzen ihre Netzwerke oft viel schlechter als Männer. Fehlende weibliche Vorbilder führen auch dazu, dass Frauen sich oft zu wenig trauen, sich in Netzwerke zu integrieren (Henn, 2008), oder nicht frühzeitig und gezielt eine Karriere als Führungskraft oder Vorstandsmitglied anstreben und angehen (Uzzi, 2019). Frauen äußerten sich in den Interviews mehrfach in diese Richtung: «Der Gedanke für ein Verwaltungsratsmandat ist schon länger da, aber bisher hat das Selbstbewusstsein gefehlt. Seit 1½ Jahren befasse ich mich jedoch aktiver mit dem Thema und habe mich auf einer digitalen Verwaltungsratsplattform registriert und in meinem privaten und beruflichen Umfeld mein Interesse an einer entsprechenden Position bekundet.» Eine andere Aspirantin hält fest: «Auch das politische Parkett hätte ich mehr nutzen sollen – diese Erkenntnis hätte ich 10 Jahre früher haben sollen.»

Im Rahmen des Projektes wurde mehrfach bestätigt, dass Netzwerke wichtig und für ein Verwaltungsratsmandat sogar notwendig und unumgänglich sind. Ergänzend wurde immer wieder auf die «Qualität» der Netzwerke hingewiesen. Bei der Qualität spielt nicht nur der Umfang des Netzwerkes eine gewisse Rolle, sondern insbesondere die Zusammensetzung und Beteiligung an Netzwerken, auch in Bezug auf Diversität der Netzwerkmitglieder hinsichtlich Alter, Geschlecht und Kompetenzen.

3.2.1 Aufbau des persönlichen Netzwerkes

Es gibt sehr viele Maßnahmen, sich ein eigenes, diverses Netzwerk aufzubauen (vgl. Abb. 1.3). Die Befragten haben im Rahmen des Projektes insbesondere folgende Möglichkeiten genannt:

- Vereine (auch Sportvereine) und (Service-)Clubs wie z. B. Lions oder Rotary
- Fachverbände, wie z. B. Swissmem
- Jahrestagungen und öffentliche Anlässe
- Generalversammlungen
- Alumninetzwerke aus der eigenen Ausbildungszeit bzw. aus der Studienzeit
- Militär
- Übernahme verschiedener Ämter in Vereinen, Verbänden etc.
- Übernahme von politischen Ämtern
- Auftritte als Redner*in
- Persönliches Wissen und Erfahrung durch Vorträge teilen und so bekannt werden

Die Studie von Semenova (2018) zeigt, dass die Teilnahme am selben Think Tank oder auch an politischen Vereinigungen einen großen Einfluss auf die Netzwerke hat. Die Beteiligung an verschiedenen politischen Organisationen ermöglicht branchenübergreifende und brancheninterne Bindungen.

Alumni-Netzwerke scheinen insbesondere im angelsächsischen Raum dank der Eliteuniversitäten eine große Bedeutung zu besitzen. Im deutschsprachigen Raum spielen die Verbindungen aufgrund eines gemeinsamen Hochschulbesuches dagegen eine geringere Rolle. Trotzdem gibt es wohl länderspezifische Alumni-Organisationen, die einen wichtigen Platz bei der Rekrutierung und somit auch bei der Besetzung von Verwaltungsratsmandaten einnehmen können. Für Deutschland sind das beispielsweise die Netzwerke der Alumni-Organisationen der RWTH Aachen, der Ruhr-Universität Bochum, der Universität Münster und der Universität Köln (Semenova, 2018).

Zu den relevanten Akteuren und damit zum relevanten Netzwerk bei der Besetzung von Vakanzen im Top Management von KMU in der Schweiz zählen im Wesentlichen folgende Personengruppen und Organisationen, wobei ihre Bedeutung je nach Stadium des Einstellungsprozesses variieren kann:

- Organisationen, die spezifische Aus- und Weiterbildungskurse für das Top Management anbieten. Sie ermöglichen die Vernetzung mit Dozenten und anderen Teilnehmern.
- Klassische Executive-Search-Firmen, die vor allem C-Level-Positionen besetzen, aber auch im Bereich der Verwaltungsratsbesetzung tätig sein können. Große, internationale Executive-Search-Firmen sind für MU eher weniger relevant.
- Spezialisierte Berater (Anwälte, Treuhänder und Unternehmensberatungen) können dank ihrer Expertise Vertrauenspersonen von Eigentümern, CEOs und aktuellen Verwaltungsräten sein.
- Digitale Plattformen für die Suche nach Verwaltungsratsmandaten und geeigneten Verwaltungsratskandidaten
- Politische Gremien: Politikerinnen und Politiker auf allen Ebenen (Gemeinde, Kanton, Bund) erhöhen die Sichtbarkeit und eröffnen in einigen Fällen Ex-officio-Sitze in Gremien.
- Stiftungen und Freiwilligenarbeit: Größere, bekannte Stiftungen helfen, die Sichtbarkeit durch Stiftungsaktivitäten zu erhöhen.
- Vernetzungsplattformen (Verbände/Vereine): Verschiedene Vereinigungen, die die Vernetzung zwischen den Mitgliedern stärken, die Sichtbarkeit fördern und den Bekanntheitsgrad erhöhen. Sie stehen mehr oder weniger in direktem Zusammenhang mit der Ernennung von Verwaltungsratsmitgliedern, sind aber auch in einigen Fällen mit weniger direkter Relevanz sehr wichtig.
- Sonstige geschäftliche und private Kontakte: Größte, vielfältigste und wahrscheinlich einflussreichste Gruppe von Akteuren.

In Bezug auf die Qualität der Netzwerkbeziehungen unterscheiden Mucha et al. (2015) schwache und starke Beziehungen. Starke Beziehungen ergeben sich aus dem Zusammenspiel zwischen zeitlichem Aufwand, Reziprozität und emotionaler Intensität. All diese Faktoren stärken die eigene Reputation innerhalb der verschiedenen Netzwerke und sind besonders effektiv, wenn sie auf Gegenseitigkeit und Vertrauen aufbauen. Beziehungen meist zu unternehmensexternen Personen, die eher dazu dienen, neue Informationen zu gewinnen und sich in andere, neue Netzwerke zu integrieren, werden als schwache Beziehungen bezeichnet. Verschiedene Studien sind der Frage nachgegangen, welche kontextbezogenen Determinanten die Netzwerktätigkeit beeinflussen. Interessant ist, dass Personen in Vorgesetztenpositionen (im Vergleich zu Nichtvorgesetzten) sowie Personen in Marketingpositionen (im Vergleich zu Produktions- oder Finanzpositionen) mehr netzwerken (Wolff et al., 2018).

Networking wird nicht nur durch soziale Faktoren wie z. B. das Zugehörigkeitsbedürfnis angetrieben, sondern das Leistungsmotiv ist eine der wichtigsten Triebfedern für das Networking-Verhalten (Wolff et al., 2018). Dieser Aspekt hat sich auch im Rahmen des Projektes deutlich herauskristallisiert. Nur wer das Ziel eines Verwaltungsratsmandats klar vor Augen hat (Leistungsmotiv), wählt auch die Netzwerke zielführend aus und engagiert sich in den «richtigen» Netzwerken. Damit wird die Entwicklung der

Netzwerkkompetenz zu einer wesentlichen Eigenschaft, wenn Verwaltungsratsmandate angestrebt werden. Die Aufrechterhaltung der Netzwerkkompetenz ist wichtig, um in der «Ingroup» zu bleiben und sich dort zu verankern.

3.2.2 Muster und systemische Besonderheiten der Frauennetzwerke

In der Organisationsforschung werden Netzwerkanalysen zur Beschreibung verschiedener Zusammenhänge verwendet, sei es auf der Ebene des einzelnen Individuums, einer Gruppe, eines Teams, einer Abteilung oder der ganzen Organisation und von Unternehmen untereinander. Die Netzwerkperspektive nimmt eine wichtige Stellung ein, im Versuch das komplexe Geflecht aus sozialen, politischen und wirtschaftlichen Beziehungen darzustellen und zu verstehen. Gerade im Besetzungsprozess für Verwaltungsratsmandate sind Netzwerke sowie das Wissen über die wichtigsten Akteure im Besetzungsprozess zentral. Durch die Zugehörigkeit zu bestimmten Netzwerken wird das Verhalten des Einzelnen, aber auch einer Gruppe beeinflusst. Jedes Netzwerk besteht aus Akteuren und Playern und deren Beziehungen zueinander (Thiel, 2010). Mithilfe der Netzwerkanalyse wurden im Rahmen unseres Projektes die Netzwerke von Frauen, die erst kürzlich ein Verwaltungsratsmandat erlangt haben, und von Aspirantinnen erhoben und miteinander verglichen, um Gemeinsamkeiten zu erkennen und erfolgreiche Strategien und Maßnahmen abzuleiten. Die einzelnen Akteure, in diesem Fall die Frauen, die ein Verwaltungsratsmandat anstreben, sollen durch die Netzwerkanalyse Potenziale zur Weiterentwicklung ihrer Netzwerke erkennen, aber auch selbst Möglichkeiten zur Festigung des sozialen Beziehungsgefüges erhalten. Somit werden die Ego-Netzwerke dieser Frauen erhoben und analysiert.

Die Ego-Netzwerkmethode «unterstützt bei der Erhebung und Analyse der sozialen Umwelt bzw. der Beziehungen im sozialen Netzwerk einer einzelnen Person (= Ego).» (Salzburg Research, o. J.). Die Methode ist geeignet, um mithilfe von Netzwerkkarten das Umfeld einer Person, die relevanten Akteure, die Beziehungen zwischen diesen Personen sowie die Qualität der Beziehungen darzustellen. Die Analyse der Netzwerke erlaubt Rückschlüsse beispielsweise zur Größe des Netzwerkes, zur Anzahl der Kontakte, aber auch zur Enge und zur Wirksamkeit der Kontakte. Die Netzwerkmethode kann unterstützt durch eine Software (z. B. Gephi) als quantitative Netzwerkanalyse, aber auch manuell als qualitative Netzwerkanalyse durchgeführt werden (Salzburg Research, o. J.). In der grafischen Darstellung als Soziogramm stehen die sogenannten Knoten für Personen oder Gruppen im sozialen Netzwerk. Die Verbindung zwischen den Knoten wird als Kante bezeichnet und stellt die soziale Beziehung zwischen den Knoten im Netzwerk dar. Mit dieser Visualisierungsform lassen sich die «Geschichten hinter Knoten und Kanten» narrativ entwickeln, indem Forschende und Untersuchte gemeinsam in den Netzwerken visuell navigieren und unter Referenzierung auf das

Basisnetzwerk Längsschnittbetrachtungen in der Entwicklung der Netzwerke anstellen (Gamper & Schönhuth, 2016; Schönhuth et al., 2013).

3.2.2.1 Methodisches Vorgehen

Den zeitlichen Ablauf und das Zusammenspiel zwischen Netzwerkerhebungen und Coachings stellt Abb. 3.2 dar. In einem ersten Schritt wurde das Netzwerk der Frauen mittels Onlinefragebogen erhoben. Ausgehend von der Playerbefragung in einer früheren Phase des Projektes wurden mithilfe der Player-Landkarte (vgl. Abschn. 1.1) der Fragebogen für die Netzwerkerhebung sowie die Attribute definiert. Fehlende Personen oder Institutionen konnten durch die teilnehmenden Frauen selbst der Liste hinzugefügt werden. Als qualitative Elemente wurden die Enge des Austausches zum jeweiligen Player im Zusammenhang mit der Erlangung eines Verwaltungsratsmandates sowie die Bewertung des Austausches im Hinblick auf dieses Ziel erfasst und visualisiert. Neben der Größe des Netzwerkes und den beteiligten Akteuren (= «Knoten») konnte so auch die Intensität der Beziehungen (= entlang der «Kanten») beurteilt werden.

Insgesamt haben in diesem ersten Schritt 31 Frauen an der Umfrage teilgenommen und den Fragebogen vollständig ausgefüllt. Die Ergebnisse wurden mittels Gephi aufbereitet und dem Netzwerk der relevanten Akteure entsprechend präsentiert. Die Abb. 3.5 bis 3.8 zeigen Beispiele solcher Netzwerke.

Im nächsten Schritt wurden die individuellen Netzwerke in Form eines persönlichen Interviews mit den Frauen selbst unter folgenden Leitfragen analysiert:

- Wie schätzen Sie Ihr Netzwerk in Bezug auf Bedeutung und Qualität der Kontakte ein?
- Wer könnte als wichtiger Kontakt zusätzlich in Ihr Netzwerk eingebunden werden?
- Wie sind Sie bisher beim Aufbau und der Nutzung des Netzwerks vorgegangen?

Eine weitere Frage diente dazu, Ansatzpunkte für eine Optimierung der bisherigen Netzwerkstrategie zu identifizieren. An die Interviews schlossen sich zwei Coaching-

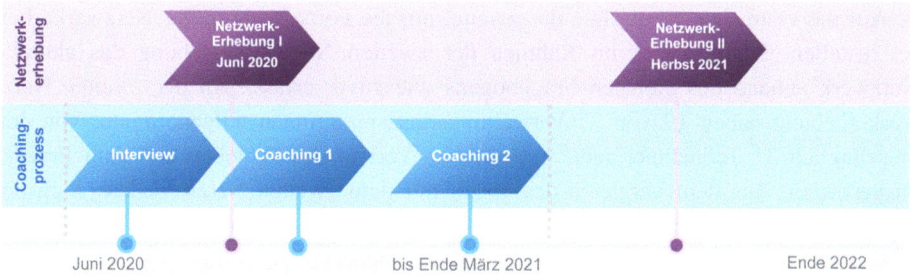

Abb. 3.2 Zeitlicher Ablauf und Zusammenspiel zwischen Netzwerkerhebungen und Coaching

Sitzungen an, um die Frauen bei der Weiterentwicklung ihrer Netzwerke aktiv zu unterstützen (vgl. Abschn. 4.1.1).

Nach dem ersten Coaching lag es an den Frauen, die erkannten Optimierungspotenziale anzugehen und umzusetzen. Hinsichtlich der Strategien zur Weiterentwicklung ihrer Ego-Netzwerke und zur Verbesserung ihrer Networking-Fähigkeiten halten die Frauen die folgenden Aspekte für wesentlich:

Netzwerkverhalten Die Aspirantinnen erfahren Schwierigkeiten, ihr Netzwerk aktiv zu nutzen und andere um Hilfe zu bitten. Sie haben das Gefühl, nicht aktiv und nicht aggressiv genug zu sein und verlassen sich zu sehr auf Mund-zu-Mund-Propaganda. Das eher passive Netzwerkverhalten führen die Frauen auf zu wenig Zeit zurück, wodurch sie zu wenig Möglichkeiten haben, sich auf die Entwicklung der Netzwerkarbeit zu konzentrieren. Trotzdem erkennen die meisten den Nutzen einer gezielten und aktiven Netzwerkarbeit und beabsichtigen, ihr Netzwerkverhalten und -engagement zu stärken, mehr Initiative zu zeigen und das bestehende Netzwerk besser zu nutzen.

Eignung der Netzwerkpartner Die Befragten reklamieren eine generelle Fehlpassung zwischen ihrem Netzwerk und ihren Ambitionen. Zudem entsteht verschiedentlich das Gefühl, das Netzwerk passe nach einer beruflichen Veränderung überhaupt nicht mehr zu den angestrebten Zielen. Ihre Netzwerkstärken unterschätzen viele Frauen bzw. sind sich ihrer Stärken überhaupt nicht bewusst. Zudem haben die Aspirantinnen oft kein Interesse, an relevanten Netzwerken (z. B. Politik) teilzunehmen, oder haben aufgrund ihrer Herkunft (z. B. weil sie Ausländerinnen sind) keine Möglichkeit dazu. Schließlich haben einige auch zu viele operative und zu wenige managementbezogene Kontakte oder setzen auf «falsche» Kanäle (z. B. Frauennetzwerke).

Größe des Netzwerks Einige Befragte haben ein eher enges Netzwerk und wollen es aktiv über die Familienkontakte hinaus erweitern. Diesbezüglich stellt sich die Frage, ob Quantität allein tatsächlich zielführend ist (vgl. Abschn. 3.2.4). Die Aspirantinnen sind sich aber auch der Grenzen ihrer Netzwerkarbeit bewusst und sehen z. B. das Problem, nicht in «geschlossene» Clubs zu gelangen oder keinen Zugang zu politischen Gremien zu haben, weil sie Nicht-Schweizerinnen sind.

Auf das erste Coaching folgte das zweite, um die Fortschritte in der Netzwerkarbeit festzustellen. Dafür wurde im Rahmen der zweiten Netzwerkerhebung das aktuelle Netzwerk anhand des gleichen Fragebogens wie zuvor erfasst. An der zweiten Netzwerkerhebung haben 19 von 27 Verwaltungsratsaspirantinnen teilgenommen. Von den ursprünglich 31 Teilnehmerinnen sind vier im Verlauf des Projektes aus dem Prozess ausgestiegen. Aus dem Vergleich des ersten mit dem zweiten Netzwerk lässt sich der Fortschritt zwischen den beiden Erhebungszeitpunkten betrachten und die Wirksamkeit der Interventionen im Rahmen der Coachings verfolgen.

3.2.2.2 Erster Erhebungszeitpunkt: Unterschiedliche Typen von Netzwerkerinnen

Die erhobenen Ego-Netzwerke wurden anhand der Dimensionen «zielführende Kontakte» und «Enge des Austausches» analysiert. Die Dimension «zielführender Kontakt» hält fest, inwiefern die Aspirantinnen den jeweiligen Player als hilfreich für die Erlangung eines Verwaltungsratsmandates einschätzen. Demgegenüber beschreibt die Dimension «Enge des Austausches», ob zum jeweiligen Player ein Kontakt seitens der Aspirantin besteht und wie stark diese Beziehung ist (Toscano et al., 2023).

Die visuellen Darstellungen der Spider-Webdiagramme wurden entsprechend der Größe der Netzwerke geclustert. Dabei wurde die Größe des Spiderwebs sowohl der «zielführenden Kontakte» als auch der «Enge des Austausches» analysiert. Als kleine Netzwerke gelten alle Spiderwebs, bei denen keine Dimension höher als 3 auf einer 5er-Skala bewertet wurde. Große Netzwerke besitzen bei mindestens einer Dimension eine Ausprägung von ≥ 4.

Aus der visuellen Analyse lassen sich vier Typen von Netzwerkerinnen ableiten, die in Abb. 3.3 dargestellt sind.

In der ersten Netzwerkerhebung entspricht die Mehrheit der Frauen (14 Frauen von 31) dem Netzwerktyp «Einsteigerinnen oder Starterinnen». An zweiter Stelle folgen die «Unentschlossenen Aktivistinnen» (9 von 31 Frauen). In geringerem Maße sind die beiden Netzwerktypen «Zu Diensten» (5 von 31 Frauen) und «Selbstverständliche Netzwerkerinnen» (3 von 31 Frauen) zu finden. Es ist nicht weiter überraschend, dass die Mehrheit zum Netzwerktyp «Einsteigerinnen» zählt. Die Rekrutierung der Frauen für das Projekt richtete sich an Frauen, die in Zukunft ein Verwaltungsratsmandat anstreben, aber dieses Ziel bis zum Projektstart noch nicht erreicht hatten. Viele Frauen wussten bei der ersten Netzwerkerhebung noch nicht, wie sie ihre Ambitionen für ein Verwaltungsratsmandat zielgerichtet angehen können.

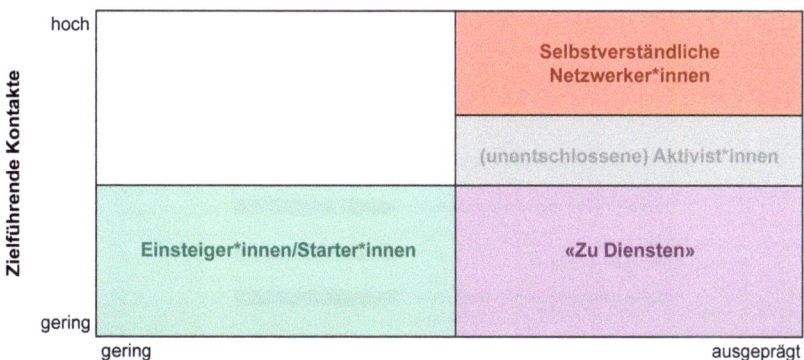

Abb. 3.3 Typen von Netzwerkerinnen

Interessant ist die Betrachtung der Entwicklung der Aspirantinnen von der ersten zur zweiten Netzwerkerhebung. Diese Weiterentwicklung ist nicht nur beim Vergleich der Netzwerke zu den beiden Erhebungszeitpunkten ersichtlich, sondern äußert sich auch im subjektiven Empfinden der Frauen, wie Abb. 3.4 zeigt. Auffallend ist, dass gleich 3 Punkte mit einem Mittelwert von 4 und mehr (Maximalwert 5) mit der Netzwerkarbeit zusammenhängen. Dieses Ergebnis überrascht kaum, insbesondere angesichts der großen Anzahl an «Einsteigerinnen/Starterinnen». Aufgrund der Reflexion des eigenen Netzwerkes haben die Frauen ihre Netzwerkstrategie angepasst und den Auf- und Ausbau ihrer Netzwerke stärker strategisch und auf das Ziel eines Verwaltungsratsmandats ausgerichtet. Auch die aktive Pflege von als wichtig erachteten Netzwerkkontakten wurde gestärkt.

Die **«Selbstverständlichen Netzwerkerinnen»** verfügen über ein großes bestehendes Netzwerk in mehreren Playergruppen (vgl. Abb. 3.5). Sie sind bereits sehr aktiv und zielstrebig bei der Pflege und im Ausbau ihrer Kontakte. Ebenfalls sind sich diese Frauen

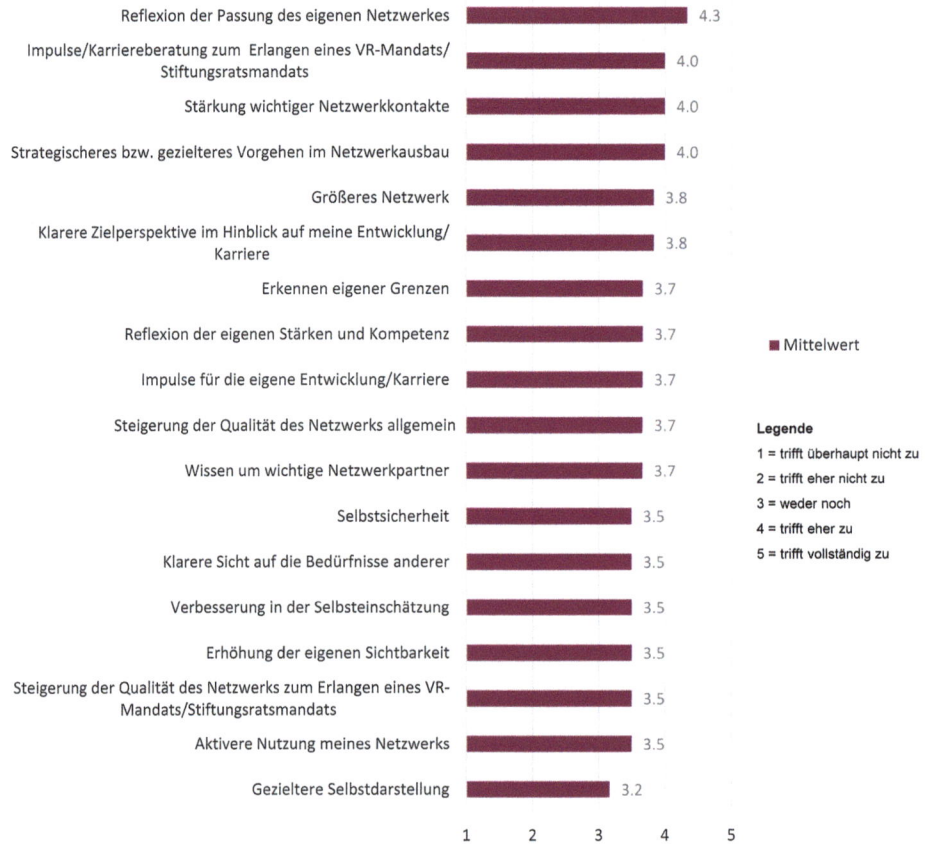

Abb. 3.4 Persönliche Entwicklung seit der Teilnahme am Projekt

Abb. 3.5 Beispiel Netzwerk «Selbstverständliche Netzwerkerin»

sehr wohl bewusst, welche Bedeutung und welchen Einfluss die richtigen Kontakte zu den relevanten Playern haben können. Die Netzwerkarbeit fällt ihnen leicht und es scheint, dass sie auf ganz natürliche Art und Weise das Richtige tun.

Der zweite Netzwerktyp hat bei der Dimension «zielführende Kontakte» mind. zweimal eine Ausprägung von ≥ 4. Das Bewusstsein über die Bedeutung der Netzwerke ist somit bei den **«Unentschlossenen Aktivistinnen»** durchaus vorhanden, aber sie besitzen noch Verhaltensweisen, die den Auf- und Ausbau der Netzwerke erschweren (vgl. Abb. 3.6). Dies zeigt sich in der Größe des bestehenden Netzwerkes («Enge der Kontakte»), die insgesamt klein oder sehr klein ausfällt. Die einen zögern, auf relevante Player aktiv zuzugehen, andere trauen es sich überhaupt nicht zu. Hier spielt das Selbstbewusstsein und das selbstsichere Auftreten wieder eine entscheidende Rolle. Es überrascht, dass teilweise gestandene Frauen mit langjähriger Erfahrung auf Geschäftsleitungsebene in solche Muster verfallen. Wieder andere Frauen gehen über in einen «undifferenzierten» Aktionismus, indem sie alle möglichen Kontakte angehen, ohne sich auf die effektiven und zielführenden zu fokussieren. Bei diesem Typ Netzwerkerinnen kann oft festgestellt werden, dass in einer ersten Phase «mehr Masse statt Klasse» vorhanden ist.

Der Netzwerkerinnentyp **«Zu Diensten»** hat gemäß eigener Wahrnehmung ein großes bestehendes Netzwerk (mind. einmal Ausprägung über 4 bei der Dimension «Enge des Austausches») (vgl. Abb. 3.7). Demgegenüber ist das Ausmaß des Spiderwebs «zielführende Kontakte» eher klein. Dieser Typ Netzwerkerin ist der Meinung, über alle

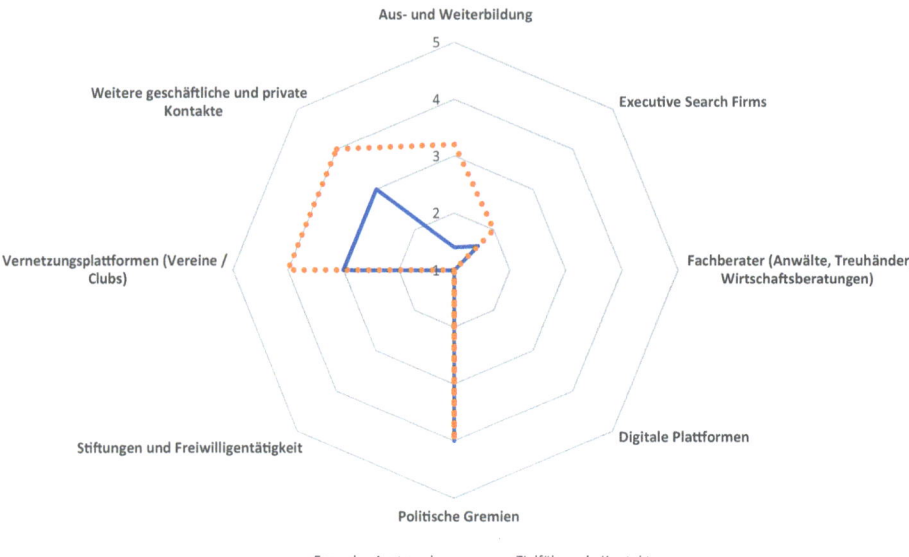

Abb. 3.6 Beispiel Netzwerk «Unentschlossene Aktivistin»

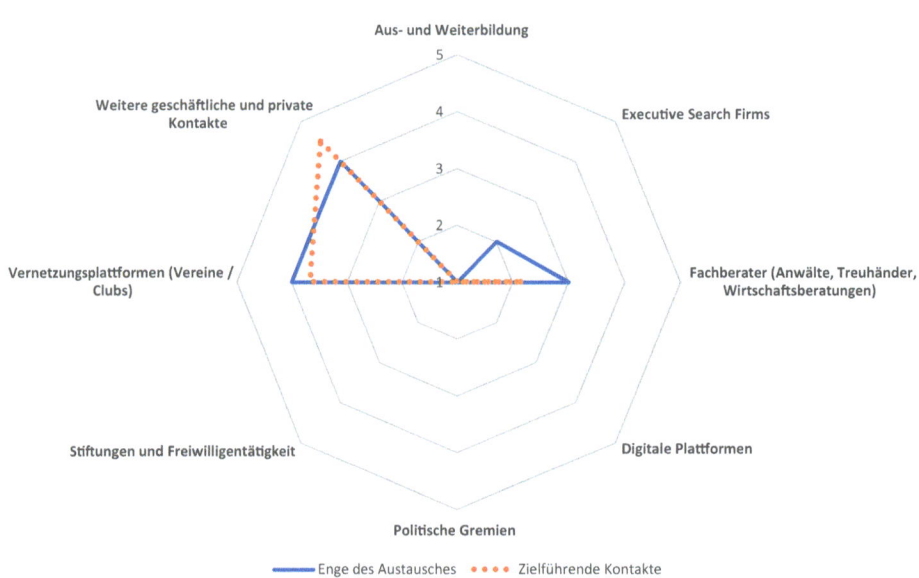

Abb. 3.7 Beispiel Netzwerk «Zu Diensten»

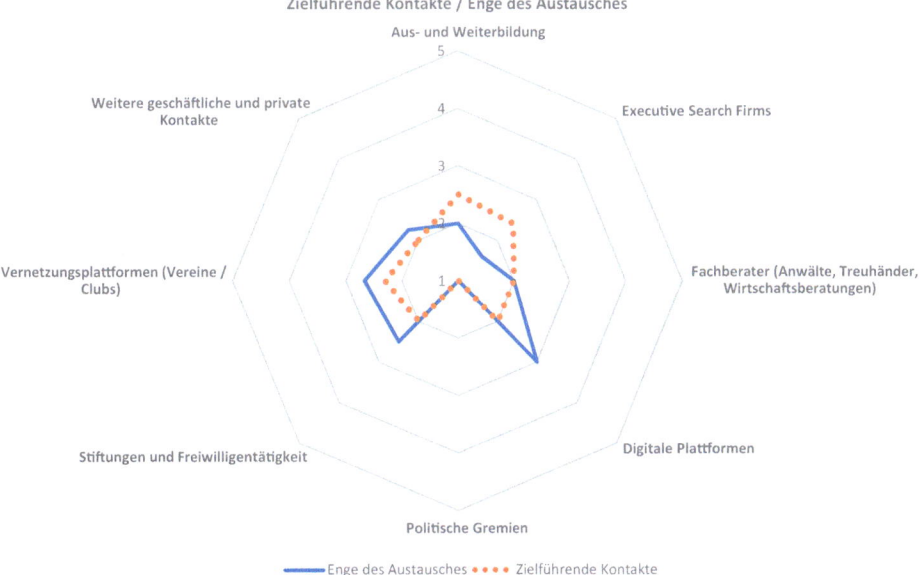

Zielführende Kontakte / Enge des Austausches

Abb. 3.8 Beispiel Netzwerk «Einsteigerin/Starterin»

notwendigen Kontakte zu verfügen, aber die Frauen werden aktuell im Such- und Aus-wahlprozess noch nicht gefunden. Es kommt oft die Frage auf: «Warum sieht mich keiner? – ich bin doch da und bringe alle notwendigen Kompetenzen für ein Ver-waltungsratsmandat mit.» Gleichzeitig stellt dieser Netzwerktyp die verschiedenen Player dahingehend infrage, ob sie bezüglich des Besetzungsprozesses tatsächlich ziel-führend sind.

Die größte Gruppe steht noch ganz am Anfang des Prozesses der Erlangung eines Ver-waltungsratsmandats oder einer Geschäftsleitungsfunktion (vgl. Abb. 3.8). Sie wissen häufig nicht, wer sie in diesem Prozess unterstützen könnte. Häufig denken sie nicht ein-mal an offensichtliche Player im eigenen familiären oder persönlichen Umfeld. Sowohl die Dimension «zielführender Kontakt» als auch «Enge des Kontaktes» fallen beim Netz-werktyp **«Einsteigerin/Starterin»** sehr klein aus. Die Ausprägung ist nie größer als 3.

3.2.2.3 Zweiter Erhebungszeitpunkt und Vergleich mit Ersterhebung
Die Weiterentwicklung zwischen den beiden Erhebungszeitpunkten soll exemplarisch an zwei Beispielen aufzeigt werden. Beide Aspirantinnen hatten zum Zeitpunkt der Zweiterhebung des Netzwerkes ein erstes Verwaltungsratsmandat erhalten. Obwohl beide ihr Ziel erreicht haben, unterscheidet sich der Weg dorthin, denn beide Frauen sind von einer unterschiedlichen Ausgangslage gestartet.

Die «Unentschlossene Aktivistin» (vgl. Abb. 3.9) – nennen wir sie Eva Erfolgreich (vgl. Personas, Abb. 3.1) – hat zwar auch in der zweiten Netzwerkerhebung noch kein großes Spiderweb bezüglich der «Enge des Austausches». Eine wesentliche Veränderung hat aber bei den «zielführenden Kontakten» stattgefunden. Eva Erfolgreich geht nun viel bewusster und zielstrebiger auf ihre bestehenden beruflichen und privaten Kontakte zu und spricht offen und direkt über ihre Tätigkeit als Verwaltungsrätin. Eva hat eine lang-jährige Berufs- und Führungserfahrung hauptsächlich im Finanzsektor. Ihr Geschäfts-modell für die Zukunft ist der Fokus auf einige Verwaltungsratsmandate. Sie sagt von sich selbst: «Ich bin noch zu jung, um nichts zu tun, habe zu viel Energie! Ich möchte etwas weitergeben, habe so viele Erfahrungen gemacht.»

Die Netzwerkerin «Zu Diensten» hat ihre Netzwerkstrategie von der Erst- zur Zweiterhebung geschärft (vgl. Abb. 3.10). Diese Frau ist eine typische Vertreterin der Persona Sandra Stark (vgl. Personas, Abb. 3.1). Mit ihrem Rechtsstudium ist sie als Anwältin tätig und sagt von sich, dass sie lieber berät als managt. Deshalb sieht sie sich auch eher im Verwaltungsrat als in der Geschäftsleitung eines Unternehmens. Ihr großes bestehendes persönliches berufliches Netzwerk wird sie auch in Zukunft nutzen, um für Verwaltungsratsmandate angefragt oder vorgeschlagen zu werden. Selbstbewusst hält sie fest: «Ich bin sehr selektiv und nehme nicht jedes Angebot an. Für den großen Aufwand wird man oft nicht genug bezahlt.»

3.2.3   Netzwerkverhalten und -kompetenz von Frauen

Vielfach wird im Rahmen des Projektes von den verschiedenen Playern die Hypothese aufgestellt, dass Frauen im Hinblick auf ihr persönliches Netzwerk schlechter auf-gestellt sind als Männer. Frauen würden sich eher auf Inhalte und ihre Kompetenzen fokussieren und weniger auf das Vernetzen. Gemäß Mucha et al. (2015) sind den Frauen die Beziehungen zu den Mitarbeiter*innen wichtiger als den männlichen Kollegen und die «extraprofessionelle» Karrieremotivation ist bei ihnen höher, oft bedingt durch die intensiveren familiären Verpflichtungen. Zudem schließen sich bei Frauen die Auf-stiegs- und Familienorientierung eher aus als bei Männern. Diese Aspekte können bereits Gründe für eine weniger ausgeprägte Netzwerkverflechtung von Frauen sein.

Frauen präsentieren sich nicht gern, sind zu bescheiden und sehen häufig keinen Wert und Sinn im Netzwerken. Sie begreifen Netzwerkveranstaltungen als anstrengend, zeitfressend, aufwendig und wenig lustvoll. Ganz im Gegensatz zu Männern, die sich gern vernetzen, treffen und nach einem langen Tag noch auf ein Bier in die Bar gehen. Auch wenn Frauen die Bedeutung von Netzwerkaufbau und -pflege als sehr hoch ein-schätzen, finden viele Netzwerkveranstaltungen abends oder am Wochenende statt und stehen damit in Konkurrenz mit familiären und sozialen Aktivitäten. Hier fällt Frauen die Priorisierung häufig schwerer als Männern und die Frauen verzichten im Zweifelsfall auf die Netzwerkanlässe.

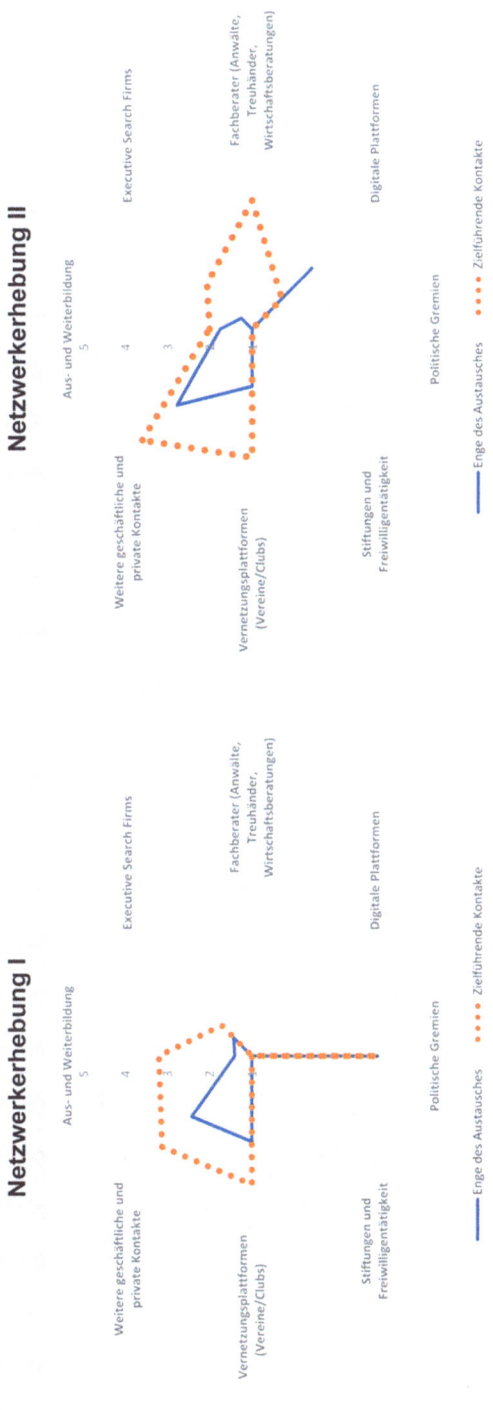

Abb. 3.9 Vergleich Netzwerk «Unentschlossene Aktivistin»

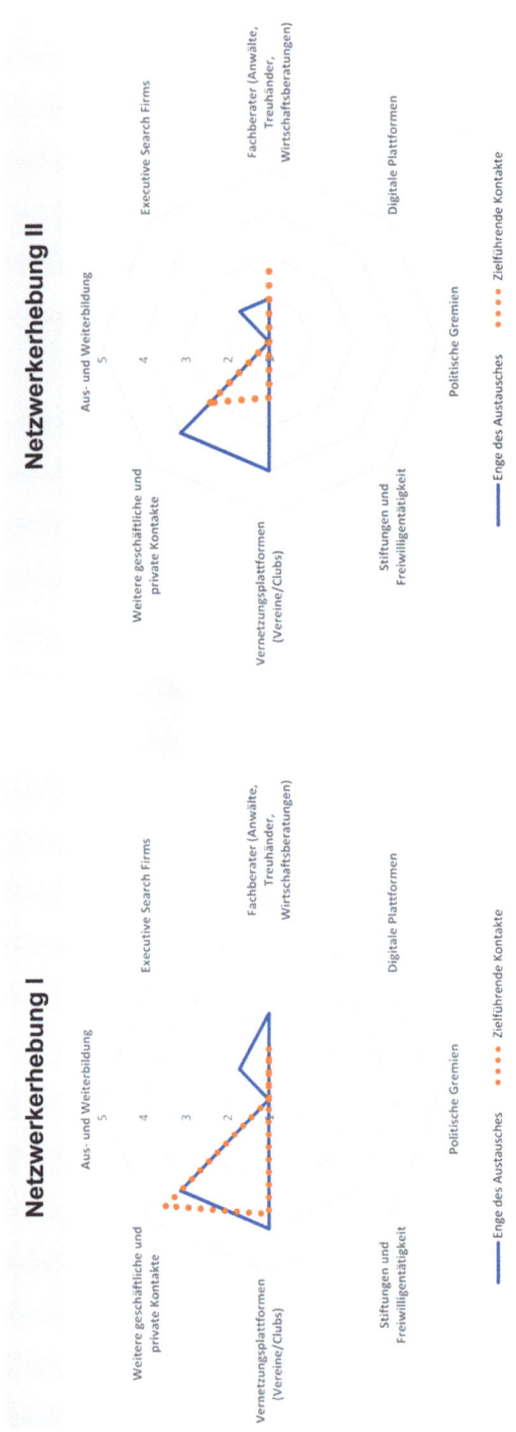

Abb. 3.10 Vergleich Netzwerk «Zu Diensten»

Daneben gibt es ein weiteres Unterscheidungsmerkmal zwischen der Netzwerk-arbeit von Frauen und Männern. Das Phänomen der Homophilie (Tendenz, sich mit den Personen zusammenzuschließen, die mir selbst am ähnlichsten sind) kann ein weiterer Grund für den Ausschluss der Frauen aus gewissen Netzwerken sein. Männer treffen sich tendenziell eher in «homophilen Netzwerken» als Frauen (Mucha et al., 2015, S. 203 f.). Es wird immer wieder auf typische oder exklusive Männernetzwerke hingewiesen, wie z. B. Militär oder technische Studiengänge und Studentenverbindungen. Diese rein männerspezifischen Netzwerke schließen Frauen zwar nicht grundsätzlich aus, werden aber tatsächlich von Frauen viel weniger bzw. gar nicht genutzt.

Historisch bedingt wurden in der Schweiz vielfach Militärkarrieren mit Führungs-karrieren gleichgesetzt, wodurch Männer mit einem militärischen Rang auch in Organisationen in höherer Führungsposition eingestuft wurden. In den letzten Jahren hat sich dieser Zusammenhang wesentlich reduziert. Aber in den Führungsetagen finden sich immer noch ältere Semester, bei denen dieses Vorgehen tief verankert ist. Gemeinsame Erfahrungen wie eben z. B. im Militär und damit ein schweizweites Netzwerk stehen den Frauen kaum als mögliche Karriereleiter offen. Rastetter & Cornils (2011) verweisen auf Untersuchungen, die aufzeigen, dass weibliche Führungskräfte Zugangsbarrieren zu informellen Netzwerken erleben und sie so keinen Zugang zum «inner circle» des Top Managements erhalten.

Reine Frauennetzwerke werden im Unterschied zu Männernetzwerken als weniger hilfreich beschrieben, weil nicht ausreichend machtvolle Personen im Netzwerk vor-handen sind. Ein weiteres Problem scheint zu sein, dass Frauen sich offenbar weniger gegenseitig fördern und zudem untereinander konkurrieren. Wie bereits erwähnt, messen Frauen der Qualität ihrer Netzwerke generell weniger Relevanz zu, was eine Fehlein-schätzung ist. Zwar verfügen Frauen über Netzwerke, aber über keine verwaltungsrats-relevanten.

Darüber hinaus werden Frauen mehrfach in den Interviews als schlechtere Netz-werkerinnen bezeichnet, wie die nachfolgenden Zitate bestätigen: «Die Frauen netz-werken meistens nicht so gerne, hier spielt wieder der Aspekt Bescheidenheit mit ein», oder: «Die meisten Frauen sind wirklich sehr schlecht im Netzwerken, schlechter als Männer.» Diese Bescheidenheit drückt sich darin aus, dass sich Frauen tendenziell schlechter vermarkten als Männer. Zu sehr betonen die Frauen die Fachlichkeit und betreiben zu wenig Werbung für die eigene Person.

Grundsätzlich sollten Netzwerkanlässe genutzt werden, um als vielfältig interessierte Person «sichtbar» zu werden. Gute Vernetzung hilft, reicht aber nicht. Fähigkeiten sind ebenfalls nötig. Netzwerke helfen aber sehr, die Fähigkeiten zu belegen und zu unter-streichen. Ein Netzwerk kann gezielte Empfehlungen oder eine Referenz abgeben. Gerade Frauen sind aber an solchen Netzwerkanlässen generell untervertreten. Zum gezielten Aufbau und vor allem zur Nutzung eines Netzwerkes sind gewisse Opportuni-tätsüberlegungen wichtig, die Frauen tendenziell seltener anstellen. Oder anders formuliert, es bedarf einer gewissen Berechnung bei der Pflege eines Netzwerkes, wie es im folgenden Zitat treffend beschrieben ist: «Sein Netzwerk sollte man im Umfeld der potenziellen Firmen, wo man sich eine eigene Verwaltungsratstätigkeit vorstellen könnte, aufbauen.»

3.2.4 Optimierungspotenziale der Netzwerkarbeit von Frauen

Wie bereits erläutert, unterscheidet sich das Netzwerkverhalten von Frauen und Männern. Im Rahmen der Coachings (vgl. Abschn. 4.1) wurden mit den Aspirantinnen Wege und Maßnahmen gesucht, ihre eigene Netzwerkkompetenz zu optimieren, um dadurch Erfolgsreserven in der individuellen Netzwerkarbeit zu nutzen. Wie aus der Veränderung der beiden Netzwerke zwischen Erhebungszeitpunkt 1 und Erhebungszeitpunkt 2 (vgl. Abschn. 3.2.2.3) hervorgeht, ist es den Aspirantinnen durchaus gelungen, ihre bisherige Netzwerkarbeit kritisch zu reflektieren und daraus zielgerichtete Maßnahmen abzuleiten. Diese gezielte Optimierung der Netzwerkarbeit hat bei einigen Aspirantinnen zusammen mit weiteren Aktivitäten zur Erlangung eines ersten Verwaltungsratsmandates geführt.

Zusammengefasst können über alle Aspirantinnen die Maßnahmen zur Optimierung der Netzwerke unter drei Aktivitäten subsummiert werden:

1. Selbstmarketing
2. Sichtbarkeit
3. Networking-Strategie

Das **Selbstmarketing** kann durch verschiedene Aktivitäten optimiert werden. Wüst (2021) zählt dazu alle Elemente, die für die «Gestaltung einer nachhaltigen Marke erforderlich sind, wie die Markenidentität, das Markenleitbild und die Markenkommunikation». Bezogen auf das Selbstmarketing muss sich jede Verwaltungsratsaspirantin in Bezug auf die Identität der «Ich-Marke» im Klaren sein, was ihre einzigartigen Eigenschaften sind. Es geht also um die Frage, was sie anders macht als die anderen Aspirant*innen, was ihre einzigartigen Kompetenzen sind und weshalb ein Unternehmen bzw. eine Organisation genau sie als neue Verwaltungsrätin wählen sollte. In diesem Punkt haben die Aspirantinnen recht klare Vorstellungen und können sich selbst meist gut einschätzen, wenn es auch der einen oder anderen noch an Selbstvertrauen fehlt. Eine Aspirantin charakterisiert ihre wichtigsten Kompetenzen wie folgt: «Ich kann komplexe Problemfelder gut erkennen, denke visionär und lösungsorientiert. In der Kommunikation kann ich gut zuhören und zusammenfassen, bin aber auch hartnäckig im Nachfragen und Nachhaken.» Eine andere erkennt dagegen, dass ihr die Digitalisierungskompetenz fehlt, die sie aber als wichtig für ein Mandat im Verwaltungsrat erachtet, insbesondere in den von ihr angestrebten Branchen. Dies führt die Aspirantin zur Überlegung nach gezielter Weiterbildung im Digitalisierungsbereich.

Das Markenleitbild der eigenen Person umfasst Verhaltensweisen und das Bewusstsein, welche Verwaltungsratsmandate überhaupt infrage kommen und welche a priori ausgeschlossen sind, weil sie nicht im Einklang mit den eigenen Wert- und/oder Moral-vorstellungen stehen. Eine Aspirantin hat es wie folgt formuliert: «Alle Unternehmen, die sowohl die Mitarbeitenden als auch die Kundschaft wertschätzend behandeln. Nicht infrage kommen Unternehmen, die die Mitarbeitenden über den Lohn kaufen.» Ebenfalls in den Bereich des Markenleitbildes gehören Überlegungen zur Beziehungs- und Netz-werkpflege.

Die Markenkommunikation als offensichtlichstes Element des Selbstmarketings sollte die Frage klären, welches Image mit der «Ich-Marke» erreicht werden soll und welche Geschichte (Brand-Story) dahinter steht.

Selbstmarketing geht stark einher mit **Sichtbarkeit.** Unter anderem gehört dazu, dass das LinkedIn-Profil auf das Ziel Verwaltungsratstätigkeit ausgerichtet wird. Dabei genügt es nicht, nur gefunden zu werden (überhaupt ein Profil zu haben) oder «genetzwerkt» zu werden (passives Verhalten und Kontaktvorschläge ohne Konzept annehmen). Um LinkedIn (oder auch andere Businessplattformen) als Netzwerkopportunität zu nutzen, gilt es das eigene Profil professionell zu gestalten (vgl. Abschn. 6.1). Das Netzwerk muss gezielt aufgebaut werden und aus Personen bestehen, die auf dem Weg zu einem Verwaltungsratsmandat zielführend sein könnten. Und nicht zuletzt muss das eigene Profil aktiv gepflegt werden. Ein klares Konzept bezüglich des eigenen LinkedIn-Profils kann helfen, den eigenen Brand, die «Ich-Marke», klar zu positionieren. Zum Konzept gehört auch die klare Formulierung der angestrebten Karriereziele (Verwaltungsrats-mandat) und die Festlegung der Themen, die die Frauen besetzen und bespielen wollen (Content definieren). Sie müssen sich darüber klar werden, welchen Post sie überhaupt teilen, kommentieren und liken wollen, welchen Post sie selbst erstellen und zu welchen Themen sie sich inhaltlich positionieren wollen. Unter die aktive Pflege fällt aber auch die direkte Suche von interessanten Kontakten, z. B. über die Prüfung der Vorschläge von LinkedIn, über die Erweiterung von gemeinsamen Kontakten oder über den Bei-tritt zu interessanten Gruppen mit und ohne Bezug zur Verwaltungsratstätigkeit (Steiner, 2021).

Die **Netzwerkstrategie** von Frauen sollte als Erstes auf Qualität statt Quantität setzen. Auch beim Networking geht es nicht darum, möglichst viele Leute zu kennen, sondern es sollten die «richtigen» Leute sein, die auf die Besetzungsprozesse von Ver-waltungsratsmandate Einfluss nehmen können. Ausgehend von der Homophilie, der Erkenntnis, dass Gleichgesinnte sich mit Gleichgesinnten treffen, kann es sinnvoll sein, dem sogenannten Zufallsprinzip zu folgen. Im Rahmen des Netzwerkens sollte bewusst die «Komfortzone» verlassen und entsprechend dem Zufallsprinzip auf neue Personen zugegangen werden. Das erlaubt den Kontakt zu Personen außerhalb des inneren Kreises und so neue Erkenntnisse und neue Chancen für Kontakte.

3.3 Gastautorenbeitrag: Werden Frauen aus den richtigen Gründen eingestellt? (von Dominique Faesch)

3.3.1 Vorwort

Der folgende Beitrag handelt von Mandaten unabhängiger Verwaltungsrätinnen, da diese eine Suche nach spezifischen Kompetenzen seitens der Verwaltungsratsgremien oder die Einleitung eines Bewerbungsverfahrens seitens der Kandidatinnen erfordern. Die bislang verfügbaren Studien über die Aufteilung der Mitglieder in den Verwaltungs- und Diversitätsräten analysieren deren Zusammensetzung als Ganzes und ohne Unterscheidung nach unabhängigen Verwaltungsrätinnen und -räten, obwohl für Non-Executive-Direktoren und Vertreter einer Aktionärs- oder politischen Gruppe ein anderer Auswahlprozess gilt.

3.3.2 Grundlegende Überlegungen in Bezug auf die Ergebnisse der Studie «Frauen in Verwaltungsräten und Geschäftsleitungen mittelgroßer Unternehmen: Eine nachhaltige Förderung»

Es ist nicht ungewöhnlich, von Executive-Search-Beratungsfirmen zu hören, dass die Verwaltungsratsgremien zunehmend nach Frauen suchen, um ausscheidende Mitglieder zu ersetzen. Dieser Trend wird durch den Anstieg des Prozentsatzes der an Frauen vergebenen neuen Mandate auf 43 % bestätigt (Jeannet, 2020). Dieser Anstieg scheint willkommen, könnte aber kritisch betrachtet auch kontraproduktiv sein, sowohl für das rekrutierende VR-Gremium als auch für den Ruf der aufblühenden Diversität in den Führungsetagen der Unternehmen.

Die Studie «Frauen in Verwaltungsräten und Geschäftsleitungen mittelgroßer Unternehmen: Eine nachhaltige Förderung» des Instituts für Organisation und Leadership der OST – Ostschweizer Fachhochschule (Olbert-Bock et al., 2022, S. 10) zeigt, dass die Motive von Verwaltungsräten in kleineren und mittelgroßen Unternehmen zur Erhöhung der Diversität nur zu 10 % in der Steigerung der Gesamtleistung des Unternehmens liegen. Dies sollte jedoch das Hauptmotiv sein, da es sich hierbei um das Ziel einer strategischen Arbeitsweise des Verwaltungsrats handelt. Die von den neuen VR-Mitgliedern eingebrachten Kompetenzen und ihr Beitrag scheinen noch weniger im Vordergrund zu stehen (gemäß der Studie nur bei 6 % der Befragten), was auf eine geringere Anerkennung oder sogar Missachtung des Werdegangs und der Kompetenzen der potenziellen VR-Kandidatinnen hindeutet. Die Hauptgründe für eine aktive Erhöhung des Frauenanteils, die die Befragten in der Studie angaben, nämlich neue Netzwerke aufzubauen, ihr Engagement für Diversität zu demonstrieren, einen Reputationsvorteil zu erlangen und über den Tellerrand hinauszuschauen, scheinen die Vorteile der Diversität für die Optimierung der Arbeitsweise ihres Gremiums nicht zu berücksichtigen.

Darüber hinaus stellt eine weitere Studie, durchgeführt vom Geneva Center for Philanthropy (Kratz-Ulmer & Gill, 2022), einen wesentlichen Unterschied in den Erwartungen von Stiftungsräten fest. Von den 600 Stiftungsratsmitgliedern, die 107 Stiftungen repräsentieren, bevorzugen die meisten die Einbringung von weiblichen Kompetenzen. Es ist richtig, dass es oft einen grundlegenden Unterschied zwischen einem Verwaltungsrat und einem Stiftungsrat gibt, in dem die Mitglieder auch zu operativen Tätigkeiten beitragen sollen. Des Weiteren ist außerdem interessant, dass die Zahl der Frauen in Stiftungsräten mit 36,7 % höher liegt. Dies könnte damit zusammenhängen, dass ein Großteil der Tätigkeiten von Stiftungsräten auf ehrenamtlicher Basis geleistet wird, was zur Folge hat, dass Stiftungsrats-Gremien ihre Rekrutierungsaktivitäten auf einen größeren Personenkreis und damit vor allem auch auf Frauen ausweiten. Dies ist eine hervorragende Gelegenheit für Frauen, sich zu profilieren und ihre Erfahrungen und Fachkenntnisse einzubringen, z. B. für ein erstes Mandat.

Meiner Meinung nach verliert ein Verwaltungsrat, der Mitglieder vor allem wegen ihres Netzwerks oder aus genderpolitischen Gründen auswählt, die Bedeutung des richtigen Mixes aus den Augen, der für eine erfolgreiche Zusammenarbeit und für den strategischen Beitrag in jedem Unternehmen notwendig ist.

Im Laufe der Jahre sammelt jede Führungskraft Erfahrungen, die sich aus Erfolgen, aber auch aus Misserfolgen und somit aus Lernerfahrungen zusammensetzen. Diese sind eine Bereicherung, die aus einem vielseitigen Berufsleben resultiert und sich von Person zu Person stark unterscheidet. Hinzu kommt der vor Ort gelebte multikulturelle Ansatz, der ein angemessenes Funktionieren in der Vielfalt des Gremiums gewährleisten kann. Es sind diese aufeinander aufbauenden Lernprozesse, die es den Verwaltungsratsmitgliedern ermöglichen, einen Vorschlag zu hinterfragen, eine Entscheidung zu verstehen, durch Beispiele aus dem Leben zu überzeugen, ihre Einschätzung einer Situation zu erweitern, indem sie den Beitrag ihrer Kolleg*innen berücksichtigen – Haltungen, die sich als entscheidend für das Funktionieren innerhalb des Verwaltungsrats erweisen.

3.3.3   Einstellungsverfahren für den Verwaltungsrat

Die folgenden Abschnitte beziehen sich eher auf Allgemeines als auf Einzelfälle, wobei Ausnahmen immer die Regel bestätigen. In diesem mehrstufigen Prozess haben die Personalverantwortlichen, unabhängig von ihrer Funktion – Ratsvorsitzende, Mitglieder der Findungskommission, Personalabteilung, Beratungsfirmen –, die Aufgabe, den Kandidaten oder die Kandidatin zu finden, dessen bzw. deren Erfahrungskompetenzen für die Arbeit im Gremium bestmöglich genutzt werden können. Die Kompatibilität mit den anderen Mitgliedern des Leitungsorgans ist von entscheidender Bedeutung, da der Verwaltungsrat nicht homogen, sondern in Kollegialität heterogen sein soll.

Emotionale Intelligenz muss erkannt werden, da sie für die Kollegialität unerlässlich ist. Engagement für die Sache sowie Interesse und Verständnis für die Funktionsweise des Unternehmens sind Eigenschaften, die erkannt und gefördert werden sollten, da das neu rekrutierte Mitglied hauptsächlich Lösungen für die Entwicklung eines Unternehmens bewerten und empfehlen muss, die bei Weitem nicht linear sind und von Marktzyklen, Chancen, Risiken und Krisen abhängen.

Das Vorstandsmitglied ist rechtlich und für die Solvenz des Unternehmens mitverantwortlich, weshalb die professionelle Einschätzung jedes Einzelnen von großer Bedeutung ist. Das richtige Handeln im Krisenmanagement ist eine weitere Eigenschaft, die von den Verwaltungsratsmitgliedern erwartet wird, da die operativen Teams in dieser Phase in Verbindung mit einer genauen Überwachung der Krisenkommunikation am meisten Unterstützung benötigen, um einen tiefgreifenden und dauerhaften Reputationsschaden zu vermeiden.

Die Suche nach Verwaltungsratsmitgliedern beginnt in der Regel damit, dass das Board seine derzeitigen Kompetenzen und seinen Bedarf einschätzt. Wie bei jeder Bewertung wird dies jedoch nicht zu einer Identifizierung der fehlenden Kompetenzen führen, wenn ihr keine Ziele hinsichtlich der erwarteten Ergebnisse vorausgehen. Der Qualifikationsbedarf kann grundlegend und bereichsübergreifend oder punktuell sein, je nach Lebenszyklusphase des Unternehmens oder den marktbezogenen Anreizen. Diese Bewertung ist eine Aufgabe, die mit dem Strategieprozess des Unternehmens und der Einschätzung des Umfelds verbunden ist.

Dazu muss der Rekrutierungsverantwortliche des VR-Gremiums das/die gesuchte/-n Profil/-e genau beschreiben, insbesondere wenn der Suchauftrag an eine externe Firma vergeben wird. Der Ansatz, eine Person hauptsächlich wegen ihres Rufs und somit ihres Netzwerks zu suchen, der leider immer noch sowohl bei Frauen als auch bei Männern verbreitet ist, führt in den meisten Fällen zu einer Inkohärenz mit den Bedürfnissen des Unternehmens. Es ist daher zu hoffen, dass Beurteilungsprozesse, die intern oder mithilfe spezialisierter Firmen durchgeführt werden, zunehmend zu einem Standard werden, der von allen Unternehmen und nicht nur von jenen mit hoher Marktkapitalisierung regelmäßig angewendet wird.

Da offene Verwaltungsratsmandate in der Regel nicht über die üblichen Medien und Kanäle bekannt gemacht werden, ist es nicht einfach, Profile zu identifizieren, insbesondere von Frauen, die weniger geübt darin sind, geeignete Netzwerke auszuwählen. Der «Markt» für Kandidatinnen und Kandidaten ist schwer zugänglich und die Häufigkeit der Neubesetzung von Mandaten ist gering, da die Verwaltungsratsmitglieder zwei, drei oder mehr Amtszeiten im Amt bleiben. Die Schwierigkeit bei der Zusammenbringung von Angebot und Nachfrage besteht zudem darin, dass die Suchzyklen von den Generalversammlungen der Unternehmen bestimmt werden. Die Prozesse beginnen nach den Versammlungen und oft schon im Herbst und enden in der Regel mit der endgültigen Bestätigung der Nominationen, also hauptsächlich zwischen März und Juni. Bestimmte Zeiträume sind daher für die Ermittlung der Übereinstimmung *(Match)* entscheidend.

3.3.4   Der Prozess der Bewerbung

Die Frage, die mir während meiner Zeit als Präsidentin des Cercle Suisse des Administratrices CSDA (Schweizerische Arbeitsgemeinschaft der Verwaltungsrätinnen) hauptsächlich gestellt wurde, lautete: Wie findet man ein neues Mandat, wenn das erste Mandat immer am schwierigsten zu finden ist? Für Kandidaten der obersten Führungsebene – die sich immer häufiger für diese Position interessieren, wie die wachsende Zahl von Verwaltungsratsverbänden zeigt – ist der Zugang zu Informationen über freie Mandate nicht einfach.

Im Folgenden finden sich einige Empfehlungen, die speziell für Frauen, die bereits Verwaltungsrätinnen sind oder es werden wollen, relevant sein könnten. Es ist ratsam, eine Bestandsaufnahme über die eigenen Kompetenzen zu erstellen, die für diese Art von Mandat erwartet werden, und vor allem, welche Kompetenzen eventuell fehlen oder aufgefrischt werden müssen. Es gibt mehrere qualitativ hochwertige und zertifizierte Kurse, die es ermöglichen, Kenntnisse nachzuholen, die für die Arbeit eines VR-Gremiums von Bedeutung sind. Eine davon ist die *Swiss Board School,* ein Organ der *International Foundation for Corporate Governance* in Partnerschaft mit der Universität St. Gallen, die sowohl in der deutschen als auch in der französischen Schweiz vertreten ist. Die Analyse der persönlichen Positionierung ist entscheidend, um einen Einstiegspitch zu entwickeln, der sowohl in organisierten Gesprächen als auch in der Networking-Phase verwendet werden kann. Die Auswahl von geografischen Regionen, Branchen, Unternehmenstypen und sogar von einzelnen Unternehmen, die mit den eigenen Beitragsleistungen und dem eigenen Interesse übereinstimmen könnten, ermöglicht eine gezieltere Suche. Die Analyse der Zusammensetzung der Gremien der Zielunternehmen wird es ermöglichen, die Kontaktaufnahme zu verfeinern und sogar nächste zu besetzende Mandate herauszufinden. Dies erleichtert auch die Identifizierung von Netzwerken und die Suche nach persönlichen Verbindungen über Drittpersonen auf *LinkedIn* und anderen Plattformen.

In diesem Stadium ist es notwendig, Interessenkonflikte zu erkennen und ggf. den Arbeitgeber/die Arbeitgeberin zu konsultieren, um sich über mögliche Einschränkungen in der Branche oder bei konkurrierenden Unternehmen zu informieren. Es ist notwendig, den Lebenslauf zu überarbeiten, ihn an die gesuchte Position anzupassen und nur die für das Mandat relevanten Kompetenzen hervorzuheben. Bei dem angestrebten Mandat handelt es sich höchstwahrscheinlich um eine unabhängige Verwaltungsratsfunktion, was bedeutet, dass Sie Ihre Rechte und Pflichten kennen müssen.

Wenn die Vorbereitungsphase erfolgreich abgeschlossen ist, kommt die heikelste Phase, in der es darum geht, das Interesse an einem möglichen freien Sitz zu signalisieren. Dies muss diplomatisch, aber bestimmt geschehen, sowohl bei möglichen Vermittlern, wie Personalvermittlungs- und Beratungsfirmen, als auch direkt bei den Mitgliedern der betreffenden Gremien, idealerweise bei den (Vize-)Präsidentinnen und Präsidenten oder über die Sekretärinnen und Sekretäre dieser Gremien. Der Prozess kann mehrere Jahre dauern, bis man ein erstes Mandat gewinnt, daher sind Geduld und Fleiß gefragt. Zögern Sie also nicht, jedes Jahr erneut zu recherchieren und Kontakte zu knüpfen oder zu erneuern (Faesch, 2022).

Ob im Rahmen eines langen Auswahlverfahrens durch Executive-Search-Firmen, das vor allem die Verwaltungsräte großer Unternehmen durchführen, oder durch die Kontaktaufnahme eines derzeitigen Verwaltungsrats auf direktem Weg – jedes Gespräch erfordert seitens der Aspirantin oder des Aspiranten eine sorgfältige Vorbereitung. Hierbei sollten zunächst Informationen über das Unternehmen und dann über die Arbeitsweise des Verwaltungsrats gesammelt werden, um sicherzustellen, dass das VR-Gremium seinen Verpflichtungen nachkommt. Die Frage des Interessenkonflikts muss ehrlich angegangen werden. Der Zugang zu wichtigen Informationen hängt vom Fortschritt des Einstellungsprozesses ab, der eine detaillierte Evaluation des persönlichen Engagements ermöglicht *(Due Diligence)*. Überlegungen zum Zeitaufwand für Sitzungen und deren Vorbereitung, der zu Beginn des Mandats viel anspruchsvoller ist, zur Vergütung und zu den notwendigen Fahrten sind zu berücksichtigen, sobald absehbar ist, dass diese Faktoren sich auf die derzeitigen beruflichen Tätigkeiten in einem Angestelltenverhältnis oder als Unternehmerin bzw. Freiberuflerin auswirken.

3.3.5   Nach erfolgreicher Wahl in der Generalversammlung

Sobald das Mandat übernommen wurde, kann die Phase der Auseinandersetzung mit internen, vertraulicheren Dokumenten beginnen. In Absprache mit dem Verwaltungsratsvorsitzenden ist es wichtig, die eigenen Kenntnisse über die Strategie des Unternehmens, seine Finanzberichte und seine operativen Strategien zu vertiefen. Die Beobachtung des Managements vor der ersten Verwaltungsratssitzung ist sehr nützlich, um die richtigen Fragen zu stellen, ohne zu urteilen. Dennoch sollte der Blick auf den Fortbestand des Unternehmens mit seinen Chancen und Herausforderungen und dem reflektierenden Beitrag, der dazu geleistet werden kann, gerichtet sein.

Die Haltung eines neuen Mitglieds und insbesondere einer Kandidatin erfordert Fingerspitzengefühl und Diplomatie. Von einem Neuling im Gremium wird nicht erwartet, dass er oder sie sich wie ein Lehrmeister verhält. Fragen sind der beste Einstieg, um strategische Maßnahmen zu verstehen und zu hinterfragen. In diesem Stadium seiner Karriere sollte man sich seiner Kompetenzen mit etwas Bescheidenheit bewusst sein, sie aber gleichzeitig richtig einsetzen – eine subtile Partitur, die es zu spielen gilt.

3.3.6   Rechte und Pflichten der Verwaltungsrätin bzw. des Verwaltungsrates

Bei der Vorbereitung auf die Aufnahme in den Verwaltungsrat einer Aktiengesellschaft sollte eine Verwaltungsrätin oder ein Verwaltungsrat das Obligationenrecht (2022) studiert haben, insbesondere das Kapitel III Organisation der Gesellschaft, die Artikel 698 bis 846.

Besonders empfehlenswert ist der Artikel 716a, in dem die unübertragbaren und unentziehbaren Pflichten des Verwaltungsrats beschrieben werden. Hier geht es insbesondere um die Ausübung der Oberleitung der Gesellschaft, die Erteilung der erforderlichen Weisungen und die Pflicht, ein Gesuch um Nachlassstundung zu stellen und das Gericht im Falle einer Überschuldung oder eines Kapitalverlusts zu benachrichtigen. Daher sind gerade die Verwaltungsratsmitglieder gegenüber dem Unternehmen, seinen Aktionären und Gläubigern für den Schaden verantwortlich, der vorsätzlich oder fahrlässig durch die Nichterfüllung ihrer Pflichten verursacht werden könnte. Nach Art. 725 überwacht der Verwaltungsrat die Zahlungsfähigkeit des Unternehmens und handelt im Falle von Zahlungsschwierigkeiten zügig. So sind die Mitglieder des Verwaltungsrats mitverantwortlich für die Freigabe der von der Geschäftsleitung vorgelegten Dokumente oder für die im Kollegium getroffenen Entscheidungen – eine Anforderung, die während der gesamten Amtszeit als Richtschnur dienen sollte. Kapitel II ist ebenfalls lesenswert, da es die Rechte und Pflichten der Aktionäre aufzeigt.

3.3.7   Der Integrationsprozess des neuen Mitglieds

Die Studie «Frauen in Verwaltungsräten und Geschäftsleitungen mittelgroßer Unternehmen: Eine nachhaltige Förderung» zeigt zwar die Gründe auf, die die Verwaltungsräte heute dazu veranlassen, mehr Frauen einzustellen, doch diese Gründe entsprechen nicht dem, was die Kandidatinnen an Kompetenzen und Beiträgen einbringen können, weil sie hauptsächlich auf dem Bekanntheitsgrad oder der Beruhigung des eigenen Gewissens fußen (Olbert-Bock et al., 2022). Dies führt also zu einer Diskrepanz hinsichtlich des Suchfokus der Findungskommission und folglich zu einer Verkennung der zahlreichen Möglichkeiten, hervorragende Fachkenntnisse in ihr Board zu integrieren. Die tatsächliche Berücksichtigung von Vielfalt und die Art und Weise, wie sie in der Funktionsweise der Governance gehandhabt wird, scheint im Allgemeinen ebenfalls nicht darauf abzuzielen, dem Erfolg der Integration von Diversität gerecht zu werden oder eine Vielfalt von Meinungen und Erfahrungen zu gewährleisten.

Sitzungsleitern sollte daher empfohlen werden, die Vielfalt zu verstehen und zu fördern, um sie für die Zusammenarbeit im Kollegium angenehm zu gestalten. In diesem Stadium ihrer Karriere möchten Frauen als vollwertige Partnerinnen betrachtet und für ihre Beiträge geschätzt werden und nicht als das Geschlecht, dass einer Quote unterliegt. Es genügt, einige Frauenpersönlichkeiten zu erwähnen, die in Unternehmen oder in der Politik hohe Verantwortung tragen, um sich vom Potenzial für bedeutende Leistungen zu überzeugen. In den ersten Sitzungen ist großzügiger Raum für die Vorstellung des Werdegangs und der gegenseitigen Erfahrungen einzuplanen. Bilaterales Feedback und informeller Austausch außerhalb der Sitzungen sind unerlässlich, damit positive oder negative Stereotypen oder kulturelle Vorurteile nicht auf einer persönlichen Ebene strategisch missbraucht werden können.

Im Zusammenhang mit der Integration von Frauen in das Kollegium ist noch eine weitere Überlegung wichtig: Die Kommentare einiger weiblicher Verwaltungsratsmitglieder, die bereits im Amt sind, zeigen, dass es ihre Legitimität stärkt, wenn mehrere Frauen im selben Vorstand sitzen.

3.3.8   Warum treffen Angebot und Nachfrage nicht aufeinander?

Die Hürden für eine Bewerbung in einen Verwaltungsrat scheinen nicht unüberwindbar zu sein. Warum also beklagen sich, laut der Studie von Olbert-Bock et al. (2022), beide Seiten darüber, dass sie keine Frauen für ein Mandat finden (70 % der Befragten) und dass es schwierig ist, sich zu bewerben? Der erste Grund liegt wahrscheinlich in den wenigen verfügbaren Mandaten pro Jahr, bei einer durchschnittlichen Dauer von etwa 6 bis 8 Jahren sind die freiwerdenden Posten begrenzt. Und, wie bereits erwähnt, konzentriert sich die Suchperiode auf einen begrenzten Zeitraum des Jahres. Während dieser Zeit sollten Angebot und Nachfrage virtuell zusammentreffen. Offene Mandate werden jedoch nur selten ausgeschrieben, und die meisten Verwaltungsräte wenden sich noch zu wenig an spezialisierte Personalvermittler. Die Suche geschieht durch Mund-zu-Mund-Propaganda und Empfehlungen und bleibt daher in einem engen Kreis von bereits etablierten Verwaltungsratsmitgliedern, die nur wenig Raum für Neueinsteiger lassen.

Es ist auch zu erwähnen, dass es nur wenige Kandidatinnen gibt, die einen vollständigen und beharrlichen Bewerbungsprozess durchlaufen.

Außerdem sind Netzwerke oder Veranstaltungen, bei denen man Verwaltungsratsvorsitzende treffen kann, relativ selten oder vertraulich, während bei Veranstaltungen für Verwaltungsrätinnen und Verwaltungsräte oft Personen zusammenkommen, die um ähnliche Ziele konkurrieren. Damit will ich natürlich nicht sagen, dass man nicht an solchen Veranstaltungen teilnehmen sollte, ganz im Gegenteil, denn sie bieten die Möglichkeit, Informationen zu sammeln und sein Profil für mögliche Empfehlungen zu nutzen. Allerdings sollte man im Allgemeinen nicht erwarten, dass man dort «die Rekrutierungsperson für den Verwaltungsrat» trifft, die eine Vermittlung für ein Mandat garantieren kann.

Wie kann man also diese schwierige Beziehung lösen? Die erste Empfehlung besteht natürlich darin, die Suchmotive der Verwaltungsräte zu erweitern und somit gezielt nach Kompetenzen zu suchen, die für die Leistungsanforderungen ihrer Unternehmen geeignet sind. Die Kommunikation in diese Richtung, vor allem gegenüber den Vorsitzenden der Gremien, ist derzeit noch ziemlich unbedeutend. Die Ergebnisse von Studien wie diese in diesem Buch vorliegende, könnten daher zu entsprechenden Maßnahmen führen (Veröffentlichung von Artikeln, öffentliche Präsentationen). Headhunting-Firmen für Führungskräfte und Verbände von Verwaltungsrätinnen in der Deutsch- und Westschweiz verfügen über Datenbanken, in denen die beruflichen Werdegänge ihrer Mitglieder dokumentiert sind und die auf detaillierte Anfragen antworten können.

Verwaltungsrätinnen, die ein Mandat suchen, wird empfohlen, sich gut vorzu-bereiten, auch auf den Pitch, und ihre Bemühungen konsequent fortzusetzen. Es ist auch zu wünschen, dass bereits amtierende Verwaltungsrätinnen ihre Kolleginnen häufiger empfehlen, wenn es um die Ausschreibung eines Sitzes in den Gremien geht, in denen sie tätig sind.

Eine Weiterentwicklung dieser beiden Aspekte auf beiden Seiten dürfte sich nicht nur positiv auf die Statistik auswirken, sondern vor allem auch dazu beitragen, dass einige Unternehmen moderner werden und angehende weibliche Verwaltungsratsmitglieder ihre Legitimität für dieses Amt untermauern können.

3.4   Gastautorenbeitrag: Women in Top Management. Experiences and Best Practices from a Differentiated International Perspective (von Yosra Tekaya)

Zusammenfassung

The multicultural background of the guest author influenced and shaped her view and attitude towards the promotion of women in top management and board positions. In this article, she shows what women have to do on their way to a board position and talks about coping in a male-dominated environment. A look at the historical and socio-political background of the topic also shows a perspective on the topic that goes beyond business life. Behavioral patterns and attitudes for women to drive change are derived from the explanations. The article is rounded off with a list of recommendations for already successful women who should take on the responsibility of role models and thus encourage other ambitious women on their way.

3.4.1   Inventory: Women Have Long Been Underrepresented in Leadership Positions, and It Is Time for That to Change. Experiences and Best Practices

I was born in Tunisia and grew up in Germany. However, I've had the opportunity to live and work in several other countries, including Spain, France, the Netherlands, and Switzerland. While my diverse cultural background has certainly contributed to my perspective and approach as a leader, I believe that my way of thinking and understanding has been shaped by a variety of experiences and influences. My willingness to listen and consider different viewpoints, my analytical and problem-solving approach, and my outside the-box-thinking have all helped me succeed in my leadership roles and become a more well-rounded effective leader. During my career, I was able to observe and gauge how organizations could implement several best practices to support and contribute to the advancement of women in top management and boards of directors.

It starts with «making a decision». Someone at the highest level of governance has to begin by acknowledging the necessity of having clear policies in place that promote diversity and inclusion, including the promotion of women into top management and board positions. Once the decision is taken, these policies must be communicated to all employees and regularly reviewed to ensure they are effective. If not, that beautifully written policy paper can remain moulding in the drawer, and it will not change anything in the life of the organization nor in the lives of those women demonstrating leadership potential. When I was 20 years old, before even I had finished my undergraduate degree, I had the opportunity to replace a very valuable male colleague in a finance leadership role. I shared with my boss at that time while filling the new job position, I still desired to complete my graduate degree. He replied with the French proverb «You shouldn't run two hares at once!» and added «Your dilpoma will get you nowhere! You already have a position to which very few graduated people on the market can aspire». Thank heavens, I did not listen to him and found a way to continue my studies while working. This anecdote is just to emphasize how often we tend to minimize continuous learning and development when we are professionally active and to highlight how important it is to invest in leadership development programs specifically designed to support the advancement of women. I was able to fulfil my job roles all the while having three children, and completing a master's degree in organization and change management which allowed me to progress in my career. Later, I followed up with an executive program which also helped me understand the new dynamics for orchestrating a winning performance. These programs can be especially helpful in providing women with the skills and knowledge they need to succeed in top management and board positions.

Another best practice is to encourage the mentorship and sponsorship programs that pair women with experienced mentors and sponsors who can provide guidance, support, and advocacy for their development. If you are at the decision table and you want to seriously improve women's representation in leadership roles, plan to conduct regular diversity audits to assess the diversity of the top management and board positions. These audits can help you identify any barriers or challenges that may be preventing women from advancing into these roles and allow you to take corrective action. By setting diversity targets for your top management and board positions, you can track progress towards these targets. We are all in a learning process where we must prototype some strategies to help generate a sustainable and replicable pipeline of female leaders in the long term. Many women may be hesitant to pursue leadership roles due to concerns about balancing their professional and personal responsibilities.

Getting women into leadership positions: Why does it matter?
After more than a quarter of a century of leadership and complex management experience in multinational companies, small foundations, start-ups as well as volunteer

associations, I can confirm there are several reasons why it is important to elevate women in leadership positions. Gender diversity in leadership can lead to better decision-making and its outcomes. Together we cover a broader prism of reading the situations and problems that present themselves to us. On top, research has shown that diverse teams, including teams with a good balance of men and women, are more innovative and creative than homogenous ones. Let me name two of them. The Diversity and Inclusion Benchmark, a study conducted by McKinsey & Company in 2018, found that companies with more diverse leadership teams were 35 % more likely to have financial returns above their industry median. The Peterson Institute for International Economics (PIIE) conducted a study on diversity in 2015, which found that companies with a more diverse workforce were more likely to innovate and have better financial performance. The study analysed data from over 21,000 firms in 91 countries and found that companies with more diverse boards of directors had higher returns on assets and higher net income margins. Elevating women in leadership positions helps breaking down gender stereotypes and biases, which can lead to a more equitable and inclusive workplace culture. Women make up half of the world's population and should be represented in leadership positions accordingly. This is a matter of fairness and equality. Women's perspectives and experiences can bring a different and valuable perspective to leadership and decision-making, which can benefit organizations and society as a whole. Finally, elevating women in leadership positions can serve as a role model and inspire other women to aspire to leadership roles.

What is holding women back?

According to a recent study, only 27 % of executive positions in Fortune 500 companies are held by women. This raises the question: what is preventing women from achieving leadership roles? From Tunis to Zurich via Paris, Amsterdam, Madrid, and Barcelona, I could observe during my leadership journey the many obstacles that prevent the elevation and empowerment of women in leadership. Women face stereotypes and biases that can limit their opportunities for advancement. For example, they may be seen as less competent or less capable of handling certain roles or responsibilities. I remember a time when I had to replace a brilliant male colleague and the Chief Human Resources Officer, a single woman, asked me «How can you manage with three kids?». Women are also often underrepresented in leadership roles, which can make it more difficult for them to be seen as leaders or to be considered for leadership roles. They face challenges in balancing work and family responsibilities, which can make it difficult for them to fully participate in their careers. Sometimes the limited access to education and training opportunities can hinder their ability to gain the skills and experience needed to move forward in their careers. I unfortunately saw too many women facing harassment and discrimination in the workplace, which makes it difficult for them to succeed and advance. The lack of access to mentors and sponsors to help them navigate their careers and advocate for them is often an obstacle. Even when people have the best intentions, they may have unconscious biases that affect their decisions and actions. This can make it difficult for women to be seen as leaders or to be given leadership opportunities.

Action strategies for a board seat: What to do if you are seeking a board seat?
If you are a woman targeting a seat on a board of directors, there are several steps you can take to increase your chances of success:

Build your network Develop relationships with individuals in leadership positions, including board members and executives. Attend industry events and conferences and seek out opportunities to connect with potential mentors and sponsors who can help advocate for your advancement.

Enhance your skills and knowledge Consider acquire additional professional certifications or degrees that will enhance to acquire your expertise and credibility. This could include an MBA or other advanced degree or certification in a specific industry or field.

Seek out board-level experience Look for opportunities to serve on boards or committees within your industry or community. This can provide valuable experience and demonstrate your ability to serve in a leadership role.

Develop a strong personal brand Create a strong personal brand that showcases your unique skills, experiences, and achievements. This can include creating a professional website or social media presence, writing articles or blog posts, or participating in public speaking opportunities.

Use sources and resources Utilize resources such as executive search firms, diversity and inclusion organizations, and professional networks to identify board opportunities and connect with potential board members.

Overall, I would say that resilience, persistence, and determination are key in pursuing a seat on a board of directors. It may take time and effort, but with the right approach and a strong track record, you can increase your chances of success.

Support from (spousal) partners and the impact on the family
On top, the role and attitude of a partner in supporting their companion's leadership elevation and development should be one of support, encouragement, and partnership.

Each time I had to take a new responsibility, my husband dedicated the first three months to the family logistics including housing, schooling, driving and a smooth cultural integration for the family members. This helped me a lot to focus exclusively on my job and achieve a successful 90 days onboarding journey and impact. Leading and developing as a leader can be a challenging and stressful process.

Impact on children and family pressure

A woman's career in top management leadership can have a significant influence on her children's future gender positions and career choices. By serving as a role model and leader in her own career, a woman can inspire her children to pursue leadership roles and aspire to similar positions in their own careers. It can break down gender stereotypes, showing her children that women can achieve leadership roles and success in any field. It is definitely encouraging her children to explore and consider a wide range of career options, rather than limiting themselves to traditional gender roles or expectations. Social and family pressure can often be a significant challenge for women highly engaged in their leadership role at top management. This can include pressure to prioritize their family or domestic responsibilities over their professional commitments, or to conform to traditional gender roles and expectations. To address these challenges, we need to communicate openly and honestly with our family and social network about our career goals and priorities. It helps in setting clear expectations and boundaries and reducing misunderstandings or conflicts. We need to take care of our own well-being and prioritize self-care. It is important to set aside time for relaxation and self-care and to seek support when needed to help manage the demands of our leadership roles is key. It is also helpful to be able to ask for resources and support from organizations or groups that advocate for women in leadership positions, such as professional associations or diversity and inclusion organizations. By taking steps to manage social and family pressure, women can better navigate the challenges of their leadership role.

3.4.2   Acting and Pursuing One's Own Goals in an Unfavorable Environment

Smart use of emotional intelligence in a male work environment: How to leverage emotional intelligence (EI)?

Emotional intelligence can be a valuable tool in addressing a male aggressive attitude and unacceptance of segregation statements during a meeting of the board of directors. I am happy to share some steps that I tested during many of my work situations. Stay calm and collected. It can be difficult to remain calm and collected in the face of aggression or unacceptance but maintaining control of your emotions can help you respond more effectively. Take a few deep breaths to help you stay centred and focused. It is a regular classical statement to hear your male boss arguing «it seems you are getting emotional, isn't it?» when you are a bit more invested in defending your point of view. So do not let them intimidate you! At the same time, try keeping calm and practice empathy. Try to understand the perspective of the person exhibiting the aggressive attitude, even if you disagree with their views. It can help you better understand where they are coming from and respond in a more compassionate and understanding way. I had to learn how to use assertive communication. How to be clear and direct in expressing my thoughts and opinions. Using «I» statements to communicate my own feelings and perspectives, rather than making accusations or attacking others. Very important also, and I learned it a bit late, is to avoid getting defensive. If you feel attacked or criticized, it can be tempting to become defensive. However, this can escalate the situation and make it more difficult to resolve. Instead, try to stay focused on the issue at hand and avoid getting caught up in personal attacks. And of course, remember to seek support. If you feel overwhelmed or unsupported by others in a meeting, it can be helpful to obtain support from colleagues or mentors who can provide guidance and encouragement.

Orientation in a male environment: How to navigate a male-driven ecosystem
Building on my mistakes and failures, I am now aware that there are several strategies that a woman can use to navigate obstacles in a men-driven top management team and position her views effectively. It starts with building relationships. Developing strong relationships with team members, including male colleagues, can help create a more collaborative and supportive environment. For example, seeking out opportunities to work on projects together, offering support and assistance, and building trust and respect. Use clear, concise, and confident communication to present your ideas and perspectives. Avoid getting defensive and focus on the facts and supporting evidence for your views. Make sure you are well-prepared and knowledgeable about the topic at hand. This can involve researching and gathering data to support your views, as well as being able to speak confidently and competently about your area of expertise. Look for allies within the team who may be more receptive to your views and willing to support you. Of course, this can include both male and female colleagues who share your perspective or are open to hearing different viewpoints. Don't give up if your views are not immediately accepted. Continue to present your ideas and perspectives and be willing to compromise or find common ground when possible.

Behavior in a culture of mistrust: How to navigate an atmosphere of mistrust?
If you are a woman serving on a board of directors and you suspect that some members are lying, hiding information, or demonstrating a lack of trust, it is important to handle the situation carefully and with professionalism. Same attitude. Stay calm and composed. It can be tempting to get upset when confronted with deception or a lack of trust. However, it is important to stay calm and composed in order to effectively address the issue. If you have evidence that suggests that someone is lying or hiding information, it is important to document this and present it in a clear and objective manner. Share your concerns with the person or people in question in a respectful and professional manner. Explain why you feel that trust has been broken and offer to work together to repair the damage. If the situation is particularly difficult or you feel unsupported by other board members, consider seeking out the guidance and support of an outside mentor or professional advisor. If the situation cannot be resolved and the trust of the board cannot be restored, you may need to consider your options, including potentially stepping down from the board.

Dealing with personally divergent value attitudes in the professional environment: How can one deal with a closed attitude of another woman?

Same thing if you are a woman facing a male-restricted and closed attitude from another woman, it can be challenging to elevate her level of consciousness and increase her solidarity to the right attitude. I personally was shocked when during a people talent review, a woman objected that an identified potential young lady could represent a risk because she was of childbearing age. Four men were sitting at the table, and she was the one giving this objection argument. I could really not let it go. My advice is to communicate openly and honestly. Share your concerns with the other woman in a respectful and non-confrontational manner. Explain why you feel that her attitude is problematic and how it may be impacting others or the team. Try to understand where the other woman is coming from and the factors that may be contributing to her attitude so that you find common ground and work towards a resolution. If the other woman is open to it, offer your support and guidance as she works to shift her attitude. You can help her develop new skills and perspectives.

3.4.3   What Women Can Do to Effect Change

Motivate women in leadership roles: Encourage other women

Let me now give a few suggestions for how you can encourage women to pursue leadership roles and stimulate their engagement in deliberate ongoing planning. Share stories and examples of successful female leaders to help women see that leadership is a possible career path for them. Sharing stories of women who have overcome challenges and obstacles to achieve success, as well as role models who are currently working in leadership roles can be very much inspiring. Encourage women to network and build relationships with other leaders and potential mentors. Share information about the benefits of leadership, such as the opportunity to make a positive impact, the chance to take on new challenges and responsibilities, and the potential for personal and professional growth. Help women set goals and create a plan to achieve them. You can help them identify specific leadership roles they are interested in and what they need to do to prepare for those roles, you can also show your support in setting short-term and long-term goals to help them stay focused and motivated.

Be a role model: Women as role models

There are many impressive women in leadership who serve as role models for others. We can also be inspired by family members and women who demonstrate leadership in the way they conduct their lives. They may not hold formal leadership positions, but they can still serve as role models and inspire us with their strength, resilience, and determination. My mother and my grandmother who faced challenges and adversity with grace and strength were certainly a source of inspiration for me when I had to overcome obstacles and achieve success in both my personal and professional life.

With my Tunisian background I would like to refer to El Kahina who was a 7th-century Berber queen known for her strong leadership and resistance to Arab invasion in North Africa. According to the legend, El Kahina used her wisdom and leadership skills to unite the Berber tribes against the invading Arab armies. She is remembered as a symbol of resistance and an important historical figure in Berber culture. While there is limited historical information about El Kahina, she is still celebrated and remembered as a powerful and influential leader. She was strong, determined, and courageous. She is also remembered for her spiritual leadership and her reputation as a prophetess who received visions from God.

Support for leadership roles: connect with spirituality, values and beliefs
The relationship between spirituality and leadership can vary greatly depending on the person and the context. Some women may find that their spiritual beliefs and practices provide them with a sense of purpose and direction that helps support their leadership roles. For example, they may draw on their spiritual beliefs to provide guidance and inspiration, or to help them make difficult decisions. Other women may find that their spiritual beliefs and practices have little or no bearing on their leadership roles. Ultimately, the role that spirituality plays in a woman's leadership will depend on her own personal values and beliefs and how she chooses to integrate them into her leadership style. Values are principles or beliefs that are important to an individual and that guide their actions and decisions. A person's values can influence their leadership style in a number of ways. For example, if a woman values honesty, she may prioritize transparency and integrity in her leadership style. If she values collaboration, she may focus on building strong teams and creating a positive work environment. Similarly, if a woman values innovation and creativity, she may encourage and support new ideas and approaches in her leadership positions. Ultimately, the relationship between values and leadership style will depend on the individual and the specific context in which they are leading. It is important for leaders to be aware of their values and how they influence their leadership style, as this can help them be more authentic and effective in their roles. The study published in the Journal of Business Ethics, «Gender Differences in Leadership Values and Behaviour,» which was conducted by researchers at the University of Granada and the University of Seville in Spain and was published in 2013, analysed data from over 1800 managers and found that women were more likely than men to prioritize values such as social responsibility and community impact when choosing a leadership role. Additionally, women may be more likely to seek out leadership roles in sectors that align with their personal values and that have the potential to make a positive impact, such as education, healthcare, or social services.

Unconscious female action in a male world: Awareness of adopting male behaviors
On another note, I had an «aha!» moment when my daughter told me: «it is really strange that Grandma always refers to your work as a mens work, Mum!» I suddenly realized that I was regularly accepting this Grandma statement and never even thought

to comment on it. Several factors may contribute to women in top management feeling pressure to conform to male behaviours or norms. Women in leadership roles may face negative stereotypes or biases that suggest they are not as competent or capable as men. As a result, they may feel pressure to adopt more traditionally «male» behaviours, such as being more aggressive or assertive, to be taken seriously and be perceived as competent. Women in leadership roles may have fewer female role models to look to for guidance and inspiration, which can make it more difficult for them to find their own leadership style. This may lead them to look up to male leaders for guidance and show behaviours that are more commonly associated with male leaders. In some cultures, there may be more pressure for women to conform to traditional gender roles and behaviours. This can create a challenge for women in leadership roles, who may feel pressure to act in a more traditionally «male» manner so that they are taken seriously and be successful in their roles. It is important to note that not all women in top management feel pressure to conform to male behaviours or norms, and that there is no «correct» way for a woman to lead. Women should be encouraged and supported to find their own authentic leadership style, rather than feeling pressure to mimic any set of expectations.

3.4.4   The Role, Responsibility and Support of Society, Politics and Education in the Context of Women's Development

Evolution over past few decades
It is difficult to say exactly how the pressure for women in top management to conform to male behaviours or norms has evolved over time, as this is likely to vary depending on the specific context and the individual experiences of women in leadership roles. However, there have been a few societal and cultural changes over the past decades that may have affected the experiences of women in leadership roles. The number of women in leadership roles has increased over the past few decades, and this trend is likely to have continued since 1990, the year I started my career. As more women have entered leadership roles, it is possible that the pressure for them to conform to male behaviours or norms hasdecreased, as there are more examples of successful female leaders who have found their own authentic leadership style. There have been significant changes in cultural expectations and attitudes towards gender roles and equality over the past few decades. These changes may have had an impact on the experiences of women in leadership roles, including the pressure they feel to conform to certain behaviours or norms. The business landscape has also changed significantly over the past few decades, with the rise of technology, globalization, and other factors which may have had an impact on the experiences of women in leadership roles too.

Promotion: Quotas – Yes or No?
This brings me to the Quotas question mark which are a type of affirmative action policy that require a certain percentage or number of positions to be held by members

of a specific group, such as women or minority groups. Quotas are often implemented in an effort to increase the representation of these groups in areas where they have been historically underrepresented. There are different opinions on the effectiveness and fairness of quotas as a means of promoting diversity and inclusion. Some argue that quotas are an important tool for addressing systemic discrimination and promoting equal opportunities for underrepresented groups. Others argue that quotas can be unfair to individuals who may be more qualified for a position but are not part of the group being targeted by the quota. Additionally, quotas may be seen as a temporary or superficial solution to deeper issues of discrimination and may not address the root causes of underrepresentation. I believe we should consider the potential benefits and drawbacks of quotas when deciding whether to implement them in a particular context. It may also be helpful to consider other strategies for promoting diversity and inclusion, such as leadership development programs, mentorship opportunities, and diversity training, in addition to or as an alternative to quotas. They can potentially play a push role in increasing the representation of underrepresented groups in certain positions or industries. For example, if a company implements a quota requiring a certain percentage of leadership positions to be held by women, this may encourage more women to apply for leadership roles and may also push the company to consider a more diverse pool of candidates. Similarly, if a government agency implements a quota for hiring women in certain fields, it may push the agency to actively seek out and consider female candidates and may also encourage more women to pursue careers in those fields. Quotas alone may not be sufficient to promote long-term diversity and inclusion, and therefore need to be accompanied by other strategies and initiatives. An example of use of quotas is the 30 % quota for women on corporate boards in Switzerland. It was introduced in 2013 and applies to listed companies with more than 250 employees. The quota requires that at least 30 % of the seats on the board of directors be held by women. Companies that do not meet this requirement are required to present a plan to the government outlining how they will achieve the quota within a certain timeframe. France has introduced in 2011, a law that requires companies with more than 500 employees to set goals for the representation of women on their boards of directors. The law also requires companies to report annually on their progress towards these goals. In addition to this legislative action, France has also implemented a number of other initiatives to promote gender diversity in leadership. For instance, the French government has launched a program to increase the number of women on boards of directors, and it has also supported the creation of a network of women in leadership roles. In the United States, there are no laws that require a specific percentage of leadership positions to be held by women. However, there are a number of initiatives and programs that aim to promote gender diversity and equality in leadership. For example, the U.S. Equal Employment Opportunity Commission (EEOC) is a federal agency that is responsible for enforcing laws that prohibit discrimination in the workplace, including on the basis of gender. The EEOC provides guidance to employers on how to promote diversity and prevent discrimination in the workplace, and it also investigates and resolves complaints of discrimination. In addition to the EEOC, there are private sector initiatives and programs that aim to promote gender diversity and equality in leadership. In 2016, the Dutch government introduced a law that requires listed companies to have at least 30 % women on their boards of directors by 2020. The law applied to companies with more than 250 employees that are listed on the Euronext Amsterdam stock exchange. Companies that do not meet this requirement are required to set targets for the representation of women on their boards and to report annually on their progress towards these targets. It is worth noting that women in my home country, Tunisia, have made significant progress in terms of legal protections and political representation in recent years. For example, Tunisian women were granted the right to vote in 1957, which was relatively early compared to many other countries in the region and beyond. Additionally, Tunisian women have made serious advancements in terms of political representation, with women holding more than 30 % of the seats in the Tunisian parliament. This is higher than the global average for women's representation in national parliaments, which is around 22 %. While these are positive developments, it is important to note that there is still work to be done to promote gender equality and to ensure that women have equal opportunities and support in leadership roles in Tunisia.

Leadership positions and the connection with the level of education
There is a link between the level of education that girls and women receive and their representation in leadership roles. In general, countries with higher levels of gender equality in education tend to have higher levels of women's representation in leadership roles. The study published in the Journal of Business Ethics, which found that women with higher levels of education were more likely to be represented in leadership roles in both the private and public sectors, was conducted by researchers at the University of Manchester and was published in 2018. The study analysed data from over 4000 companies in the United Kingdom. Education is just one of many factors that can influence a person's likelihood of pursuing and achieving leadership roles, and that there are many other factors, such as access to opportunities, cultural and societal expectations, and personal ambition, which can also play a role. However, providing girls and women with access to high-quality education can be an important step towards promoting gender equality and increasing the representation of women in leadership roles.

3.4.5   Other Relevant Factors for Strong Leadership Skills

Focus on personal ambition
Personal ambition is an individual trait that may be influenced by many factors, including a person's upbringing, experiences, and personal characteristics. How can we help fostering personal ambition in women? It starts at a very early stage I would say. In my case, my father was bad at losing and I enjoyed beating him in many games or sports competitions just to see his reaction and have fun. What I learned from this

was that helping girls and young women identify their passions and goals and develop a plan for achieving them can be an important step in fostering personal ambition. Also seeing other women who have achieved success and leadership roles can be a powerful source of inspiration and motivation for girls and young women. It is key to encourage girls and young women to take risks and to learn from their mistakes. This can help build confidence and resilience, which are important qualities for ambition and leadership. Parents and teachers are accountable in providing girls and young women with opportunities to express themselves and to develop their leadership skills. Personal ambition is an individual trait and what works for one person may not work for another. It is also important to recognize that personal ambition is just one factor that can influence a person's likelihood of pursuing and achieving leadership roles, and that there are many other factors to take into account, such as access to opportunities, cultural and societal expectations, and personal circumstances, which can also play a role.

Focus on self-confidence

Confidence is an important quality for leadership and women who are confident in their abilities and decisions are more likely to pursue and achieve leadership roles. Same for women who receive support and encouragement from their peers, mentors, and others. Cultural and societal expectations can play a role too. For example, in some cultures, women may face more barriers to pursuing leadership roles than men. On average, women tend to have lower levels of self-confidence than men. A study published in the Journal of Personality and Social Psychology, conducted by researchers at the University of Michigan and published in 2012, found that women were more likely to underestimate their abilities and to experience self-doubt, particularly in situations where they were part of the minority or where they were competing with others. From a young age, girls and boys may be socialized differently and may be encouraged to exhibit different qualities and behaviours. Girls may be more likely to be encouraged to be honest and modest, while boys may be more likely to be encouraged to be confident and assertive. Gender stereotypes, being preconceived notions about the characteristics and behaviours of men and women, can affect confidence levels. I believe women are more likely to internalize negative stereotypes about their intelligence or leadership abilities, thus impacting their confidence level. A study published in the Journal of Social Issues, conducted by researchers at the University of California and published in 2016 found that women who experienced gender discrimination had lower levels of self-esteem and self-confidence, as well as higher levels of stress and depression. Moreover, women may be more likely to experience stress and anxiety, which can affect their confidence level. Let me share with you an example of dialogue experienced with Sarah, one of my colleagues, who was facing obstacles in the workplace:

Example

«I can't believe I didn't get that promotion,» Sarah said, frustration evident in her voice. «I've been with the company for years and I thought I was a shoo-in for the position.»

«What happened?» I asked.

«Apparently the higher-ups decided to go with a man for the role,» Sarah replied, shaking her head. «I don't know if it's because I'm a woman or what, but it's just so frustrating.»

«That is so unfair,» I said, sympathetic. «It's like we have to work twice as hard to get the same opportunities as men. It's not right.»

«I know,» Sarah said. «But I can't let it get me down. I'm going to keep pushing and working hard, and I'm not going to let anyone stand in my way. I deserve that promotion just as much as anyone else.»

«You go, girl,» I said, giving my friend a hug. «You are strong and capable, and you will get where you want to be.» ◄

3.4.6   Global Perspectives in the Context of Women's Development

The gaps in the global South

The above situation took place in a multinational company based in Africa. Can we deduct those women in the Global South may face more barriers to education, employment, and leadership opportunities than women in other parts of the world? In general, women in the global south tend to have lower levels of education, lower rates of employment, and lower levels of political representation than women in the Global North. There are several factors that may contribute to these disparities. For example, women in the global south may be more likely to face discrimination and bias based on their gender, as well as on other factors such as their race, ethnicity, religion, or socioeconomic status. Women in the global south may also have less access to resources and opportunities, such as education, healthcare, and legal protections, which can make it more difficult for them to achieve their goals. It is important to recognize and address these and other barriers that may prevent women in the global south from achieving their full potential and from participating fully in leadership roles. This may involve implementing initiatives such as education programs, employment opportunities, and legal protections, as well as addressing societal and cultural expectations and biases. Personally, I gave birth to my three children in Tunis so I was subject to local legislation which provided for only 15 days of maternity leave after delivery if it is a normal delivery and 30 days if it is by cesarean section. What a surprise when I later became aware of the much more advantageous European conditions! As we say in French «ce qui ne te tue pas, te renforce» meaning «What doesn't kill you, strengthens you» and later, as a leader, I could also support numerous career women who crossed my path during their pregnancies in taking the right amount of time without compromising their professional career and without their feeling guilty. I knew many women who came from the Global South and migrated to the Global North who have been able to achieve success in various fields, including leadership roles. What may contribute to this success? I would say, as written above, access to education and employment opportunities, as well as personal ambition, drive, and determination. However, I would like to highlight that the experiences of women who migrate from the global south to the Global North are diverse and complex, and that not all immigrant women experience the same level of success. Many women who migrate to the Global South / Global North face some challenges, such as discrimination and biases, language barriers, and cultural differences, which can make it difficult for them to succeed. It also varies based on a range of factors, such as their education, skills, and personal circumstances.

Mixed boards Global North and Global South
In any case, there can be many benefits to a board that includes women from both the Global North and the Global South. Diversity, beyond gender mix on a board, can bring a range of perspectives, experiences, and skills that can enhance decision-making and drive innovation. Including women from the Global South on a board can provide valuable insights into the experiences, needs, and challenges faced by women in different parts of the world. This can be especially important for organizations that operate globally, as it can help to ensure that the needs and perspectives of women in all regions are taken into account. Additionally, having women from the Global South on a board can help foster a more inclusive and representative culture within the organization. It can be beneficial for all stakeholders, as it can lead to more informed and effective decision-making and can enhance the organization's reputation and credibility.

3.4.7   Key Qualities for a Good Role Model and Recommendations

There are many qualities that can make a woman a good role model for aspiring leaders. As a woman in leadership, every day I make an effort to create a better version of myself and be able to demonstrate how I can overcome challenges and achieve my goals. A role model should be a strong leader who is able to inspire and motivate others to follow her vision. To be trusted and followed, we must have strong moral principles and be a person of integrity. It is necessary to demonstrate the ability to understand and relate to the experiences and challenges of others and to be able to use this understanding to inspire and support others. It is extremely important to be able to bounce back from setbacks and failures and to know how to learn and grow from these experiences. A role model takes risks and stands up for what she believes in, even in the face of opposition. A role model in a leadership position is genuine and authentic and able to inspire others by being true to herself.

Steps to make a difference
What can we do at our small level to contribute to the cause of promoting and elevating women in leadership roles? Here are a few ideas based on my simple and humble experience as a woman coming from the Global South and working in the Global North.

Educate yourself Learn as much as you can about the challenges and opportunities facing women in leadership roles. This could include reading books, articles, and research studies on the topic, attending workshops and conferences, or participating in online courses and webinars.

Be a role model Look for opportunities to serve as a role model for other women and girls and share your own experiences and insights with them. You can also seek out role models of your own and ask for their advice and guidance.

Support other women Look for ways to support other women in your community or workplace, by offering mentorship, sponsorship, or simply by offering encouragement and support.

Advocate for change Use your voice and your influence to advocate for change in your community or workplace. This could include speaking up about issues affecting women in leadership or supporting organizations or initiatives that are working to promote women in leadership roles.

Lead by example Set a positive example for other women to follow by demonstrating strong leadership skills and qualities in your own life and work. This can help inspire and encourage other women to pursue leadership roles themselves.

By taking these steps, you can make a tangible difference in promoting gender diversity and equality in the leadership landscape. Every effort, no matter how small, has the potential to create lasting change and contribute to a more inclusive and balanced leadership environment.

3.4.8   Literature and Research

List of Books
To close this paper, allow me to share with you a list of books on women in leadership roles that could help elevate our self-consciousness in the field.

Lean In: Women, Work, and the Will to Lead by Sheryl Sandberg. This book, written by Facebook's COO, explores the challenges and opportunities that women face in the workplace and offers advice for women who aspire to leadership roles.

The Confidence Code: The Science and Art of Self-Assurance-What Women Should Know by Katty Kay and Claire Shipman. This book examines the role of confidence in leadership and offers practical tips for building confidence in women.

Nice Girls Don't Get the Corner Office. Unconscious Mistakes Women Make That Sabotage Their Careers by Lois P. Frankel: This book identifies common mistakes that women make in the workplace and offers strategies for overcoming them and achieving leadership roles.

The Myth of the Nice Girl: Achieving a Career You Love Without Becoming a Person You Hate by Fran Hauser. This book offers practical advice for women who want to succeed in their careers without sacrificing their authenticity or personal values.

Main Research

There are also a few researchers and scholars who are well-known for their work on this topic and who may be considered leaders in the field such as Carol Dweck a professor of psychology at Stanford University and a leading researcher on the topic of growth mindset, being the belief that one's abilities can be developed through hard work and learning. Her work has implications for women in leadership roles, as a growth mindset can help individuals overcome challenges and setbacks on their path to leadership. Michael Kimmel who is a sociologist and author, has written extensively on gender, masculinity, and leadership. His work focused primarily on the role of men in promoting gender equality and women's leadership. Joe Gerstandt a speaker, consultant, and author on topics related to diversity, inclusion, and leadership, has written and spoken extensively on the importance of men as allies in promoting women's leadership. Michael Gurian a researcher and author has written extensively on the role of gender in leadership and in the workplace. His work focused on understanding the different strengths and challenges that men and women may face in leadership roles and how to create a more inclusive and balanced leadership environment. David Rock is also a researcher and author who has written extensively on the topic of leadership and the brain. His work focused on understanding how the brain processes information and how this can impact leadership styles and behaviours.

Literatur

Bischof, N., Olbert-Bock, S., & Toscano-Ruffilli, R. (2022). Frauen in Top-Level-Positionen von Schweizer Unternehmen. Eine Analyse des Besetzungsprozesses für Verwaltungsratsmandate. *Zeitschrift Führung + Organisation, 91*(2), 90–97.

Cooper, A. (1999). *The inmates are running the asylum: Why high-tech products drive us crazy and how to restore the sanity.* Sams – Pearson Education.

Faesch, D. (2022). Il ne suffit pas d'attendre qu'un mandat se présente. *Bilan.* https://www.bilan.ch/story/il-ne-suffit-pas-dattendre-quun-mandat-se-presente-175213370858. Zugegriffen: 20. Febr. 2023.

Gamper, M., & Schönhuth, M. (2016). Ansätze und Verfahren der Visuellen Netzwerkforschung. In K. Lobinger (Hrsg.), *Handbuch Visuelle Kommunikationsforschung* (S. 621–647). Springer VS.

Henn, M. (2008). *Kunst des Aufstiegs. Was Frauen in Führungspositionen kennzeichnet.* Campus.

Jeannet, A. (2020). Cornelia Tänzler: «43 % des postes d'administrateurs ont été attribués à des femmes». *Le Temps.* https://www.letemps.ch/evenements/cornelia-tanzler-43-postes-dadministrateurs-ont-attribues-femmes. Zugegriffen: 19. Febr. 2023.

Kratz-Ulmer, A., & Gill, L. (2022). *Diversité et conseils de fondations d'utilité publique en Suisse.* Université de Genève, Centre en philanthropie. https://www.unige.ch/philanthropie/application/files/5216/6368/4473/Rapport_Diversite_FR_WEB_2.pdf. Zugegriffen: 19. Febr. 2023.

Mucha, A., Endemann, A., & Rastetter, D. (2015). *Mikropolitik am Arbeitsplatz. Qualitative Studie zur Anwendung von Taktiken im Unternehmen.* Rainer Hampp.

Olbert-Bock, S., Bischof, N., Helfmann, K., Oberholzer, B., Toscano-Ruffilli, R. (2022). *«Mehr Frauen ins Netz – Einblicke in das Projekt Frauen in VR und GL mittelgrosser Unternehmen».* Präsentation auf der Konferenz «Mehr Frauen ins Netz: Wie mittelgrosse Unternehmen Frauen für ihr Top Management finden» am 21. Juni 2022 in Dielsdorf. https://www.careerdevelopment.ch/wp-content/uploads/2022/07/Event_Mehr-Frauen-ins-Netz.pdf. Zugegriffen: 19. Febr. 2023.

Rastetter, D., & Cornils, D. (2012). Networking: Aufstiegsförderliche Strategien für Frauen in Führungspositionen. *Gruppendynamik und Organisationsberatung, 43,* 43–60.

Rippler, S. (2022). *Das Persona-Prinzip. Erfolgreiches Recruiting mit Candidate Personas.* Springer Gabler.

Ronay, R., Lehmann-Willenbrock, N., Samuel, M., & Rusch, H. (2019). Playing the trump card: Why we select overconfident leaders and why it matters. *The Leadership Quarterly, 30*(6). https://doi.org/10.1016/j.leaqua.2019.101316.

Salzburg Research Forschungsgesellschaft m.b.H. (o. J.). *Ego-zentrierte Netzwerkanalyse.* https://methodenpool.salzburgresearch.at/methode/ego-zentrierte-netzwerkanalyse/. Zugegriffen: 24. Febr. 2023.

Schönhuth, M., Gamper, M., Kronenwett, M., & Stark, M. (2013). *Visuelle Netzwerkforschung: Qualitative, quantitative und partizipative Zugänge.* transcript.

Scholz, R., & Wing, L. (2018). Mehr Frauen in Aufsichtsräten. Bessere Chancen durch Mitbestimmung und Vernetzung. *WZB Mitteilungen, 161,* 42–44.

Semenova, E. (2018). Corporate recruitment and networks in Germany: Change, stability, or both? *Historical Social Research/Historische Sozialforschung, 43*(4), 73–97. https://www.jstor.org/stable/26544250.

Steiner, D. (2021). *Identitätsmanagement + Personal Branding mit LinkedIn.* Unveröffentliche Präsentation im Rahmen des Netzwerkevents an der OST Ostschweizer Fachhochschule vom 25. Februar 2021.

Thiel, M. (2010). Werkzeugkiste. 24. Soziale Netzwerkanalyse. *OrganisationsEntwicklung, 3,* 78–85.

Uzzi, B. (2019). Research: Men and woman need different kinds of networks to succeed. *Harvard Business Review.* https://hbr.org/2019/02/research-men-and-women-need-different-kinds-of-networks-to-succeed. Zugegriffen: 11. Mai 2023.

Wolff, H.-G., Weikamp, J. G., & Batinic, B. (2018). Implicit motives as determinants of networking behaviors. *Frontiers in Psychology, 9,* Article 411. https://doi.org/10.3389/fpsyg.2018.00411.

Wüst, P. (2021). *Self Branding. Erfolgreich dank einer starken «Marke Ich».* Unveröffentliche Präsentation im Rahmen des Netzwerkevents an der OST Ostschweizer Fachhochschule vom 4. November 2021.

Weiterführende Literatur

Toscano-Ruffilli, R., Bischof, N., Oberholzer, B., & Olbert-Bock, S. (2023). Mehr Frauen in Boards dank Netzwerkkompetenz. Studie zu Netzwerktypen und Möglichkeiten des Netzwerk-coachings. *Zeitschrift Führung + Organisation,* 92 (5), 281-287.

Gezielte Einflussnahme zur Förderung von Frauen

4

Zusammenfassung

Damit die erkannten Hürden für Frauen bei der Erlangung eines Verwaltungsratsmandates zu einem geringeren Hindernis werden, können Frauen durch Netzwerkcoachings gefördert werden. Frauen nutzen ihre Netzwerke in vielen Fällen bedeutend schlechter als Männer. Mit gezieltem Coaching lassen sich individuelle Netzwerkstrategien erarbeiten, um diese aktiv und bewusst zu optimieren. Ein weiterer Faktor ist, Frauen darin zu coachen, wie sie ihre Netzwerke dann tatsächlich «bespielen» und sich in ihnen bewegen.

Es lohnt sich, die Coachings um weitere Fragestellungen zu erweitern und zu ihrer Klärung entwickelte Methoden einzusetzen. Die Frauen erweitern ihre Netzwerkkompetenz, bleiben gerade bei wiederholendem «Pushen» mehr am Ball und können leichter Selbstsicherheit erhalten. Ebenfalls kann im Coaching die eigene Zielsetzung geschärft und eine passende Strategie entwickelt werden, um sie zu erreichen. Neben individuellem Coaching kann Mentoring sinnvoll unterstützen und dabei helfen, individuelle Netzwerke aufzubauen.

In diesem Kapitel wird aufgezeigt, wie die Aspirantinnen bei der Übernahme eines Verwaltungsratsmandates unterstützt und gefördert werden können. Im ersten Teil wird der Gesamt-Coaching-Prozess aus Erstinterview und anschließenden zwei Coaching-Sessions beschrieben. Daraus werden die Erkenntnisse aus den individuellen Coachings abgeleitet. Am Schluss wird aufgezeigt, welche Wirkung die Coachings entfaltet haben und welche Erfolge für die Frauen daraus resultierten, zudem ergänzt durch den Beitrag einer Gastautorin, die die Coachings durchgeführt hat.

© Der/die Autor(en), exklusiv lizenziert an Springer Fachmedien Wiesbaden GmbH, ein Teil von Springer Nature 2023
S. Olbert-Bock et al., *Diversity in Verwaltungsrat und Geschäftsleitung mittelgroßer Unternehmen,* https://doi.org/10.1007/978-3-658-42400-8_4

4.1   Ergebnisse aus dem Projekt

Der Weg zu einem Verwaltungsratsmandat ist selten vorprogrammiert. Frauen haben auf diesem Weg, wie in den vorangehenden Kapiteln beschrieben, einige Hürden zu überspringen. Diese betreffen insbesondere die zu geringe Selbstsicherheit, die oft fehlende Selbstvermarktung, ein zu wenig systematischer Karriereaufbau und eine zu geringe Netzwerkorientierung und -kompetenz. Viele der genannten «Hürden» sind struktureller Art, seien es bspw. traditionelle Rollenmuster, Karriereschritte, die für Frauen schwieriger zu gehen waren oder für die sie länger brauchten, oder wichtige Karrierenetzwerke, in denen Frauen lange Zeit fehlten und noch immer unterrepräsentiert sind oder fehlen.

Andere sind persönlich begründet und hängen mit einem zu geringen Selbstwertgefühl, übertriebener Bescheidenheit und mangelnder Selbstpräsentation zusammen. Ein gezieltes Coaching kann helfen, mehr Zuversicht und Gewissheit über die nächsten Schritte auf dem Weg zum Verwaltungsratsmandat zu erlangen.

4.1.1   Begleitung der Frauen im Besetzungsprozess: Etappen und Erfahrungen

Durch die Förderung unseres Projektes durch das Eidgenössische Büro für Gleichstellung von Frau und Mann waren wir in der Lage, über den Zeitraum von 3 Jahren über 30 Frauen auf ihrem Karriereweg hin zu einem Geschäftsleitungs- oder Verwaltungsratsmandat zu begleiten und zu unterstützen (vgl. Abb. 4.1). Ganz zu Beginn des Projektes haben wir uns einen Überblick verschafft, wie der Besetzungsprozess von Geschäftsleitungs- und Verwaltungsratsmandaten in kleinen und mittelgroßen Unternehmen verläuft, wo die Stellschrauben liegen und wie erfolgreich der Besetzungsprozess verläuft.

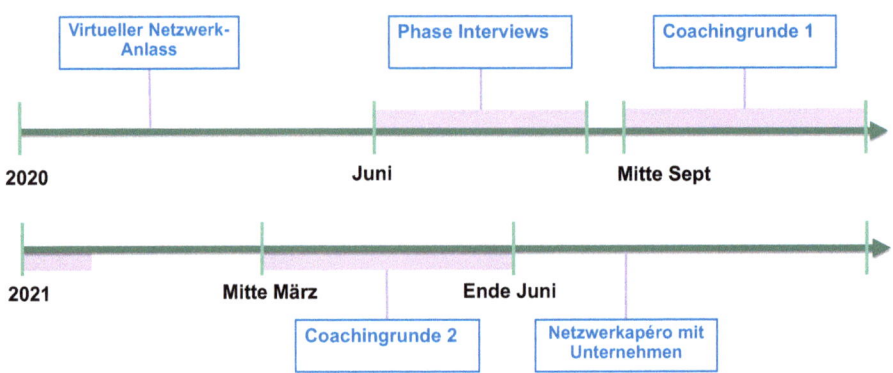

Abb. 4.1 Zeitstrahl der Begleitaktivitäten

In dieser ersten Analyse-Etappe wurden qualitative Experteninterviews mit Frauen durchgeführt, die bereits ein Verwaltungsratsmandat innehaben. Hierbei lag der Fokus darauf, wie die Frauen ihren Bewerbungsprozess erlebten und wie sich die tatsächliche Aktivität und Arbeit in einem Verwaltungsratsgremium gestaltet.

Die zweite Etappe hatte zum Ziel, Frauen zu rekrutieren, die ein wirkliches Interesse an der Erlangung eines Geschäftsleitungs- oder Verwaltungsratsmandates haben und an einer Förderung auf ihrem Karriereweg interessiert sind. Die Frauen füllten einen Fragebogen aus, den wir zuvor entwickelt hatten, und nahmen an einem ersten Gespräch mit Interview-Charakter teil. In dieser Etappe fanden dann auch die ersten Coachings mit allen beteiligten Frauen statt.

Aus der zweiten Etappe haben die Frauen konkrete Aufträge für sich selbst mitgenommen, beispielsweise ihr Netzwerk zu erweitern und zu nutzen, also Netzwerkkompetenz zu entwickeln.

In der dritten Etappe wurden die Frauen auf ihrem Karriereweg weiter begleitet und ihre Pläne in einer zweiten Coachingrunde feinjustiert und konkretisiert. Bereits zu diesem Zeitpunkt waren erste Erfolge zu vermelden von Frauen, die ein Mandat übernommen hatten.

Zwischenzeitlich fanden zwei Vernetzungsanlässe für die am Projekt beteiligten Frauen statt, auf denen sie ihr eigenes Netzwerk pflegen und erweitern konnten.

In der letzten Etappe wurde das Projekt mit einem Vernetzungsanlass für Frauen, Unternehmensvertreter und Berater abgeschlossen. Im Folgenden werden die vier Etappen im Detail beschrieben.

4.1.1.1 Etappe 1: Netzwerkerhebung und ein Netzwerkinterview

Um Frauen in ihrer Netzwerkkompetenz zu stärken, ging es zunächst darum, ihre Netzwerke zu erfassen und sie zum einen für sich genommen zu bewerten und zum anderen an einem Vergleichsmaßstab zu spiegeln.

Als Vergleichsmaßstab diente die zu Beginn des Projektes erstellte «Landkarte relevanter Player» (siehe Abb. 1.2) Durch eine umfangreiche, iterative Recherchearbeit war eine Liste von relevanten Beteiligten des Besetzungsprozesses (auch als «Player» bezeichnet) entstanden. In der Abb. 1.1 in Abschn. 1.1 sind die Gruppen von Playern mit Beispielen von Vertretern dieser Gruppe dargestellt. Mit 34 von ihnen wurden leitfadengestützte, qualitative Interviews durchgeführt. Ergänzend dazu wurden die Player gebeten, die Bedeutung der jeweils anderen Player und die Beziehungsqualität zu bewerten.

Auf diese Weise entstand zum einen eine Liste relevanter Player, die den Frauen, die ein Verwaltungsratsmandat anstreben (Aspirantin genannt), in analoger Form zum Zweck der Erfassung und der darauffolgenden Darstellung ihrer individuellen Beziehungen vorgelegt werden konnte. In einer quantitativen Onlinebefragung haben die Frauen angegeben, ob sie die jeweiligen Akteure kennen und ob sie bereits mit ihnen zusammenarbeiten. Die Analyse dieser jeweiligen Onlinebefragung wurde als «Landkarte des individuellen Netzwerks» visuell dargestellt.

Zum anderen konnten die Frauen die Darstellung ihres eigenen Netzwerks an der Darstellung des Gesamtnetzwerks der Player spiegeln. Im weiteren Verlauf des Prozesses wurden daraus Schlüsse zur Netzwerkentwicklung abgeleitet.

Neben der Erhebung der Ego-Netzwerke der Frauen und ihrer Darstellung fand ein Interview statt, bei dem den Frauen die Darstellung ihres Netzwerkes vorgelegt wurde. Gegenstand der Interviews waren drei Fragestellungen: generelle Ambitionen, das individuelle Netzwerk für sich genommen sowie der Abgleich mit der Landkarte der Player.

Generelle Ambitionen
- Inwiefern werden VR-Mandate bzw. Geschäftsleitungsfunktionen angestrebt
- Persönliche Motivationen und Treiber
- Mittel- und langfristige berufliche Zielsetzungen
- Erwartungen an die angestrebte Funktion

Individuelles Netzwerk
- Bewertung der Bedeutung der Kontakte, der Enge und der Qualität der Beziehung
- Ansatzpunkte zur Optimierung des eigenen Netzwerkes
- Bisherige Vorgehensweise im Aufbau des eigenen Netzwerkes
- Beschreibung des eigenen Netzwerkes

Abgleich mit der Landkarte der Player
- Einschätzung fehlender bzw. gering vorhandener Kontaktarten
- Gedanken zur Anreicherung des eigenen Netzwerkes

Die Frauen erhielten einen Vorbereitungsauftrag für die folgende Etappe, das erste Coachinggespräch. Neben der Zusendung eines aktuellen Lebenslaufes (Demographie, Kompetenzen, Mitgliedschaften etc.) sollten die Aspirantinnen folgende Fragen für sich schriftlich beantworten:

- Überlegen Sie sich aufgrund der Ergebnisse der Netzwerkanalyse aus unserem Gespräch (Interview), welche Kontakte für Sie wesentlich wären und aufgebaut werden sollten. Wie nehmen Sie sich vor, dies umzusetzen?
- Wie würden Sie Ihr Ziel im Zusammenhang mit der Erlangung eines Verwaltungsratsmandates formulieren? Welche Branche interessiert Sie? Welche Unternehmensgröße? Welche Werte soll das Unternehmen verkörpern? etc.
- Was möchten Sie zukünftig unternehmen, um dem formulierten Ziel näherzukommen? Erstellen Sie eine To-do-Liste!

4.1.1.2 Etappe 2: Erste Coachingrunde
Folgend auf die Interviews wurden die ersten Coachings mit den Frauen durchgeführt, idealerweise persönlich in einem Treffen von ca. 1,5 h. Als Räumlichkeiten wurden

hierfür Orte an der Hochschule oder auch bei den Frauen selbst, beispielsweise in ihren Geschäftsräumen, genutzt.

Karrierecoachings stehen häufig vor einem Dilemma: sie sollen einerseits Freiraum lassen, um kreative Ideen zu generieren, andererseits sollen sie Struktur geben, um eine gewisse Ordnung herzustellen, die anschließend an den Coachingprozess eine selbstständige Umsetzung für den Klienten ermöglicht. Worin besteht dabei das Dilemma? Damit Kreativität und neue Ideen entstehen können, braucht es vor allem eines: Nichts. Erst wenn echter Freiraum und Leere existieren, kann ein kreativer Prozess des Umdenkens und Reframings beginnen. Alles Einengende wie Raster, Ordnung und Struktur sind in dieser Phase nicht hilfreich, im Gegenteil, sie grenzen den kreativen Prozess von Anfang an ein. Nun könnte man im Karrierecoaching ausschließlich mit Kreativmethoden arbeiten, um neue Ideen zu generieren. Damit allein wäre dem Klienten jedoch nicht geholfen, da diese neuen Ideen nicht mit den Eigenschaften des Klienten verbunden wären und nicht als die eigenen und passenden Ideen angenommen würden. Um eine Identifikation mit den neuen Ideen herzustellen, ist ein direkter Bezug zu der eigenen Person unumgänglich (Bischof, 2017).

Um sich seiner eigenen Zielsetzung, seiner Kompetenzen und Werte gewahr zu werden, benötigt der Klient ein strukturiertes Vorgehen, eine Art Sortierung, die der Coach mit ihm vornimmt. Erst wenn dem Klienten mittels strukturierter Selbstanalyse seine Kompetenzen, Interessen und Werte bewusst sind und ein persönliches Ziel formuliert wurde, kann in einem nächsten Schritt der Kreativprozess angegangen werden. Die nun entstehenden Ideen und Wünsche sind direkt mit der eigenen Person verbunden, da sie direkt von der Person abgeleitet werden (Bischof, 2017).

In unserem Projekt und unseren Coachings mit den Aspirantinnen stand das Ziel bereits fest, meist bestand es darin, ein Verwaltungsratsmandat zu erlangen. In welcher Art von Organisation, in welcher Branche oder in welcher konkreten Rolle war jedoch im Verlauf des Coachingprozesses zu definieren. So vermitteln die eigenen Kompetenzen eine Vorstellung von der Tätigkeit und die Interessen einer Person geben einen direkten Hinweis auf das Arbeitsumfeld, die Branche, in der sie tätig sein möchte. Hierbei geht es nicht um die Tätigkeit selbst, sondern darum, Gleichgesinnte im Arbeitsumfeld anzutreffen. Diese «Interessengemeinschaft» im weitesten Sinne erzeugt ein Gefühl von Zugehörigkeit und schafft Akzeptanz.

Damit dieses Dilemma von Struktur und Freiraum aufgelöst werden konnte, haben wir eigens für diese Coachings einen Coaching Canvas, eine Visualisierung entwickelt (siehe Abb. 4.2). Mit dem Coaching Canvas ist es möglich, einerseits eine geleitete Struktur durch den Beratungsprozess zu geben und andererseits Freiraum für Kreativität zuzulassen. Die Visualisierung besteht aus vier Bereichen, die einer von der Aspirantin zu Beginn des Coachings selbst bestimmten, übergeordneten Leitfrage unterstellt sind. Im Verlauf der Auftragsklärung wird mit der Aspirantin eine Leitfrage für das gesamte Coaching entwickelt.

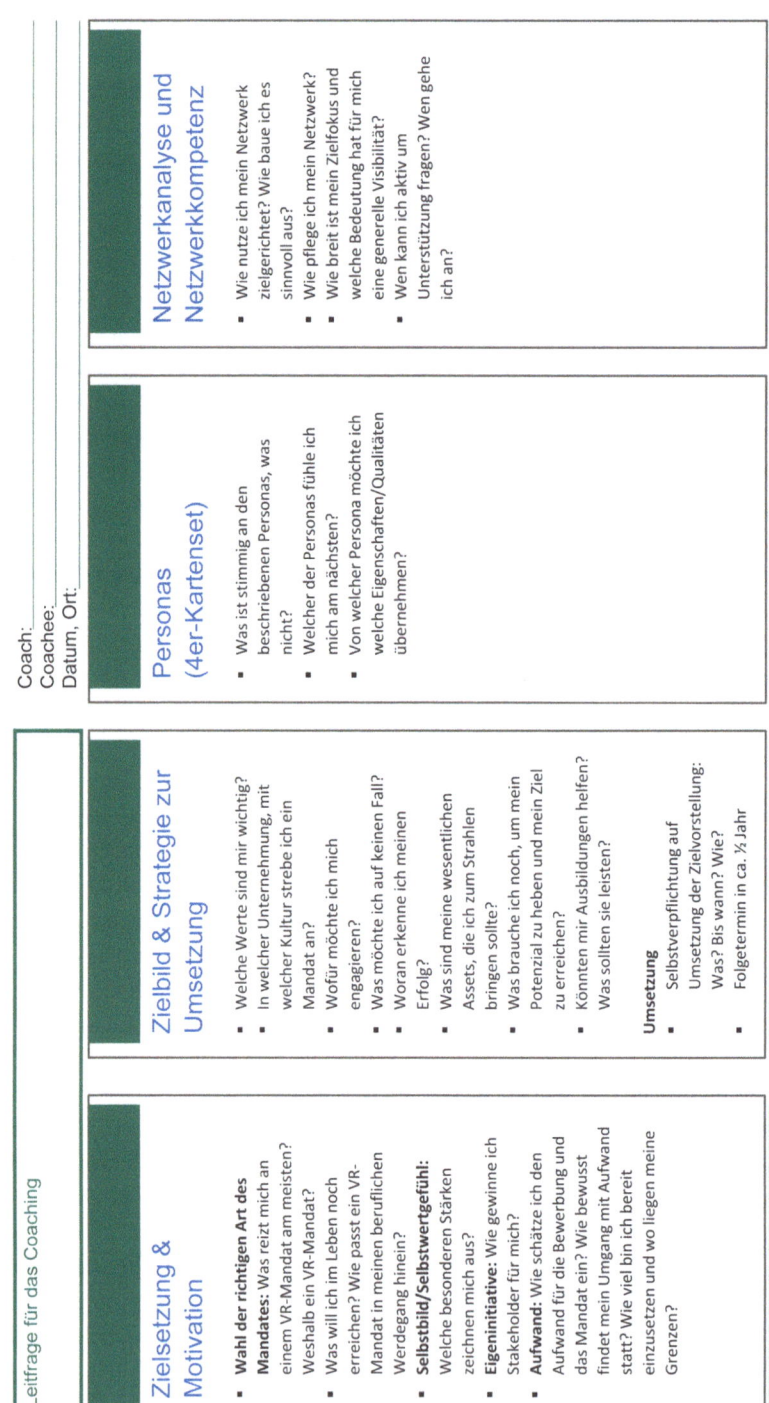

Leitfrage für das Coaching

Coach:
Coachee:
Datum, Ort:

Zielsetzung & Motivation

- **Wahl der richtigen Art des Mandates:** Was reizt mich an einem VR-Mandat am meisten? Weshalb ein VR-Mandat?
- Was will ich im Leben noch erreichen? Wie passt ein VR-Mandat in meinen beruflichen Werdegang hinein?
- **Selbstbild/Selbstwertgefühl:** Welche besonderen Stärken zeichnen mich aus?
- **Eigeninitiative:** Wie gewinne ich Stakeholder für mich?
- **Aufwand:** Wie schätze ich den Aufwand für die Bewerbung und das Mandat ein? Wie bewusst findet mein Umgang mit Aufwand statt? Wie viel bin ich bereit einzusetzen und wo liegen meine Grenzen?

Zielbild & Strategie zur Umsetzung

- Welche Werte sind mir wichtig?
- In welcher Unternehmung, mit welcher Kultur strebe ich ein Mandat an?
- Wofür möchte ich mich engagieren?
- Was möchte ich auf keinen Fall? Woran erkenne ich meinen Erfolg?
- Was sind meine wesentlichen Assets, die ich zum Strahlen bringen sollte?
- Was brauche ich noch, um mein Potenzial zu heben und mein Ziel zu erreichen?
- Könnten mir Ausbildungen helfen? Was sollten sie leisten?

Umsetzung

- Selbstverpflichtung auf Umsetzung der Zielvorstellung: Was? Bis wann? Wie?
- Folgetermin in ca. ½ Jahr

Personas (4er-Kartenset)

- Was ist stimmig an den beschriebenen Personas, was nicht?
- Welcher der Personas fühle ich mich am nächsten?
- Von welcher Persona möchte ich welche Eigenschaften/Qualitäten übernehmen?

Netzwerkanalyse und Netzwerkkompetenz

- Wie nutze ich mein Netzwerk zielgerichtet? Wie baue ich es sinnvoll aus?
- Wie pflege ich mein Netzwerk?
- Wie breit ist mein Zielfokus und welche Bedeutung hat für mich eine generelle Visibilität?
- Wen kann ich aktiv um Unterstützung fragen? Wen gehe ich an?

Abb. 4.2 Coaching Canvas zur Visualisierung des Coachingprozesses, dient als Beratungsleitfaden. (Eigene Darstellung N. Bischof)

Die vier Bereiche sind ebenfalls fragenbasiert und führen durch den Coachingprozess:

1. Zielsetzung und Motivation
2. Zielbild und Strategie zur Umsetzung
3. Abgleich mit anderen: Personas von Verwaltungsratsfrauen
4. Netzwerkanalyse und Netzwerkkompetenz

Abb. 4.2 zeigt den von uns verwendeten Coaching Canvas zur Visualisierung des Coachingprozesses.

Der Coaching Canvas stellt eine Methode der qualitativen Sozialforschung dar, mit der ein gemeinsames Arbeiten vor sehr unterschiedlichen Wissenshintergründen aufgrund der Visualisierung stark vereinfacht wird. Im Coachingprozess erfüllt die Visualisierung daher mehrere Funktionen zugleich (Bischof, 2017):

- Sie protokolliert und dokumentiert (wichtig für Folgesitzungen),
- hält Gedanken fest,
- ermöglicht einen gemeinsamen Fokus,
- gibt Raum zum Skizzieren,
- überwindet Gesprächsbarrieren oder Konflikte,
- verdeutlicht an Stellen, wo ein Erklären nur in Worten schwierig wird, den Sachverhalt, beispielsweise bei zeitlichen Abläufen,
- fördert das aktive Zuhören,
- hilft, Grundannahmen in Worte zu fassen.

Die Aspirantinnen sollten entscheiden können, wer in der Visualisierung schreibt und skizziert. Sehr häufig baten die Aspirantinnen den Coach zu schreiben, damit sie sich mehr auf ihre Gedanken konzentrieren konnten.

Der Gesprächsleitfaden für das Vorgehen während des ersten Coachings gliederte sich in vier Bereiche:

- Warm-up
- Bezugnahme auf Motivation und Zielorientierung
- Transfer
- Abschluss

Folgende Arbeitsmaterialien wurden für die Coachings verwendet:

- Zusammenfassung des Interviews der jeweiligen Person
- Präsentation – Erhebung des individuellen Netzwerkes – Landkarte der Player
- CV der jeweiligen Person
- Kartenset der 4 Personas

Vorgehen im 1. Coaching – Fokus auf Verwaltungsratsprojekt

Das erste Coaching verlief strukturiert und folgte einem Gesprächsleitfaden, der in Tab. 6.2 in Form einer Checkliste aufgeführt ist, sodass die Coachingfragen zur Selbstreflexion genutzt werden können.

Die wichtigsten Schritte sind hier kurz festgehalten und erklärt.

1. Warm-up

- Wie geht es dir/Ihnen heute?
- Was ist heute aktuell?/Wie würden Sie heute Ihr Thema formulieren?/Was ist dein/Ihr Anliegen für das heutige Coaching?
- Wir haben heute max. 90 min Zeit – was wäre für dich/Sie ein bestes Ergebnis aus dem Coaching?

2. Bezugnahme auf Motivation und Zielorientierung

Motivation und Zielorientierung sind nicht nur wesentliche Elemente von Selbstführung, sondern auch gemäß der in den Interviews mit jungen Verwaltungsrätinnen berichteten Erfahrungen entscheidend für die Zielerreichung der Übernahme eines Verwaltungsratsmandates. Aus diesem Grund sollten hier über eine Reflexion des ersten Interviews die **Motivationsgründe** nochmals mit aufgenommen und vertieft werden.

Um die **konkrete Zielvorstellung** nochmals zu schärfen, wurde vom Coach gemeinsam mit der Aspirantin ein individuelles Zielbild entworfen, sodass es im Anschluss an das Coaching auch wirklich möglich war, aktiv zu werden. Zur Unterstützung und Hinführung auf ein eigenes Zielbild dienten folgende Fragen:

- Wofür möchte ich mich engagieren?
- Welche Werte sind mir wichtig?
- Was möchte ich auf keinen Fall?
- Woran erkenne ich meinen Erfolg?
- In welcher Unternehmung mit welcher Kultur strebe ich ein Mandat an?

3. Lernen von anderen – Arbeit mit den Personas

Aus der Playerbefragung haben sich 4 Typen von Frauen herauskristallisiert, die ein Verwaltungsratsmandat anstreben (siehe Abschn. 3.1.1 und Abb. 3.1). Diese vier Personas wurden anhand von laminierten Tischkarten kurz erklärt und vorgestellt. Anschließend wurden die Frauen gebeten, folgende Reflexionsfragen zu prüfen:

- Was ist stimmig an den beschriebenen Personas, was nicht?
- Welcher der Personas fühlst du/fühlen Sie sich am nächsten?
- Von welcher Persona möchtest du/möchten Sie welche Eigenschaften/Qualitäten übernehmen?

4. Transfer und Verbindlichkeit

- Selbstverpflichtung auf Umsetzung der Zielvorstellung: Was? Wann? Wie?
- Verbindlichkeit: Wie kannst du/können Sie sicherstellen, dass du/Sie … machen?
- Vereinbarung Folgetermin nach gut ½ Jahr – Fortschritt bezogen auf die eigenen Ziele; Daten zum Netzwerk erneut erfassen

5. Abschluss

- Verdanken und Verweis auf die Nacherhebung nach 6 Monaten
- Kontakt halten zu unserem Projektteam
- Kontakt zwischenzeitlich pflegen
- Einladung zu Netzwerk-Apéro

4.1.1.3 Etappe 3: Zweite Coachingrunde

Rund 6 Monate nach dem ersten Coaching führten wir die zweiten Coachings pro Verwaltungsratskandidatin durch. Sie wurden idealerweise ebenfalls in einem persönlichen Treffen durchgeführt, wenn nicht anders möglich, online. Soweit möglich wurden diese zweiten Coachings von derjenigen Person geleitet, die bereits das erste Coaching durchgeführt hat. So konnte sichergestellt werden, dass ein vertrauensvolles Verhältnis aufgebaut werden konnte und die zweiten Coachings sinnvoll an die ersten Gespräche anknüpften. Die Coachings dauerten ca. 1,5 h und fanden entweder in den Räumlichkeiten der Hochschule oder an einem intimen Ort statt, um eine vertrauliche Atmosphäre zu schaffen.

Im Fokus der zweiten Coachings standen die Veränderungen seit dem ersten Coaching sowie mögliche Umsetzungsstrategien zur Erlangung eines Verwaltungsratsmandates. Weitere Kernthemen waren die Erhöhung der Netzwerkkompetenz, Strategien zur Verbesserung des Selbstmarketings und zur Stärkung des Selbstwertes.

Diskutiert wurden zudem Fragen, wie der eigene Erfolg bezogen auf die entwickelte Zielvorstellung eingeschätzt wird, was sich getan hat. Die Kandidatinnen wurden gebeten zu beurteilen, ob sie die Aktivitäten als erfolgversprechend einschätzten, und sollten die Selbstwirksamkeit der von ihnen gewählten Strategien bewerten.

Zur Vorbereitung auf die zweiten Coachinggespräche wurde von allen Aspirantinnen nochmals das aktuelle Netzwerk mittels Unipark-Befragung erfasst, um Veränderungen zu dokumentieren.

Als Ideenstütze und Inputlieferant wurde in den zweiten Coachings mit Beispielen zum Lebenslauf und zum LinkedIn-Profil gearbeitet. Einerseits wurde ein Beispiel entwickelt, wie Lebensläufe kurz und gut strukturiert und dennoch aussagekräftig und individuell gestaltet werden können. Ein Beispiel dazu ist in der Toolbox zu finden (siehe Abschn. 6.1, Abb. 6.1).

Des Weiteren fand im Vorfeld auf die zweite Coachingreihe eine professionelle Profilanalyse des LinkedIn-Profils statt. Dieses Spezialthema wurde gewählt, da LinkedIn die wichtigste berufliche Netzwerkplattform in der Schweiz ist und daher einen bedeutenden Nutzen für das berufliche Netzwerken darstellt. In den Coachinggesprächen wurden mit den Kandidatinnen die Ergebnisse der Profilanalyse besprochen und mögliche Verbesserungspotenziale, Stärken und Schwächen des eigenen LinkedIn-Profils aufgezeigt. Zudem erhielten die Kandidatinnen in den Coachinggesprächen zahlreiche Tipps und Tricks sowie Dos and Don'ts, wie sie sich selbst noch besser vermarkten können.

Zusätzlich konnte als Abschluss dieser Etappe das eigene Netzwerk mittels Soziogramm oder in konzentrischen Kreisen (Personen, die einem nahestehen, innen, Personen, mit denen man in losem Kontakt steht, außen) visualisiert werden. Ziel war die Beantwortung folgender Fragen: Wenn Sie ihr eigenes persönliches Netzwerk darstellen würden, wie würde das aussehen? Wer ist Teil des Netzwerkes? Wie nah/fern stehen Sie diesen Personen? Welche Person könnte Sie unterstützen?

Die zweite Coaching-Session verlief ebenfalls strukturiert und wurde mittels des Coaching Canvas, der in Abb. 4.2 abgebildet ist, durchgeführt.

4.1.1.4 Etappe 4: Netzwerktreffen und abschließender Vernetzungs-Anlass

Im Rahmen des Projektes fanden unterschiedliche Veranstaltungen zur gegenseitigen Vernetzung statt. Neben inhaltlichem Input hatten sie zum Ziel, den Austausch untereinander zu fördern. Dies war unter der Bedingung der pandemisch bedingten Kontaktbeschränkungen erschwert, aber auch besonders wichtig. Die Wissenskommunikation trug anteilig dieser besonderen Situation Rechnung, indem in einem ersten Vernetzungsanlass online das Thema Onlinenetzwerke aufgegriffen wurde. In einem zweiten Anlass, der Kontakte wieder unter Auflagen zuließ, wurde das Thema Selbstmarketing in den Fokus gerückt.

Der das Projekt und insbesondere die Begleitung der Frauen abschließende Anlass stand unter dem Motto: «Mehr Frauen ins Netz: Wie mittelgroße Unternehmen Frauen für ihr Top Management gewinnen». Er fand in der Deutschschweiz und in reduzierter Fassung in der französischsprachigen Schweiz statt. Der Anlass wurde genutzt, um

- die Projektergebnisse vorzustellen,
- die verschiedenen Beteiligten an der Besetzung von Top-Positionen in mittelgroßen Unternehmen zusammenzubringen – Unternehmensvertreter*innen, Berater*innen und Frauen,
- in Input-Referaten und Workshops Fragestellungen rund um das Thema aufzugreifen.

Das Hauptreferat des Anlasses «Mehr Frauen ins Netz – Einblicke in das Projekt ‹Frauen in VR und GL mittelgroßer Unternehmen – Eine nachhaltige Förderung›» befasste sich mit der Erkenntnis aus dem Projekt, dass es mehr als genug kompetente Frauen gibt. Ebenso wurde im Projekt erarbeitet, inwiefern Diversity ein Thema für mittelgroße Unternehmen (>250 bis 800 Mitarbeitende) ist und wie gut es ihnen gelingt, Verwaltungsrats- oder Geschäftsleitungsmandate mit Frauen zu besetzen. Der Fokus lag auf

den für Besetzungen relevanten Netzwerken. Aufgegriffen wurde die Frage, wie passend
die Netzwerke von Frauen sind, um suchenden Unternehmen «ins Netz» zu gehen, und
was beide Seiten tun können, damit dies gelingt.

Verschiedene Referent*innen stellten Umsetzungsperspektiven zur Förderung der
Zugänglichkeit von Frauen ins Top Management vor:

- Die Pipeline mit mehr Frauen füllen. Wo stehen wir? Wie kommen wir weiter?
- Professionelle Besetzung von Top-Funktionen für mehr Diversity
- Besonderheiten von Frauen an der Schwelle ins Top Management

Workshops gaben Gelegenheit, die Vorgehensweise in der eigenen Besetzungspraxis auf
dem Weg ins Top Management auf den Prüfstand zu stellen:

- Erfahrungen im Karriereschritt in ein VR-Mandat im Kontext von «People & Culture»
- Professionelle Besetzung von Top-Funktionen für mehr Diversity
- Onlineplattformen – Wie gehen Frauen ins Netz?
- Erfahrungen und Ergebnisse aus Netzwerk- und Karrierecoachings für Frauen in VR
  und GL

Daneben wurde Frauen und Unternehmen Raum für ein erstes «Date» gegeben, bei dem
Berater*innen sowie Unternehmen die Pipeline zu ihren «Goldfischteichen» für Top-
Positionen auffüllen und Frauen ihr Netzwerk ausbauen konnten.

Schließlich wurden die Ergebnisse und Erkenntnisse aus dem Projekt in unterschiedlichen Publikationen zusammengestellt, die somit einen wesentlichen Beitrag
zum Wissenstransfer und zum Voranbringen dieses ganzen Themas leisten. In diesem
Zusammenhang will auch das vorliegende Buch zur Verbreitung des Wissens zum
Thema und zur Förderung von Frauen in Geschäftsleitungs- und Verwaltungsratsgremien
beitragen.

4.1.2   Erkenntnisse aus den Interviews und individuellen Coachings

Die Haupterkenntnisse aus den beiden durchgeführten Coaching-Sessions mit den Verwaltungsratsaspirantinnen sind in der Abb. 4.3 illustriert.

Oft war es notwendig, zunächst Unterstützung bei den Motiven, Zielen und ihrer
klaren Formulierung zu bieten, bevor das eigene Netzwerk von den Frauen auch unter
strategischen Gesichtspunkten angegangen werden konnte. An den Ergebnissen orientiert
wurde bestimmt, welche allgemeinen Schwerpunkte in dem Gesamtcoaching durchlaufen werden.

Die Frauen bewerteten die Coachings insgesamt als sehr positiv. Insbesondere die
Schärfung des eigenen Profils und die Entwicklung einer klaren Zielsetzung zzgl.

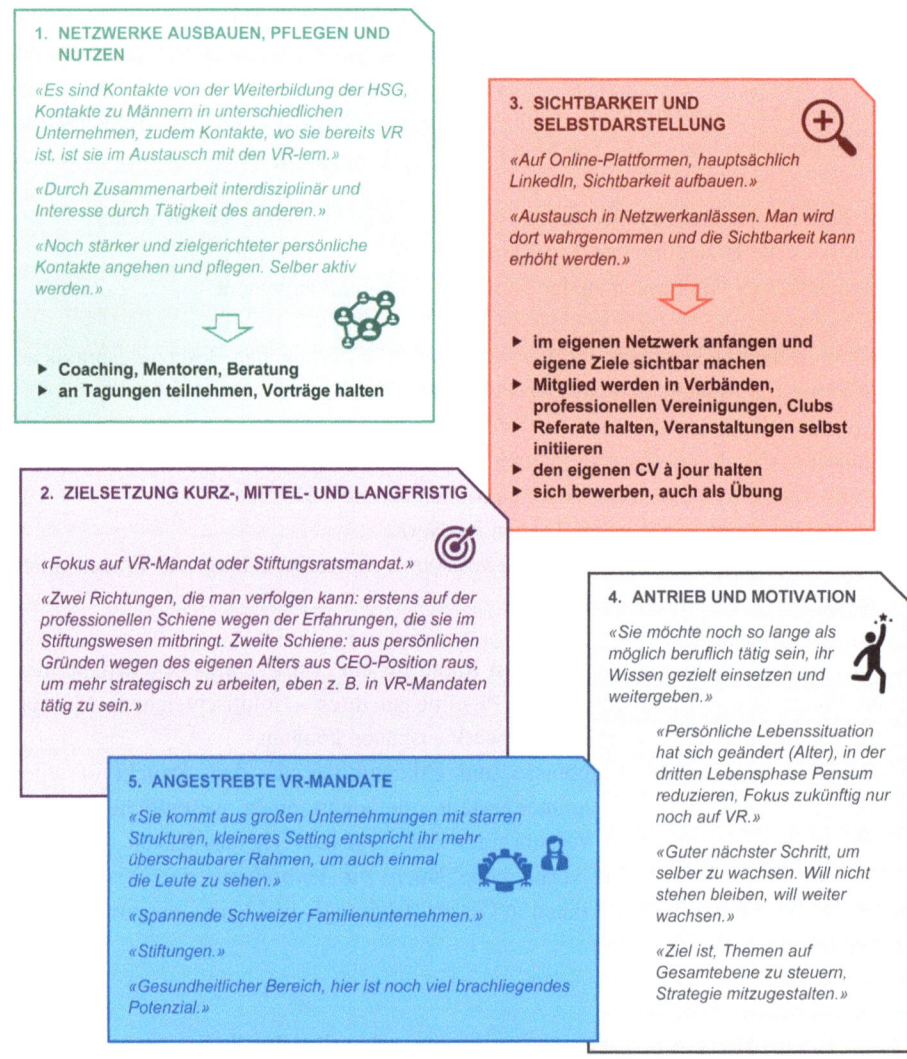

Abb. 4.3 Erkenntnisse aus den beiden Coaching-Runden

Umsetzungsplan und Strategie wurden in den Coachings geleistet und von den Frauen sehr wertgeschätzt.

Einige Rückmeldungen zu den Coachings und ihrer Wirkung sind hier beispielhaft aufgeführt:

- Entdeckung der Ausbaufähigkeit bzw. -potenzials des eigenen Netzwerks mit Hinweis auf diverse «schlummernde» nützliche Kontakte (z. B. von früher) eröffnen den Frauen vielversprechende Optionen.

- Reflektierende Begleitung der Frauen mit definierten Tasks wird als wertvoll wahrgenommen.
- Verbesserung des Selbstvertrauens und Selbstmarketings.
- Entwicklung der öffentlichen Sichtbarkeit via Optimierung des LinkedIn-Profils.
- Optimierung des eigenen Lebenslaufes durch konkrete Rückmeldung zur Wirkung des aktuellen CV. Anhand eines idealtypischen Lebenslaufs spezifisch für Verwaltungsratsmandate wurden den Frauen konkrete Verbesserungspotenziale aufgezeigt.
- Neue Motivation durch die Analyse von Pain-Entwicklungsfeldern mit entsprechenden Handlungsempfehlungen.
- Einordnung der eigenen Kompetenzen und des Entwicklungspotenzials dank Hilfestellungen anhand der vier Personas von Verwaltungsrats-Frauen.
- Darstellung der eigenen Kompetenzen anhand von Situationsbeispielen.
- Teilweise Bewerbungstraining durch Rollenspiel eines Vorstellungsgespräches.
- Teilweises Bedauern, dass die Begleitung nach dem 2. Coaching beendet ist.

In den Coachings selbst wurde folgender Entwicklungsbedarf der Coachees herausgearbeitet:

- Verbesserung der Netzwerkkompetenz, Aufdeckung von schlummernden Netzwerkpotenzialen und Erarbeitung eines Handlungsplans mit konkreten, terminierten Aufgaben und Zielen.
- Aktive Information des Umfeldes über das Interesse an Verwaltungsratsmandaten.
- Aufarbeitung der «internen Saboteure», die die Frauen in ihrem Handeln einschränken und eine mentale Hürde darstellen. Einigen Kandidatinnen half die Arbeit an ihrem Selbstbild und an der Stärkung ihres Selbstvertrauens.
- Relativierung des persönlich aufgesetzten (zeitlichen) Erfolgsdrucks und Erarbeitung realistischer Ziele für die Erlangung des ersten Verwaltungsratsmandates.
- Realistisches Einschätzen der eigenen Ressourcen, insbesondere der zeitlichen Ressourcen für die Übernahme eines Verwaltungsratsmandates.
- Entwickeln einer kurz-, mittel- und langfristigen persönlichen Zielsetzung für die Übernahme von Mandaten.
- Entwickeln einer Strategie zur Erreichung der persönlichen Zielsetzungen.

Auf Basis der Erfahrungen sind außerdem folgende Entwicklungsschritte wichtig:

- CV-Check: Viele CVs der Kandidatinnen wiesen Verbesserungspotenzial hinsichtlich Übersichtlichkeit, Fokus und (zu großem) Umfang auf. Erarbeitung eines spezifischen CVs für Verwaltungsratsmandate.
- LinkedIn-Profil: Optimierung des öffentlichen Auftritts und Verbesserung der Visibilität und der Selbstdarstellung.
- Aktivität auf LinkedIn: Themen besetzen und aktiv mitdiskutieren, Expertise aufbauen und zeigen.

4.1.3 Erfolg von Frauen und dauerhafte Integration

Im Rahmen der ersten Netzwerkerhebung und -analyse wurden die Kontakte der Frauen erfasst (sie bildeten die «Knoten» der Netzwerke) und anhand der beiden Dimensionen «zielführende Kontakte» und «Enge des Austausches» bewertet (um die Beziehungen bzw. «Kanten» im Netzwerk zu charakterisieren).

Die Dimension «zielführender Kontakt» beschreibt dabei, inwiefern Aspirantinnen die jeweiligen Partner als hilfreich für die Erlangung eines Verwaltungsratsmandates erachten. Die «Enge des Austausches» hält fest, wie eng der Kontakt ist.

Bei einer Analyse der Frauen-Profile und ihrer persönlichen Vorgehensweise konnten wir vier Typen von Netzwerkerinnen identifizieren (für weitere Details vgl. hierzu Abschn. 3.2.2, Abb. 3.3):

- Die «Selbstverständlichen Netzwerkerinnen» haben ein großes bestehendes Netzwerk zu mehreren, mehrheitlich relevanten Playergruppen, das sie aktiv und zielstrebig pflegen. Der Bedeutung solcher Kontakte sind sich diese Frauen sehr bewusst. Die «Netzwerkarbeit» fällt ihnen leicht und sie bewegen sich natürlich und wie selbstverständlich in den verschiedenen Gruppen.
- Das Bewusstsein über die Bedeutung der Netzwerke ist bei den «Unentschlossenen Aktivistinnen» durchaus vorhanden, aber sie wissen noch nicht richtig, wie die Netzwerkarbeit am effektivsten und effizientesten stattfinden soll. Die einen zögern, aktiv auf relevante Player zuzugehen, andere trauen es sich nicht zu. Wieder andere verfallen in einen «undifferenzierten» Aktionismus, indem sie alle möglichen Kontakte ohne spezifischen Fokus eingehen.
- Die Gruppe der «Einsteigerinnen/Starterinnen» steht noch ganz am Anfang im Prozess der Erlangung eines Verwaltungsratsmandats oder einer Geschäftsleitungsfunktion. Ihnen fehlt das Wissen, wie sie ihr Netzwerk zielgerichtet aufbauen und welche Player sie in diesem Prozess unterstützen könnten.
- Der Netzwerktyp «Zu Diensten» ist selbstsicher der Meinung, über alle notwendigen Kontakte zu verfügen. Gleichzeitig stellen diese Frauen die verschiedenen Player besonders infrage. Das Hauptproblem sieht diese Gruppe darin, dass sie nicht gesehen und nicht gefunden wird.

Um festzustellen, ob die beiden Coaching-Sessions hinsichtlich der Netzwerke eine sinnvolle Unterstützung dargestellt haben, wurden nach rund einem Jahr die Netzwerke der Frauen ein weiteres Mal erfasst, gesichtet und geclustert. Dies diente dazu, mögliche Muster zu erkennen, wie die Frauen jeweils vorgegangen sind, um ihre Netzwerke zu erweitern und zu nutzen, also ob sie Netzwerkkompetenz entwickelt haben und anwenden können (siehe Abschn. 3.2.4).

Ergänzend zur Sichtung der Entwicklung der individuellen Netzwerke der Aspirantinnen wurden die Frauen bezüglich ihrer persönlichen Entwicklung durch die Coachings befragt. Positive Erwähnung seitens der Frauen fanden die Reflexion der Netzwerke, das strategischere und zielgerichtetere Vorgehen beim Netzwerkausbau sowie die neuen Impulse bei der Karriereberatung. Die Coachings waren für sie auch sehr hilfreich, um sich selbst besser einschätzen und die eigene Visibilität dank gezielterer Selbstvermarktung erhöhen zu können. Kritisch vermerkt wurde, dass der Netzwerkaufbau anspruchsvoll und eine konstante, nie abgeschlossene Aufgabe bleibt.

4.2   Schlusswort

Im «Erfolgsfall» erlangten die Frauen dank der Netzwerkanalyse und den Coachings die Übernahme eines Verwaltungsratsmandats oder einer Geschäftsleitungsfunktion. Während der Projektlaufzeit konnten insgesamt 9 Frauen ihr Ziel erreichen und entweder ein Verwaltungsratsmandat (7-mal) oder eine Geschäftsleitungsfunktion (2-mal) übernehmen.

Bezogen auf die verschiedenen Netzwerktypen lässt sich feststellen, dass die größte «Erfolgsquote» beim Typ «Selbstverständliche Netzwerkerinnen» eingetreten ist. 2 von 3 Kandidatinnen konnten während des Projektes ein Verwaltungsratsmandat erlangen. Erste Erfolge konnten auch bei den «Einsteigerinnen» erzielt werden. 3 Frauen haben ein erstes Verwaltungsratsmandat gefunden und eine weitere Frau konnte eine neue Funktion auf Geschäftsleitungsstufe übernehmen.

Um die Nachhaltigkeit des Projektes und bei der Verbesserung der Diversität in Aufsichtsgremien zu gewährleisten, haben wir ein dauerhaftes Angebot konzipiert, das wir auf der Plattform www.careerdevelopment.ch gemeinsam mit Studienergebnissen und Vernetzungsmöglichkeiten zur Verfügung stellen. Die Abb. 4.4 beschreibt das Angebot inhaltlich.

4.3   Beispiel eines individuellen Karriereverlaufs zu einem Verwaltungsratsmandat

Im Folgenden stellen wir anhand eines individuellen Karriereverlaufes exemplarisch dar, welchen Weg die Frauen, die wir im Verlauf des Projektes begleiten konnten und die mindestens ein Mandat erhalten haben, für die Erlangung dieses Ziels beschritten haben. Wir gehen dabei insbesondere auf ihre Ambitionen, ihre Motivation und ihre Zielsetzungen ein (vgl. Abb. 4.5).

Als ihre Ambitionen beschrieb diese Frau, dass sie an beiden Möglichkeiten interessiert sei, also sowohl an einem Verwaltungsratsmandat als auch an einer Geschäftsleitungsposition, dass dies jedoch abhängig sei vom Unternehmen. Das ideale Verwaltungsratsmandat umfasst für sie einen Fokus auf langfristige, strategische Initiativen. Das Spannende an einer solchen Position sei für sie die Möglichkeit mitzugestalten, das Unternehmen in eine bestimmte Richtung zu bewegen. Auch eine CEO-

Ready soon

Ein Verwaltungsratsmandat könnte ich mir in Zukunft gut vorstellen!

Bringe ich die nötigen Kompetenzen mit?

Was gilt es auf dem Weg zum VR-Mandat zu beachten?

Spezifischer CV für die Zielgruppe der Entscheidungsträger für die Vergabe von VR-Mandaten

Kommunikation und Auftritt auf LinkedIn

Networkingstrategie festlegen

Ready now

Ich bin auf der Suche nach einem Verwaltungsratsmandat!

Welche Ziele sollte ich auf diesem Weg im Auge behalten?

Wie könnte eine zielführende Strategie für mich aussehen?

Welche Branchen/Unternehmen stehen im Fokus?

Selbstvermarktung in Form eines Pitches

LinkedIn-Auftritt optimieren, um Sichtbarkeit als Aspirantin für VR-Mandat zu fördern

Started

Ich habe mein erstes Verwaltungsratsmandat!

Was ändert sich nun in meiner Rolle?

Was war zielführend bei der Erlangung des ersten Mandates? Was lerne ich daraus?

Was sind Dos and Don'ts?

Wie sieht meine weitere Strategie bezüglich VR-Mandaten aus?

Kommunikation der neuen Rolle auf allen Kanälen

Networking pflegen

Baustein «Netzwerkanalyse»

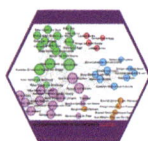

Package «Ready soon»	Package «Ready now»	Package «Started»

- Fragebogen zur Erhebung des individuellen Netzwerks
- Visualisierung des persönlichen Netzwerkes mit Details zur Qualität der Kontakte
- Persönliche Analyse des individuellen Netzwerkes
- Entwicklung einer Strategie zur Ansprache und Intensivierung von bestehenden oder neuen nützlichen Kontakten auf der Suche nach einem VR-Mandat.

Baustein «Coaching & Selfmarketing»

Package «Ready soon»	Package «Ready now»	Package «Started»
Ziel: Was bringt ein VR-Mandat mit sich?	**Ziel:** Klare Zielformulierung für ein VR-Mandat und strategische Ausrichtung auf dem Weg zu einem VR-Mandat	**Ziel:** Erstes VR-Mandat erhalten
• Klärung der Leistungsbereitschaft und Kompetenzen zur Erfüllung eines VR-Mandates	• Analyse des persönlichen Netzwerkes	• Analyse des persönlichen Netzwerkes
• Analyse des persönlichen Netzwerkes	• Kommunikation und Auftritt auf LinkedIn zur Förderung der Sichtbarkeit als Aspirantin für ein VR-Mandat	• Individuelles Coaching zur neuen Rolle
• Herausarbeitung der persönlichen Qualitäten und deren gezielte Kommunikation nach außen	• Selbstvermarktung in Form eines Pitches zur Verbesserung der persönlichen Kommunikationsfähigkeiten	• Selbstvermarktung der neuen Rolle auf allen Kanälen mittels gezielter fokussierter und zielgruppengerechter Kommunikation
• Spezifischer CV für die Zielgruppe der Entscheidungsträger für die Vergabe von VR-Mandaten	• Alle Aktivitäten gezielt auf die Branche/Unternehmen im Zielfokus	

Abb. 4.4 Beratungskonzept und nachhaltiges Angebot zur Förderung. (Eigene Darstellung)

Ambitionen	Motivation	Mittel- bis langfristige Ziele
• Beides, VR- und GL-Positionen • abbhängig vom Unternehmen, in welcher Umgebung • VR-Mandat: Fokus auf langfristige, strategische Initiativen sehr spannend; Möglichkeit, mitzugestalten und Firma in bestimmte Richtung zu bewegen • CEO-Position: eher in kleinerer, mittlerer Firma, wo man mehr Einblick hat (KMU), wo man kulturell mitanpacken und Themen wie New-Work vorantreiben kann	• Guter nächster Schritt, um selber zu wachsen. Will nicht stehen bleiben • Erfahrung und Wissen weitergeben und einbringen • Reiz, zusammen mit einem professionellen Gremium etwas anzureißen; spannend, in einem Team Visionen zu entwickeln, Personen mit auf die Reise zu nehmen (GL: auch kulturell). VR-Positionen dagegen stärker, um Visionen aufzuzeigen, was ist strategisch machbar.	• Noch nicht 100 % entschieden, ob VR oder GL. Aber auch Kombination wäre denkbar. Das eine schließt das andere nicht aus. Unterstützung einer Firma im GL-Bereich, plus VR-Mandat in einem Start-up • GL-Funktion + 1, max. 2 VR-Mandate in kleineren Unternehmen/Start-ups • VR-Mandat eher in kleinerer Firma oder auch Start-up; damit man als VR noch etwas näher dran ist.

Abb. 4.5 Ambitionen, Motivation und Ziele einer der Kandidatinnen. (Eigene Darstellung)

Position sei für sie denkbar, jedoch lieber in einer kleineren, mittleren Firma, wo man mehr Einblick hat und in dem man kulturell mit anpacken und Themen wie New Work vorantreiben könne.

Auf die Frage nach ihrer Motivation, ihrem Antrieb, gab diese Frau – stellvertretend für viele weitere – an, dass dies für sie ein guter nächster Schritt sei, um selber zu wachsen. Sie wolle nicht stehenbleiben in ihrer persönlichen Entwicklung und möchte ihre berufliche Erfahrung und ihr umfangreiches Wissen weitergeben und einbringen. Der Reiz liege darin, zusammen mit einem professionellen Gremium etwas anzureißen. Sie findet es spannend, in einem Team Visionen zu entwickeln und Personen mit auf die Reise zu nehmen, auch kulturell. In einer Verwaltungsratsposition hingegen möchte sie gern Visionen und das strategisch Machbare aufzeigen.

Ob sie sich auf das Ziel eines Verwaltungsratsmandats oder das einer Geschäfts- leitungsposition konzentrieren soll, beschreibt sie als noch nicht zu 100 % entschieden. Aber auch eine Kombination wäre für sie denkbar, das eine schließe das andere nicht aus. Beispielsweise wäre für sie denkbar, einer Firma im Geschäftsleitungsbereich eine Unterstützung zu bieten und parallel dazu ein Verwaltungsratsmandat in einem Start- up anzutreten. Mittel- bzw. langfristig strebt sie an, eine Geschäftsleitungsfunktion und daneben 1–2 Verwaltungsratsmandate in kleineren Unternehmen oder Start-ups zu über- nehmen, damit sie als Verwaltungsrätin noch etwas näher dran ist am Geschäft.

4.4   Gastautorenbeitrag: Gezielte Einflussnahme auf die Förderung von Frauen – ein Aspekt der Diversität (von Astrid Ottiger)

Es ist etliche Jahre her, als ich persönlich und beruflich bereits als Entwicklerin im Human Ressource Management so richtig mit dem Thema Diversität konfrontiert wurde und dachte: «Ach, schon wieder ein neues Thema, das in aller Munde ist und dann schnell wieder verblasst.» Damals ahnten die meisten in der Schweiz nicht, dass größere Bestrebungen dazu folgen würden. Plötzlich nahm nach Jahren die Quoten-Einführung für Großunternehmen so richtig Fahrt auf. Die Menschen fingen allmählich an, darüber nachzudenken und zu sprechen, dass Diversität gerade durch Frauen in höheren Funktionen wirklich positive Effekte erzeugen kann. Zugegeben, auch ich befasste mich erst ab diesem Zeitpunkt eingehend mit dem Thema – das ja eigentlich kein neues Thema ist. Denn schaut man zurück in die Geschichte, so waren Diversität und Gleichstellung schon immer wichtig, vielleicht hat man sie einfach als selbstverständlich gesehen, sicherlich anders benannt und sich vermutlich nicht so eingehend damit auseinandergesetzt.

Doch was bedeutet das konkret für die «gezielte» Einflussnahme auf die Förderung von Frauen und Diversität? Dies wird nachfolgend praktisch dargestellt. Es handelt sich vorwiegend um Beobachtungen und Ergebnisse aus diversen Coachings mit Frauen im Rahmen des Projektes der OST – Ostschweizer Fachhochschule (vgl. Abschn. 4.1.1).

4.4.1   Auswahl der Coachees und Überblick über den Coaching-Prozess

Für die Auswahl der Teilnehmerinnen wurden zunächst Kriterien definiert, um sicherzustellen, dass man die richtige Zielgruppe anspricht. Als Coachee kamen Frauen infrage, die:

- Erfahrungen aus mittelgroßen, Mittel- oder Kleinbetrieben aufweisen,
- eine hochrangige Fach- oder Führungsfunktion einnehmen,
- einige Jahre Berufserfahrung mitbringen,
- international oder national tätig sind,
- aus verschiedenen Branchen kommen
- und motiviert und interessiert an Mandaten des VR bzw. Geschäftsleitungsfunktionen sind.

Mit 31 Interessentinnen wurden Erstinterviews geführt, in denen sich die Vorauswahl bestätigte. Ihre Netzwerke wurden erhoben. Mit den Verwaltungsrats-Aspirantinnen wurden dann zwei Coachings zu jeweils 1,5 h durchgeführt. Die erste Coachingphase lag im Zeitraum zwischen September und November 2020 und diente dazu, das eigene bestehende Netzwerk zu analysieren und zu reflektieren. Das zweite Coaching mit Themen wie CV-Analyse, Reflexion der Personas oder Arbeiten an persönlichen Themen fand zwischen März und Mai 2021 statt. Nach Abschluss der Coachings wurden in einer zweiten Onlinebefragung, an der 19 Aspirantinnen teilnahmen, erneut deren Netzwerke erhoben, um einen Einblick über ihre Weiterentwicklung zu erhalten.

4.4.2   Inhalte der Coachings

Eines der Themen des ersten Coachings war die Reflexion des eigenen Netzwerks. Zu diesem Zweck wurde über einen Fragebogen mittels qualitativer und quantitativer Befragung als individuelle Vorbereitungsarbeit das Netzwerk der Coachees erfasst. Während des Coachings entstand für jede Frau anhand dieser Angaben ein aufschlussreiches Spider-Web-Diagramm, das im Anschluss gemeinsam für sich genommen und in Vergleich zum Netzwerk der Player analysiert wurde (vgl. Abschn. 3.2, Abb. 3.5 bis 3.10). Es wurden Ziele und Handlungsschritte für die eigene Weiterentwicklung abgeleitet.

Fragestellungen, um den Reflexionsprozess in Gang zu setzen, waren z. B. folgende:

1. Inwiefern empfinden die Coachees ihr Netzwerk als geeignet im Hinblick auf bedeutsame Kontakte?
   Was fehlt noch, damit es zum «optimalen Netzwerk» wird?
2. Inwiefern betrachten die Coachees ihr Netzwerk als passend im Hinblick auf die Enge der Kontakte?
   Was fehlt noch, damit es zum «optimalen Netzwerk» wird?

In der Netzwerkerfassung war auch eine subjektive Einschätzung zur Wichtigkeit und Intensität der eigenen Kontakte eingefordert worden, was genauso zum Gegenstand der Reflexion gemacht wurde.

Ein weiterer Bestandteil der Coachings war die Schärfung der USP der Coachees.

Ausgehend von einer Sammlung der Coachees, was bisher ihre persönliche Unique Selling Proposition (USP) und Erfolge ausmacht, wurden die Personas (vgl. Abschn. 3.1, Abb. 3.1) genutzt, um die Zielbilder zu schärfen, aber auch um Parallelen zum bestehenden und erforderlichen Netzwerkverhalten zu erörtern. Diese Schärfung verfolgte das Ziel, das Selbst der Coachees bezogen auf die definierten Zielsetzungen im Detail zu beleuchten und mögliche Handlungsschritte daraus abzuleiten sowie deren Umsetzung sicherzustellen.

Nach einer 3- bis 4-monatigen Transfer- und Selbstreflexionsphase mit möglichst konkreten, auf das Netzwerk gerichteten Aktivitäten wurde in einem nächsten Schritt eine vertieftere individuelle Netzwerk-Analyse vorgenommen und eine gezielte Optimierungsstrategie angegangen. Die systematische Visualisierung des eigenen Netzwerkes regte in der Retrospektive noch einmal in besonderer Weise zum Nachdenken an.

Beispielsweise zeigte die Analyse auf, dass in den Netzwerken die privaten und geschäft-lichen Kontakte stark miteinander verschmolzen sind. Des Weiteren wurde deutlich, dass ein frühzeitiger Netzwerkaufbau für eine spätere Karriere sehr unterstützend sein kann. Ferner ergab sich, dass die Visualisierung eines Netzwerkes zu erkennen hilft, wo bestehende Kontakte vorhanden sind, wo die Vernetzung intensiviert werden kann und wo man vielleicht den Fokus Richtung Zielbild beibehalten kann. Abschließend wurde ein Zeitstrahl mit Aktivitäten erarbeitet, um die Nachhaltigkeit der Umsetzung bei den Coachees zu sichern.

Bei einigen Coachees wurde im Rahmen des ersten Coachings ein zusätzlicher Bedarf der CV-Analyse erkennbar. Entsprechend hatten sie die Möglichkeit erhalten, mir als Coach ihren CV vor dem Gespräch zu überlassen. Für die Bearbeitung des CVs wurde zusammen mit der Coachee die USP für den individuellen Elevator Pitch sowie für einen One Pager ausgearbeitet. Die detaillierte CV-Analyse ergab Optimierungsbedarf hinsichtlich Fotoauswahl, Layout, inhaltlichem Fokus, Aufbau einer sinnvollen chrono-logischen Abfolge, Erwähnung der eigenen Kernkompetenzen, Erörterung der einzelnen Schritte, Visualisierung etc. Es war trotz der hohen Kompetenz der Frauen wichtig, noch-mals die Bedeutung eines professionell gestalteten CVs als Teil des eigenen Marketings herauszuarbeiten und die daraus erworbenen Erkenntnisse für das weitere Eigen-marketing zu nutzen.

Bei einigen Coachings kam das Modell des «Inneren Teams» (Schulz von Thun Institut, o. J.) zur Anwendung, wo sich wiederholt ähnliche Aspekte herauskristallisierten, die die nächsten Entwicklungsschritte begünstigen oder hemmen könnten. Gemeinsam konnte erkannt werden, was die eigenen Denk- und Verhaltensweisen prägt, sodass z. B. Selbstzweifel, Unsicherheiten, die Außenwirkung der Personen oder das eigene Können, Wissen und Verhalten thematisiert wurden.

Die Arbeit mit den Coachees bestand dann darin, gemeinsam an den angeeigneten «Glaubenssätzen» oder Mustern zu arbeiten, um die vorhandenen Ressourcen zu eruieren, zu aktivieren und freizusetzen, damit nächste Entwicklungsschritte möglich werden.

Genauso wie die Anliegen waren das individuelle Arbeiten mit jeder einzelnen Person und den für sie geeigneten Methoden vielfältig, um dem Ziel eines VR- oder GL-Mandats Schritt für Schritt näherzukommen.

4.4.3   Relevanz verschiedener Merkmale aus Sicht der Coachees

Im Rahmen der zweiten Netzwerkerhebung wurden auch die Erfahrungen der Coachees im Hinblick auf für VR-Mandate relevante Merkmale von Kandidat*innen erfasst. Viele von ihnen als relevant erachteten Merkmale sehen die Kandidat*innen bei sich als gut gegeben. Hierzu zählen Sorgfalt & Gewissenhaftigkeit, Loyalität, Veränderungsbereit-schaft, Eigeninitiative, Reflexionsfähigkeit, Empathie, Hilfsbereitschaft und Fürsorglich-keit. Als außerordentlich wichtig betrachten die Coachees Gestaltungswille und Freiraum sowie Zusammenarbeit.

Zwar als wichtig, aber mit Blick auf die eigene Person als weniger gegeben, betrachten sie Selbstmarketing, Präsentationstechniken, Selbstbewusstsein und Selbstsicherheit sowie Netzwerkauf- und -ausbau.

Interessanterweise halten die Befragten einen Führungsanspruch nicht für ein «Must»-Kriterium für die Übernahme eines VR- oder GL-Mandats. Den Aspirantinnen ist bewusst, dass für ein solches Mandat fachliche und disziplinarische Führung einen großen Teil des Aufgabengebietes einnimmt, dem viel Beachtung zu schenken ist, und sie sind auch bereit, diese Rolle zu übernehmen. Allerdings empfinden die Befragten die Zusammenarbeit und das Unterlassen von Einzelkämpfertum als wesentliche Erfolgs-faktoren für das Erfüllen der Aufgaben eines Mandats. Ganz ausgeprägt zeigt sich bei den Coachees durchwegs die hohe Werteorientiertheit, die für sie wegweisend ist, um eine erfolgreiche Leistungserbringung zu ermöglichen und zielführend zu sein.

4.4.4   Mögliche Stellhebel für eigene Veränderung

Nachfolgend soll beleuchtet werden, welche möglichen Stellhebel und Handlungs-möglichkeiten die Coachees bei sich selbst sehen, um sich weiterentwickeln und ver-antwortungsvolle Funktionen übernehmen zu können.

In ihrer Reflexionsarbeit nannten die Coachees mögliche allgemeine Hemmfaktoren, denen sie bisher auf ihren Karrierewegen begegnet sind. Da sich diese auf ein Wollen, Können, aber auch Dürfen beziehen, liegen nicht alle Hemmfaktoren im eigenen Ein-flussbereich. Abschn. 6.1 bietet ein Toolset, wie Frauen ausgewählte Hemmnisse reduzieren können, die im eigenen Einflussbereich der Frauen liegen. In Abschn. 6.2 werden ausgewählte Maßnahmen geboten, die im Einflussbereich der Unternehmen liegen, um Hemmnisse zu reduzieren.

Tab. 4.1 benennt Ansatzpunkte für die eigene Veränderung und mögliche Maßnahmen, durch wen oder wie Unterstützung beansprucht werden kann. Auch hier gibt es unzählige Möglichkeiten und Anbieter – dies sind nur Beispiele, die genutzt werden können und es besteht kein Anspruch auf Vollständigkeit.

Tab. 4.1 Stellhebel für eigene Veränderung

Ansatzpunkte	Unterstützende Angebote und Möglichkeiten
Hemmschuh Karriereplanung und -Strategie	
Erstellung einer frühzeitigen Laufbahnplanung	Onlineassessment Coaching
Stetige Auseinandersetzung mit den notwendigen fachlichen Voraussetzungen; Kompetenzen, Qualifikationen	Literatur Coaching, Weiterbildungen
Zweiter Karriereweg – nach Familienplanung	Beratung Coaching
Erstellung eines Zielbildes oder Karriereplans	Onlineassessment Coaching
Erarbeitung eines professionellen CV	Beratung
Hemmschuh Netzwerke	
Suche eines Mentors oder Teilnahme an einem Mentoringprogramm	Mentoringprogramm
Frühzeitiger Auf- und Ausbau eines zielführenden eigenen Netzwerkes (z.B. Frauen-/Männer oder gemischte Netzwerke)	Netzwerke
Hemmschuh Selbstsicherheit	
Frühzeitige Auseinandersetzung mit den eigenen Denk- und Verhaltensweisen – am eigenen Mindset und an den Werten arbeiten	Coaching
Erhebung einer Potenzialanalyse	Onlineassessment Coaching
Arbeiten an der Durchsetzungs- und Willenskraft	Coaching Podcast
Hemmschuh Kommunikation, Sichtbarkeit, Exposition	
Auseinandersetzung mit dem eigenen Selbstmarketing	Coaching Training
Auseinandersetzung mit der eigenen Kommunikation (Auftritt und Wirkung)	Training Podcast
Auseinandersetzung mit dem Thema «Mut»	Coaching Podcast
Überall, wo zielführend, über sein Interesse reden und sich aktiv verkaufen	Persönliche Netzwerke
Erarbeitung eines gezielten Social-Media-Auftritts (z. B. LinkedIn)	Beratung Training
Sichtbarkeit zeigen – auf diversen Kanälen präsent sein	Netzwerke/Social Media
Hemmschuh «Readiness»	
Agil sein, flexibel bleiben und Geduld haben	Literatur

Literatur

Bischof, N. (2017). Wie werde ich glücklich im Beruf? – Visualisierungstechniken im Karriere-coaching. *Praxis Kommunikation, 02,* 46–48.

Schulz von Thun Institut. (o. J.). *das Innere Team.* https://www.schulz-von-thun.de/die-modelle/das-innere-team. Zugegriffen: 26. Apr. 2023.

Weiterführende Literatur

Agarwal, S., Qian, W., Reeb, D. M., & Sing, T. F. (2016). Playing the boys game: Golf Buddies and board diversity. *American Economic Review, 106,* 272–276.

Cornils, D., Mucha, A., & Rastetter, D. (2014). Mikropolitisches Kompetenzmodell. *Organisations-beratung, Supervision, Coaching, 21*(1), 3–19.

Derks, B., Van Laar, C., & Ellemers, N. (2016). The queen bee phenomenon: Why women leaders distance themselves from junior women. *The Leadership Quarterly, 27*(3), 456–469.

Faniko, K., Ellemers, N., & Derks, B. (2021). The Queen Bee phenomenon in Academia 15 years after: Does it still exist, and if so, why? *British Journal of Social Psychology, 60*(2), 383–399.

Gibson, D. E., & Cordova, D. I. (1999). Women's and men's role models: The importance of exemplars. In A. J. Murrell, F. J. Crosby, & R. J. Ely (Hrsg.), *Mentoring dilemmas: Developmental relationships within multicultural organizations* (S. 121–141). Lawrence Erlbaum Associates Inc.

Kirsch, A. (2018). The gender composition of corporate boards: A review and research agenda. *The Leadership Quarterly, 29,* 346–364.

Rioult, C. (2016). *Gender Diversity in der Unternehmensführung.* Dissertation, Universität St. Gallen. Dike.

Fazit, Maßnahmen und Ausblick zu Frauen in VR-, Board- und Top-Management-Positionen

5

Zusammenfassung

In diesem Buch haben wir die Erkenntnisse aus dem Projekt «Frauen in VR und GL mittelgroßer Unternehmen – Eine nachhaltige Förderung» mit seinen praktischen Aktivitäten und verbundenen Studien rund um die Themen Besetzung von VR- und CEO-Positionen, Bedeutung von Diversity und Weiterentwicklung von Netzwerken vorgestellt.

Ausgehend von Einschätzungen der Player und Unternehmensvertreter, den Erfahrungen aufseiten der Frauen sowie bestehenden Tendenzen stellen wir in diesem Kapitel unsere Erwartungen im Hinblick auf die Weiterentwicklung des Themas und unsere Überlegungen zu Aktivitäten einer möglichen Einflussnahme dar.

Entsprechend zieht das Kapitel ein Fazit mit Blick auf die Angebots- und Nachfrageseite in der Besetzung von VR- und GL-Mandaten, begründet die in Kap. 6 dargestellten Maßnahmen und formuliert darüber hinaus gehende Empfehlungen zur weiteren Förderung von (Geschlechter-)Diversität in Verwaltungsräten und Geschäftsleitungen mittelgroßer Unternehmen.

5.1 Mehr Frauen in den Verwaltungsrat und die Geschäftsleitung von mittelgroßen Unternehmen – ein Dauerbrenner

Die Fragestellung, wie der Frauenanteil in Boards erhöht werden kann, ist ein Dauerbrenner. Sie erfährt aktuell zusätzliche Aufmerksamkeit und sie polarisiert bisweilen. Die Intensität der Diskussion wird beispielsweise an der Frage einer Quote deutlich. So hatten in einem weiteren unserer Projekte zu Frauen und Führung alle Interviewpartner das Bedürfnis, sich gegenüber einer möglichen Frauenquote zu positionieren – ohne dass wir dies verlangt oder überhaupt dazu etwas gesagt hatten.

Die Schweizer Politik hat sich gegen eine verbindliche Quote entschieden und einen sogenannten «Geschlechterrichtwert» eingeführt. Er sieht vor, dass börsenkotierte Großunternehmen in der Schweiz künftig Unterschreitungen eines relativen Anteils von 30 % Frauen in Verwaltungsräten und 20 % in Geschäftsleitungen begründen müssen, und gilt aber nicht für die in diesem Buch im Vordergrund stehenden mittelgroßen Unternehmen.

Auch wenn seitens der Großunternehmen dieser Wert bereits nahezu erreicht wurde, was als Erfolg zu verbuchen ist, sollte dies in Anbetracht von Erfahrungen aus dem Ausland (Erkal et al., 2021) nicht zum Anlass genommen werden, sich zurückzulehnen. Es ist nicht davon auszugehen, dass aus Eigeninitiative mehr getan werden wird, als den politisch gewollten Wert zu erreichen. So stellt sich die Situation in mittelgroßen Unternehmen tatsächlich weniger positiv dar (Imfeld, 2023), sind Ausstrahlungseffekte auf andere Gremien oder das Top Management keine Automatismen und ist die Frage nach einer tiefer gehenden als «lediglich» geschlechtsbezogenen Diversität offen.

Es erstaunt nicht, dass die Krise der Großbank Crédit Suisse Anfang 2023 unmittelbar zum Anlass genommen wird, einmal mehr den Sinn einer Frauenbeteiligung in Boards zu hinterfragen. So titelte angesichts des frauendominierten Verwaltungsratsgremiums beispielsweise unmittelbar eine Gratiszeitung: «Auch nicht besser als die Männer» (Urech, 2023).

Hieran lässt sich die Frage anknüpfen, weshalb die Beteiligung von Frauen überhaupt erst dann als gerechtfertigt erscheint, wenn sie zu besseren Ergebnissen führt. Legitimiert erst ein «Besser-Sein» Frauen zu Führungskräften? Die wissenschaftliche Auseinandersetzung zur Förderung von Frauen in (hohe) Führungspositionen beschäftigt sich immer wieder mit einem möglichen Mehrwert, der durch einen höheren Frauenanteil entstehen könnte.

Auch im Rahmen unseres Projektes haben wir die Frage nach dem Nutzen von Diversität aufgegriffen. Wichtig ist, zwei Gedanken zu trennen: So sollte es zunächst genügen, dass Menschen unabhängig von ihrem Geschlecht Möglichkeiten der Einflussnahme und Gestaltung erhalten – auch wenn sie nur zu gleich guten Ergebnissen beitragen und nicht zu besseren. Gleichwohl kann eine perspektiven- oder kompetenzbezogene Vielfalt unabhängig vom Geschlecht etwas Anderes und gegebenenfalls bessere Ergebnisse hervorbringen.

Die dann in den Vordergrund tretende Fragestellung ist, inwiefern die Voraussetzungen für eine solche Heterogenität in Verwaltungsratsgremien und Geschäftsleitungen bereits bestehen oder verbessert werden können, damit die mit ihr verbundene Hoffnung nicht enttäuscht wird. Es darf wohl angenommen werden, dass unabhängig vom Geschlecht Menschen mit vom Üblichen abweichenden Perspektiven, Einschätzungen und Verhaltensweisen einen schwereren Stand haben als jene, die bestehenden Mustern entsprechen.

Da dieses Phänomen am Geschlechtsunterschied sehr viel besser sichtbar wird, lässt sich Gender-Diversität gewissermaßen als Kristallisationspunkt für die Frage nutzen, wie die Besetzung und Integration des «Anderen» in Boards funktioniert und wo sich Möglichkeiten der Weiterentwicklung ausmachen lassen.

Neben dem Wunsch, aus Gründen der Gleichstellung tatsächlich den Weg für Frauen zu ebnen, ist auch die Förderung von Vielfalt auf einem tiefergehenden Level ein Anliegen unserer Darstellungen. Zu diesem Zweck haben wir zunächst einen Blick auf die Besetzungspraxis geworfen, die Frage der Diversity bzw. Vielfalt in Boards vertieft, sind auf Netzwerke eingegangen, aus denen sich Boards «erneuern», und haben Vorschläge abgeleitet, wie es gelingen kann, dass Vielfalt und Boards sich treffen.

Kap. 1 und 2 dienten dazu, die Praxis in der Besetzung von Boardfunktionen zu erfassen und eine Unternehmensperspektive einzunehmen. In Kap. 3 und 4 wurde die Perspektive auf die Frauen gelenkt, die sich in Boardfunktionen aufhalten bzw. daran interessiert sind.

5.1.1   Fazit bezogen auf bestehende und alternative Vorgehensweisen in der Besetzung von Funktionen im VR und der GL

In Kap. 1 bestätigte sich, dass die Vorgehensweise bei der Besetzung von Board-Funktionen und ganz besonders von Verwaltungsratsmandaten in mittelgroßen Unternehmen sehr stark an bestehenden Netzwerken orientiert stattfindet.

Anders ausgedrückt sucht man den Schlüssel dort, wo aktuell das Licht hinfällt, und weniger dort, wo er tatsächlich liegen könnte (Watzlawick, 2009). Die Genderproblematik reicht dabei so weit, dass auch das HR in seiner Bedeutung nicht ausreichend anerkannt oder aufgebaut wird – und damit eine wesentliche Kompetenz fehlt, um sich als Board im Hinblick auf die Besetzung und Vielfalt weiterzuentwickeln. Tendenzen der Homophilie sind deutlich zu spüren – falls nicht bereits zum Zeitpunkt der Auswahl, dann oft im Zuge einer Integration, die eher eine Anpassungsleistung bzw. Assimilation verlangt. Beispielsweise berichtete eine Teilnehmerin, dass eine Freundin ein VR-Mandat übernommen habe und bereits nach zwei Jahren wieder ausgetauscht war.

Viele Unternehmen wollen sich nach eigener Aussage für mehr Frauen in Boards einsetzen, wie in Kap. 2 deutlich wurde. Das Verständnis von Diversity bezieht sich aber bei Verwaltungsratsgremien primär auf die spezifischen, als unterschiedlich wertvoll eingeschätzten Fachkenntnisse. Merkmale wie Geschlecht oder Haltungen sind dabei weniger im Blick.

Einen größeren Pool möglicher Kandidat*innen und den Zugang zu den Netzwerken weiblicher Personen zu haben, zieht sich wie ein roter Faden als Hauptmotivation durch die Begründungen für das Interesse an der zunehmenden Berücksichtigung von Frauen.

Schlüssig ist dann, dass die Verantwortlichen eine fehlende «Sichtbarkeit» geeigneter Frauen beklagen. Dies liegt zum einen an den bestehenden, wenig optimalen Suchstrategien, zum anderen am Festhalten am bestehenden Rekrutierungsmuster und «Schablonen» für in Frage kommende Kandidat*innen. Auffällig ist trotz der in Kap. 1 herausgearbeiteten Schwächen in den eigenen Vorgehensweisen einerseits und der zugewiesenen hohen Bedeutung einer hohen Qualität in der Besetzung (Kap. 2) andererseits die hohe Zufriedenheit mit den eigenen Vorgehensweisen.

Die Auswahlkriterien für VR aus Sicht der Unternehmensvertreter unterscheiden sich von jenen der anderen Player, indem sie nur teilweise das widerspiegeln, was aus Sicht der Player gefordert wäre. So ist für VR, VRP und Geschäftsführende die Führungserfahrung auf C-Level das wichtigste Auswahlkriterium. Mit Blick auf die Gesamthandlungsfähigkeit in einem VR-Gremium war dies seitens der Player als weniger wichtig eingeschätzt worden. Möglicherweise verbirgt sich hinter dem Auswahlkriterium der Führungserfahrung auf Top-Level die auch in Interviews immer wieder genannte «Boardreadiness» in Form des richtigen «Stallgeruchs», die «ähnlich tickende» Personen schnell identifizierbar macht.

Ob die Reproduktion bestehender Muster und Schablonen stets die günstigste Form für die Besetzung von Boards darstellt, ist fraglich. Sicher ist sie eine, die effizientes Funktionieren ermöglicht. Möglicherweise liegt aber genau hier das Problem, das zu Versagen führen kann – etwa wie im Falle der Crédit Suisse. Dabei geht es nicht nur um bestehende Muster bzw. Schemata innerhalb eines Verwaltungsratsgremiums, sondern auch um das Verhältnis zwischen VR und Geschäftsleitung: die Geringschätzung von alternativen Mustern oder Frauen in einem Verwaltungsratsgremium durch einen Executive-Männerclub wird mit hoher Wahrscheinlichkeit dazu führen, dass das Gremium zu wenig ernst genommen wird. Dies stellt ein generelles Risiko dar, wenn zwar das eine Gremium seinen Frauenanteil steigern kann, das andere aber nicht. Ein Spillover-Effekt ist eben nicht zu erwarten.

Genauso wenig reicht Gendervielfalt allein, um ein anderes Zusammenwirken zu entwickeln. Die bestehenden Vorgehensweisen und Auswahlkriterien in der Zusammensetzung von z. B. Verwaltungsratsgremien spielen Frauen vor allem dann nicht in die Hände, solange sie sich nicht an sie angepasst haben oder gar die Verhaltensmuster des (ehemaligen) Männergremiums replizieren.

Eine solche Uniformität wird allgemein auf ihre Zukunftstauglichkeit hin diskutiert und eine Änderung des Selbstverständnisses des Verwaltungsratsgremiums seit einiger Zeit gefordert. Kritisiert wird, dass die Strategie- und Unternehmensentwicklung bisher zu sehr hinten anstehen und dass die Monitoringrolle zu sehr dominiere (Srinivasan, 2019; Handelszeitung, 2023).

Hervorzuheben ist, dass im Unterschied zum Blick auf «harte Qualifikationen» Frauen beim Blick auf relevante Kompetenzen für Boards generell als den Männern ebenbürtig bewertet werden. Es ist davon auszugehen, dass es auch der Effektivität oder Komplexitätsbewältigung nutzen würde, mehr auf Kompetenzen und Perspektivenvielfalt zu setzen – einem tiefergehenden Verständnis von Diversity folgend.

Für eine entsprechende Änderung des bestehenden Besetzungsverhaltens fehlt es allerdings bisweilen an Bewusstsein für bestehende Schwächen, wie sich die Suche und Auswahl anpassen ließe, um mehr Frauen bzw. alternative Profile für Boards zu gewinnen. Generell erstaunt, dass es zu Kompetenzen jenseits der Anforderungen, die sich aus rechtlich festgelegten Aufgaben für das Gremium ergeben, eher wenig Vorarbeiten gibt. Kap. 3 enthält daher einen Vorschlag zu möglichen Kompetenzen, die im Gesamtgremium vorhanden sein sollten.

5.1.2 Fazit bezogen auf Frauen auf dem Weg in VR und GL

Deutlich wurde in Kap. 3, dass Frauen unterschiedliche Erfahrungen auf dem Weg in Boards machen und sich zwischen individuellen Vorstellungen und Möglichkeiten sowie ihrem Kontext positionieren bzw. entwickeln.

Mit Blick auf die Frauen, die in Boards streben, lassen sich basierend auf den Darstellungen der Player dennoch Regelmäßigkeiten ausmachen. Es wurden z. B. Personas entwickelt, deren zugehörige Ist-Typen sich einen eher männlichen Board-Habitus angewöhnen, als auch Frauen, die ein eigenes Selbstverständnis ausstrahlen.

In Interviews mit den Frauen in den nachfolgenden Netzwerkanalysen stellten sich die Ziele und Motivationen gar nicht weniger Frauen zunächst als unerwartet vage dar. Eine mögliche Erklärung liegt in den bereits bekannten Unterschieden im Karriereverhalten von Männern und Frauen. Viele Frauen sind in der Darstellung der eigenen Wünsche und Ambitionen eher zurückhaltend und folgen oft – gewollt oder ungewollt – flexibleren, oftmals stärker selbstgesteuerten Karrierewegen, die sich erst nach und nach konstruieren und immer wieder Re-Orientierung abverlangen. Eine größere Zielklarheit bereits zu einem frühen Zeitpunkt zu erreichen, legt daher eine wichtige Basis für ein strategischeres Handeln im Hinblick auf die eigenen Netzwerke.

Damit sich Frauen in der heute vorzufindenden Besetzungspraxis besser behaupten können, wurde von uns eine Vorgehensweise zur Steigerung der Netzwerkkompetenz entwickelt. Sie sieht zum einen die Erfassung und Weiterentwicklung des eigenen Netzwerks vor und zielt ergänzend auf die Stärkung seiner strategischen Nutzung und der Art und Weise, sich in dem Netzwerk zu bewegen.

Kap. 4 stellt dar, wie Netzwerkcoachings gestaltet werden und dazu beitragen können, sich in der aktuellen Besetzungslandschaft besser zu bewegen. Die angebotenen Projektaktivitäten der Netzwerkanalyse und der Coachings sowie der Vernetzungsanlässe wurden positiv bis sehr positiv bewertet. Am wichtigsten sind die Reflexion der eigenen Netzwerke, Impulse zur Gestaltung des Netzwerkausbaus und die Stärkung seiner Nutzung. Während der Projektlaufzeit konnten zahlreiche Frauen ein Verwaltungsratsmandat oder eine Geschäftsleitungsfunktion übernehmen. Auch würden sich einige der beteiligten Frauen mehr Sichtbarkeit z. B. auf einer Plattform wünschen. Da bereits entsprechende Plattformen (online oder auch print) existieren, standen diese jedoch nicht im Projektfokus.

Das Thema der Sichtbarkeit wurde bereits von den Playern und wird erneut hier von-seiten der Frauen aufgebracht, möglicherweise aber unterschiedlich verstanden. Einige der Frauen wären gerne sichtbarer gemacht worden. Seitens der Player wurde kritisiert, dass Frauen zu sehr auf ihre «Entdeckung» warteten. Unternehmen fehlt es dabei vor allem an Sichtbarkeit entlang ihrer bestehenden Vorgehensweisen und Muster in der Aus-wahl und Besetzung. Der Aspekt der «Sichtbarkeit» umfasst folgende Punkte:

1. Kandidatinnen halten sich bereits in den richtigen Kreisen auf
2. «Harte Qualifikationen» wie vorausgehende Funktionen sind zentral
3. Ein boardgemäßes, geeignetes «Vermarkten» der eigenen Person

Projektfokus war daher, Frauen darin zu unterstützen, sich selbst angesichts bestehender Suchstrategien der Player bzw. Unternehmen sichtbarer zu machen.

5.2   Maßnahmen

In Abschn. 6.1 werden weitere Maßnahmen vorgeschlagen, wie sich Frauen an die bestehende Situation und Unternehmenspraxis besser anpassen bzw. sich in ihr besser bewegen können. Dies wird aber nur teilweise nützen. Wichtig ist genauso, dass die Unternehmen einen Schritt auf die Frauen zumachen und nicht – trotz der bekannten Schwächen – an der bestehenden Praxis festhalten.

Mit Blick auf die Zukunft wird es aber auch darum gehen, die bestehenden Besetzungsstrategien zu verändern. Dies sowohl mit dem Zweck, dass sich Frauen und Unternehmen besser finden, als auch, dass Unternehmen ihre Boards anders zusammen-stellen und ihr Zusammenwirken weiterentwickeln.

In Abschn. 6.2 werden daher Maßnahmen vorgeschlagen, die die Unternehmen dabei unterstützen können, ganz besonders auch, wenn es ihnen um eine Deep-Level Diversity geht und darum, eine größere Vielfalt an Charakteren, Perspektiven und Kompetenzen in Boards zu holen. Es geht um andere Vorgehensweisen in der Selektion von Kandidat*innen. Vorgeschlagen werden andere Auswahlkriterien, um den Fokus von objektiven und ggf. zu sehr vereinfachenden Qualifikationen auf Kompetenzen zu lenken. Ein gut dafür geeignetes «Vehikel» können bisher Assessments sein.

Des Weiteren wird ein Coachingprozess vorgeschlagen, der es erlauben soll, zusammen mit neuen Kandidat*innen einen kulturellen Wandel zu initiieren. Eine Ver-änderung der «Boardroom-Kultur» kann dabei helfen, neue Kandidat*innen besser zu integrieren, und trägt dazu bei, als Board eine andere Art des Zusammenwirkens zu entwickeln. Dabei geht es darum zu erfassen, welche Kultur bisher herrscht, welche Stimmen gehört werden und welche eher nicht, wie das Gremium geführt wird und wovon die Zusammenarbeit mit anderen Gremien und Personen geprägt ist.

5.3 Ausblick

Immer wieder machen Zahlen die Runde, wonach um die 80 % der Verwaltungsrats-mandate via persönliches Beziehungsnetz vermittelt werden. Für mittelgroße Unternehmen spielen unmittelbare berufliche und private Kontakte eine noch größere Rolle, aus denen heraus rekrutiert wird.

Aus Sicht der verfügbaren Talente aus mittelgroßen Unternehmen bleiben zu viele von ihnen unerkannt und erfahren eine zu geringe Entwicklung.

Als ursächlich sind insbesondere zwei Aspekte relevant.

1. Mittelgroßen Unternehmen fehlen oft die Ressourcen und die fachliche Kompetenz, um systematische Suchstrategien zu entwickeln und sie zu unterhalten. Sie sind infolgedessen gezwungen, noch mehr als größere Unternehmen auf eine Suche im eigenen Netzwerk zu setzen oder Angebote zu nutzen, die nicht auf ihre Größe abgestimmt sind.
2. Des Weiteren fehlt es oft an dem erforderlichen Wissen und an den Möglichkeiten, um Talente in ihrer Größenklasse systematisch zu entwickeln und sie im Sinne einer Führungspipeline immer wieder verfügbar zu machen.

Hilfreich ist daher, mittelgroße Unternehmen darin zu unterstützen, die Talente aus den «eigenen Reihen» entlang ihrer Kompetenzen sichtbar zu machen sowie ihre Verfügbarkeit im Sinne einer «Talentpipeline» nachhaltig zu gewährleisten.

5.3.1 Sichtbarkeit von Talenten der mittelgroßen Unternehmen entlang ihrer Kompetenzen

In den Interviews der Player, der Befragung von CEO, VR/VR-Präsident*innen und Mehrheitsaktionären wurde deutlich, wie groß die Bedeutung «harter Qualifikationen» nach wie vor ist. Als «harte Qualifikationen» definieren wir das Vorhandensein von Leistungsnachweisen wie Diplomen, Abschlüssen und Zertifikaten sowie rein nach dem Jobtitel, der Hierarchiestufe und den Positionen beurteilte Fähigkeitsmerkmale. Eine entsprechend hohe Bedeutung wird der bisherigen Funktion für einen Einsitz in Geschäftsleitungen und Verwaltungsräten beigemessen. Unter dieser Definition geraten die eigentlichen «konkreten Kompetenzen» (wie beispielsweise strategische Kompetenzen, Verhandlungs-, Kommunikations- und Kooperationskompetenzen), den Job tatsächlich «zu können», Werthaltungen und Eigenschaften aus dem Fokus. Sie sind jedoch für das erfolgreiche Ausführen solcher Mandate von höchster Wichtigkeit. «Harte Qualifikation» ist kein Garant dafür, dass die Personen über bestimmte Kompetenzen tatsächlich ausgeprägt verfügen.

Eines der zentralen Hemmnisse von Frauen auf dem Weg in ein VR-Mandat oder eine GL-Funktion bleibt, dass sie eben oft nicht über das einfach erkennbare «harte» Qualifikationsmoment der bereits bestehenden Erfahrung in Gremien des VR oder der GL verfügen.

Betrachtet man stattdessen aber die «konkreten Kompetenzen», die zur Ausübung hoher Managementfunktionen oder der Übernahme von GL- oder VR-Mandaten befähigen, so scheinen Frauen zumindest gleich gut und anteilig durchaus besser abzuschneiden als viele Männer. «Kompetenzen» wird bei der Selektion und Besetzung bisher zu wenig Aufmerksamkeit geschenkt, was die Verfahren über die Gleichstellungsfrage hinausgehend als nicht optimal erscheinen lässt.

Bei einer Betrachtung nach Kompetenzen könnten Unternehmen von Kandidat*innen profitieren, die nicht den üblichen Mustern entsprechen. Viele größere Unternehmen und Beratungen nutzen kompetenz- bzw. potenzialbezogene Einschätzungen in Selektionsprozessen (Church et al., 2021), doch auch sie tun dies erst, nachdem sie Personen klassischen Mustern folgend als geeignet erkannt haben.

Hilfreich für mittelgroße Unternehmen können entsprechend unternehmensübergreifende Lösungen oder auf ihre Größenklasse ausgerichtete Serviceleistungen sein, die frühzeitige Kompetenzscreenings von Frauen und anderen Talenten z. B. über digitale Lösungen ermöglichen. So würden rein mengenmäßig genauso wie qualitativ alternative Profile sichtbar. Da sich viele Frauen gemäß eigener Aussage und der von Playern im Besetzungsprozess ungerne exponieren wollen und seltener selbst den Anspruch auf eine hohe Führungsfunktion stellen, könnte eine Früheinschätzung und Transparenz ihrer grundsätzlichen Eignung zusätzlich die Selbstsicherheit von Frauen und ihr Interesse an Boardfunktionen stärken.

5.3.2 Gewährleistung der Verfügbarkeit von Talenten aus mittelgroßen Unternehmen

Ergänzend ist es wichtig, für Talente aus mittelgroßen Unternehmen unternehmensübergreifende Unterstützung im Auf- und Ausbau von boardrelevanten Kompetenzen zugänglich zu machen. In unseren weiteren Aktivitäten wird die Schaffung einer Form der Karriereförderung anvisiert, die den Unternehmen oder Frauen selbst jenseits innerbetrieblicher Unterstützung bzw. klassischer Förderpolitik von Organisationen ermöglicht, relevante Kompetenz über einen organisationsexternen Weg aufzubauen.

Über diese auf mittelgroße Unternehmen bezogenen Maßnahmen hinausgehend erstaunt, dass auch in den größeren Unternehmen die Teildisziplin HR oft um die Anerkennung ihrer Bedeutung kämpfen muss, gelten doch Menschen und Zusammenarbeit als Wettbewerbsfaktor Nummer 1 in einer zunehmend digitalisierten Welt – auch oder sogar in besonderer Weise in mittelgroßen Unternehmen. Ein CHRO (Chef-HRler) könnte viel dazu beizutragen. Förderung, eine durchgängige Führungspipeline und Diversitystrategie, die Weiterentwicklung der Besetzungspraxis, die Zusammenstellung von Boards, die Funktionalität von Prozessen und die Entwicklung der Boardkultur könnten von einem/einer kompetenten CHRO profitieren. In zahlreichen Unternehmen wird hingegen eine fachliche Mitverantwortung auf Personen mit Finanzhintergrund übertragen, woraus sich Prioritätenkonflikte und fehlende Professionalität ergeben können und wichtige HR-Themen wie z. B. Personalentwicklung einfach unter den Tisch fallen oder verkürzt aufgegriffen werden (Amerland, 2021).

Literatur

Amerland, A. (2021). *Ein CHRO ist kein Gedöns*. https://www.springerprofessional.de/personal-management/unternehmensstrategie/ein-chro-ist-kein-gedoens/18993182. Zugegriffen: 24. März 2023.

Church, A. H., Guidry, B. W., Dickey, J. A., Scrivani, J. A. (2021). Is there potential in assessing for high-potential? Evaluating the relationships between performance ratings, leadership assessment data, designated high-potential status and promotion outcomes in a global organization. The Leadership Quarterly 32 (5), https://doi.org/10.1016/j.leaqua.2021.101516

Erkal, N., Gangadharan, L., Xiao, E. (2022). Leadership selection: Can changing the default break the glass ceiling? The Leadership Quarterly 33 (2), 1-14. https://doi.org/10.1016/j.leaqua.2021.101563.

Fischer, T. (2023). Einheitsbrei im Management. 20 Firmen formen die wirtschaftliche Elite. *Handelszeitung.* https://www.handelszeitung.ch/beruf/20-firmen-formen-die-wirtschaftliche-elite-581681. Zugegriffen: 24. März 2023.

Imfeld, N. (2023, 24. Januar). Wir überholen die Deutschen: Frauenanteil in Schweizer Chefetagen steigt. Blick. https://www.blick.ch/wirtschaft/wir-ueberholen-die-deutschen-frauenanteil-in-schweizer-chefetagen-steigt-id18254609.html

Srinivasan, V. (2019). CHROs: Enablers of value. Creating boards. *NHRD Network Journal, 12*(4), 357–363.

Urech, M. (2023). «Auch nicht besser als die Männer»? Frauen im CS-Verwaltungsrat kritisiert. *20 minuten.* https://www.20min.ch/story/auch-nicht-besser-als-die-maenner-frauen-im-cs-verwaltungsrat-kritisiert-48589230064. Zugegriffen: 24. März 2023.

Watzlawick, P. (2009). *Anleitung zum Unglücklichsein.* Piper.

Toolkit für unterschiedliche Zielgruppen

6

Zusammenfassung

Immer wieder entstand in unserem Projekt der Eindruck, sowohl die an VR- und GL-Mandaten interessierten Frauen einerseits als auch die Unternehmen andererseits würden auf die jeweils andere Partei warten, dass sie aktiv wird. Damit beide zueinander finden, kann es nur die Empfehlung geben, dass beide Seiten ihre Verhaltensweisen verändern.

Teilweise mag die Forderung ungerechtfertigt erscheinen, wenn Männer im Laufe ihrer Karriere sehr viel häufiger auf Jobs hin angesprochen werden, während Frauen sich umfassender darum bewerben müssen. Unternehmen mögen heute noch aus einer Machtstellung des Stärkeren heraus argumentieren, die ihnen keine Verhaltensänderung abverlangt. Doch gerade sie könnten umfassend von einer Neuerung ihrer Vorgehensweisen profitieren und eine Veränderung der für Boards typischen Managerprofile erwägen.

Für beide Seiten werden nachfolgend Vorschläge unterbreitet, was sie tun können, um auf den jeweils anderen besser zuzugehen – um die Grundvoraussetzung dafür zu schaffen, zusammenzufinden.

6.1 Toolkit für Aspirantinnen

Nachstehend sind einige Tools abgebildet, die Frauen auf dem Weg in Boards Unterstützung bieten können. Sie sind während der Coaching-Sessions des Projektes «Frauen in Verwaltungsräten und Geschäftsleitungen» mit den Aspirantinnen zum Einsatz gekommen. Die Tools sind verschiedenen Phasen zugeordnet, die oftmals der Entscheidung für den weiteren beruflichen Weg und die Übernahme einer VR- oder GL-

Funktion vorausgehen. Sie sollen als mögliches Beispiel dienen, erheben aber weder einen Anspruch auf Vollständigkeit noch sind sie als einzig richtiger Weg zu betrachten. Tab. 6.1 gibt einen Überblick zu den Tools und ihrem hauptsächlichen Verwendungszweck. Anschließend werden die einzelnen Tools kurz vorgestellt.

6.1.1   Tools für die Bewusstseinsphase

«Schön wäre es ja schon», Verantwortung in der Geschäftsleitung oder über ein Verwaltungsratsmandat zu übernehmen. Wichtig ist zunächst die Auseinandersetzung mit den eigenen Motiven, das Bewusstsein für die mit der Funktion einhergehende Verantwortung und die Bereitschaft, sie tatsächlich übernehmen zu wollen und die richtigen Voraussetzungen dafür mitzubringen bzw. bestehende Kompetenzlücken zu füllen.

Im Rahmen des Projektes fiel auf, wie wenig sich die Aspirantinnen – im Unterschied zu den Frauen, die bereits ein Mandat übernommen hatten – mit den Motiven sowie der mit der Funktion einhergehenden Verantwortung auseinandergesetzt hatten. Diese Klarheit muss jede Person für sich selbst schaffen. Allgemein formuliert könnte sie z. B. in folgenden Punkten liegen:

- Der mit der Funktion verbundene (herausfordernde) Auftrag
- Die Identifikation mit den Aufgaben, die mit der Funktion verbunden sind
- Die Möglichkeit, Einfluss zu nehmen bzw. zu auf die Zukunft gerichteten Entscheidungen beizutragen und sie (mit)zutragen
- Die Möglichkeit, aufgrund der eigenen Vorerfahrungen einen Beitrag leisten zu können
- Die Leidenschaft für die Branche, die Produkte und Leistungen bzw. den Auftrag des Unternehmens/der Organisation
- Die Übereinstimmung mit den Werten, der Kultur, dem Klima und dem Selbstverständnis einer Organisation
- Die Begeisterung für die Aufgaben und Beteiligten und/oder für spezifische Inhalte

Die Motivation und Auseinandersetzung mit der Verantwortung kann und sollte in der späteren Analysephase zu einer Branchen- und ggf. auch Organisations-Priorisierung genutzt werden, was die Suche nach geeigneten Mandaten und Netzwerken fokussieren hilft. Sie sind in jedem Fall auf jedes einzelne Mandat hin zu konkretisieren.

Was die Darstellung der eigenen Person betrifft, hat im Projekt erstaunt, wie wenig sich die hoch qualifizierten Frauen bewusst waren, dass sie sich bezogen auf die Anforderungen der angestrebten Funktion darstellen sollten und wie sie sich professionell bewerben.

Der Lebenslauf muss entsprechend aktualisiert und auf die Ambition Verwaltungsratsmandat ausgerichtet werden. Sowohl bei den Kompetenzen als auch bei den Skills

Tab. 6.1 Übersicht zu den Tools für Aspirant*innen

Handlungsfeld/Phase	Fragestellung zu und Ergebnis aus dieser Phase aus Sicht der Aspirantin	Tool
Bewusstseinsphase	Meine Ambition, ein Verwaltungs-ratsmandat zu übernehmen, materialiert und konkretisiert sich Als Resultat dieser Phase bin ich mir bewusst geworden, ob meine Kompetenzen überhaupt den Anforderungen an ein Verwaltungs-ratsmandat entsprechen. Gleich-zeitig habe ich für mich selbst geklärt, ob ich über die nötigen Ressourcen für ein solches Mandat verfüge	Kurzlebenslauf «Gute» Führung Leadership Canvas
Analysephase	Was braucht es, um ein Ver-waltungsratsmandat zu erlangen? Welche Aktivitäten muss ich angehen? Wie kann ich mein Selbstbewusstsein stärken? Wie sieht mein aktuelles berufliches und privates Netzwerk aus und welche Kontakte könnten mich auf dem Weg zum Verwaltungsratsmandat unterstützen? Nach dieser Phase bin ich mir bewusst, wo meine Stärken und Schwächen liegen. Ebenso erkenne ich klarer, was meine Promotoren sein könnten für mein Ziel Ver-waltungsratsmandat	Netzwerkreflexion Checkliste Analyse der bisherigen Netzwerkstrategie
Handlungsphase	In der Handlungsphase wird die Umsetzung angegangen. Meine erkannten Schwächen müssen reduziert oder gar neutralisiert werden. Auf der anderen Seite gilt es Stärken aktiv zu fördern und gleichzeitig die Selbstvermarktung voranzutreiben Mein Vorgehen ist klar definiert und fokussiert auf das Ziel. Im Idealfall erreiche ich mein Ziel und freue mich über das gewonnene Mandat	Self-Branding Modell Visual VR-Mandat inkl. Leitfragen Persönliche Marketingstrategie Vorgehen in kritischen Situationen

interessieren insbesondere Kriterien, die als wichtig für eine Verwaltungsratsposition erachtet werden (vgl. hierzu Abschn. 2.2.4).

Beruflicher Werdegang und Aus- und Weiterbildung sind ebenfalls auf die wichtigsten Aspekte zu fokussieren. Neben einer Lang-Version stellt im Idealfall ein **Kurzlebenslauf** (vgl. Abb. 6.1) alle wichtigen Punkte auf einer Seite dar. Damit wird auch die Fähigkeit als Entscheider oder Verwaltungsrat/Verwaltungsrätin verdeutlicht, als wichtige Grundlage für die Entscheidung die zentralen Kriterien einerseits und eine persönliche Erkennbarkeit andererseits auf den Punkt bringen zu können. Ergänzend kann dann noch ein Anhang mit Ausbildungs- und Arbeitszeugnissen, Kursbescheinigungen und einem detaillierten Lebenslauf mit jeder einzelnen Station, die relevant für die anvisierte Funktion ist, angefügt werden.

Für die spätere Handlungsphase ist es ebenso wichtig, sich prägnant zu den relevanten Karriereschritten und den eigenen Assets – verstanden als «Verkaufsargumente», die für die eigene Person sprechen – äußern zu können. Ergänzend kommt hinzu, unternehmensspezifische Herausforderungen darzustellen, die man in der anvisierten Funktion angehen würde. Es geht also nicht mehr nur darum, was die für Verwaltungsrät*innen oder Geschäftsleitungen relevanten Verantwortungsbereiche sind, sondern sie auch unternehmens- bzw. branchenspezifisch zu antizipieren.

Sehr wichtig ist, dass nicht nur ein Eindruck der fachlichen Eignung und des Wollens vermittelt wird, sondern auch, inwiefern man kulturell an das Unternehmen anknüpfen kann. Entsprechend ist es sinnvoll, sich der Charakteristika der eigenen Führung bewusst zu werden und sie auf die angestrebte Funktion zu übertragen. Was wäre der eigene Beitrag, den man in der Führung leisten könnte, sollte und würde?

Dies ist auch eine wertvolle Vorarbeit, falls im Rahmen des Prozedere ein Assessment zu durchlaufen ist. Unternehmen setzen hier oft Tools ein, mit denen neben der persönlichen Eignung Hinweise auf die (führungs-)kulturelle Passung von Personen eingeholt werden. Als Vorbereitung auf ein mögliches Assessmentverfahren für eine Verwaltungsratsposition kann es darum hilfreich sein, wenn sich die Aspirantin bewusst macht und reflektiert, was aus ihrer Sicht «gute Führung» bedeutet (vgl. Abb. 6.2).

Die Erlebnisse mit guter Führung können ergänzend mit der STAR-Methode analysiert werden (Jordan et al., 2012):

S – SITUATION Welche Situation/welche Herausforderungen haben Sie gemeistert?

T – TASK Welche Verantwortung/welche Position oder Funktion hatten Sie bei der obigen Situation?

A – ACTION Welche Aktionen haben Sie selbst ergriffen?

R – RESULTS Welche Ergebnisse haben Sie erzielt?

Ein weiteres Tool ist das Business Model Canvas. Mit ihm können die Grundprinzipien und die benötigte Infrastruktur beschrieben werden, wie ein Unternehmen

Curriculum Vitae

Vorname NAME

Funktion

@ ....

📱 .....

Profil

Aussagekräftige Beschreibung bisheriger Erfahrungen, Funktionen, Kompetenzen, die auf die gesuchte Stelle passen. Die Relevanz und Passung muss deutlich werden. Führungserfahrung. Internationalität. Soft Skills. Branchenfokus. Motivation.

Beruflicher Werdegang

Die wichtigsten Stationen von Anstellungen oder Selbstständigkeit in gegenchronologischer Reihenfolge. Falls zu viel, das auswählen, was für die angestrebte Position von hoher Relevanz ist, hinsichtlich Inhalt, Funktion oder Netzwerk.

JJJJ - JJJJ   **Organisationsbezeichnung**
                   Funktionsbezeichnung (ggf. Pensum in %)
                   • Verantwortlichkeiten
                   • Verantwortlichkeiten

Kompetenzen

z.B. strategisches Management

z.B. Innovationsmanagement

Nennen Sie ca. 5-7 Kernkompetenzen, die für die gesuchte Position relevant sind, inhaltlich, aber auch soziale Kompetenz, Selbstkompetenz oder Methodenkompetenz.

Aus- und Weiterbildung

Die wichtigsten Stationen von Aus- und Weiterbildung, relevante Abschlüsse, ggf. Titel und Noten. Falls zu viel, das auswählen, was für die angestrebte Position von hoher Relevanz ist, hinsichtlich Inhalt, Funktion oder Netzwerk.

JJJJ - JJJJ   **Bezeichnung der Ausbildung, Abschluss (evtl. Note/Titel)**

                   Ausbildungs-Instiution

Skills

Sprachen

Computerkenntnisse

Interessen und persönliche Daten
Nennen Sie 2-3 Interessen mit Beispiel
   • Reisen: 2 Monate quer durch Kanada
   • Musik: Oper und Klassik
Persönliche Daten:
      Nationalität(en), Geburtsdatum, Privatadresse, (Kinder), (Zivilstand)

Abb. 6.1   Beispiel für einen Kurzlebenslauf

Reflektieren Sie Ihre Erfahrungen und denken Sie an eine gute Führungskraft:

1. Was macht diese gute Führungskraft aus? Beschreiben Sie deren Verhaltensweisen möglichst konkret.

2. Was können Sie persönlich von diesem Führungsverhalten lernen?

Abb. 6.2 Gute Führung

Werte schaffen kann. Teils handelt es sich auch um das Wertversprechen eines Unternehmens (Sparviero, 2019). Der aus dem Business Model Canvas abgeleitete **Leadership Canvas** kann helfen, die eigenen Werte in Bezug auf die angestrebte Verwaltungsratsposition zu konkretisieren und festzuhalten (vgl. Abb. 6.3).

Das Vorgehen für die Erarbeitung des Leadership Canvas gliedert sich in fünf Schritte:

Treiber festhalten:

- Welche Vorstellungen, Werte, Fähigkeiten und Kenntnisse zeichnen meine Führungsqualitäten aus? Hier können die Überlegungen und Hinweise zum Selbstmarketing und zur «Ich-Marke» aufschlussreich sein (vgl. Abschn. 3.2.4).
- Was treibt mich an? Die Aspirantinnen sollten sich der Motive und Treiber bewusst sein. Hilfreich kann diesbezüglich ein Blick auf die Personas sein (vgl. Abb. 3.1). Nur so können auch die Ziele in Bezug auf die angestrebte Verwaltungsratsposition realistisch formuliert werden.
- Was macht mich zum Vorbild?

Ressourcen identifizieren:

- Wer sind Wegbegleiter, Rollenmodelle, Förderer oder Supporter? Das Erkennen der wichtigsten Kontakte ist Teil der Analyse des eigenen Netzwerkes (vgl. Abschn. 3.2.2).

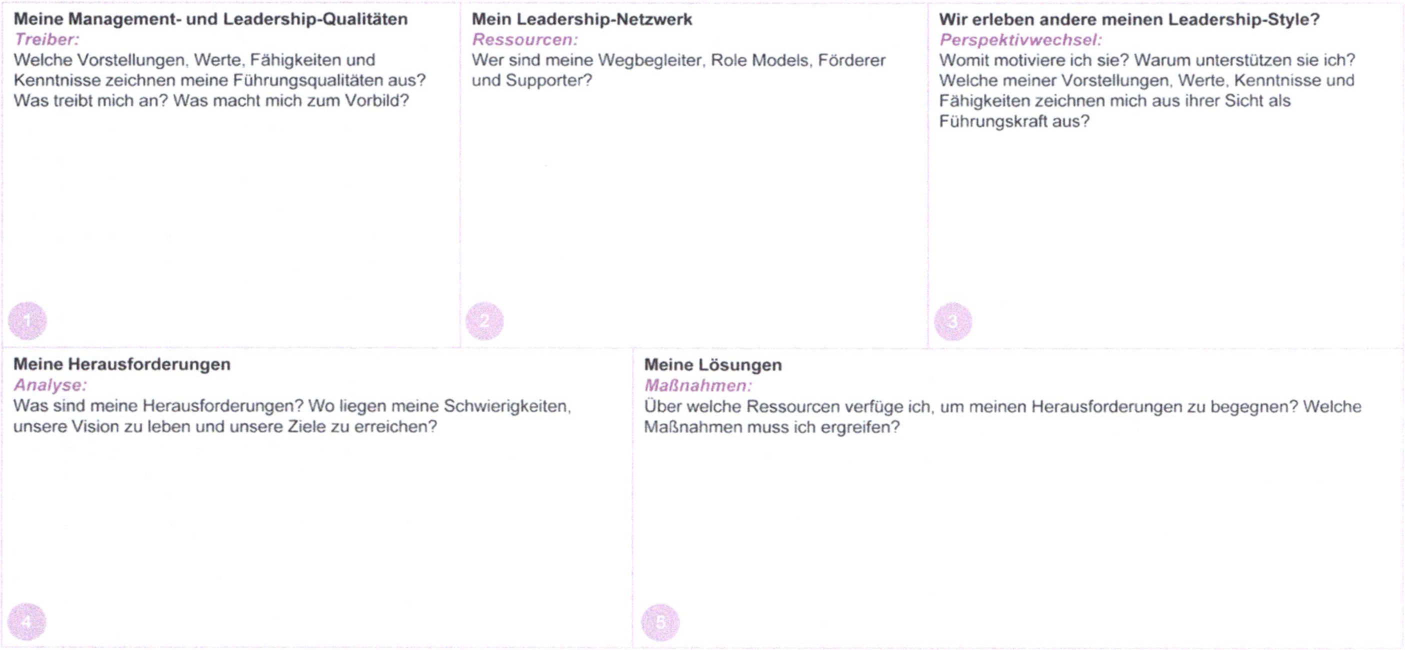

Meine Management- und Leadership-Qualitäten
Treiber:
Welche Vorstellungen, Werte, Fähigkeiten und Kenntnisse zeichnen meine Führungsqualitäten aus? Was treibt mich an? Was macht mich zum Vorbild?

Mein Leadership-Netzwerk
Ressourcen:
Wer sind meine Wegbegleiter, Role Models, Förderer und Supporter?

Wir erleben andere meinen Leadership-Style?
Perspektivwechsel:
Womit motiviere ich sie? Warum unterstützen sie ich? Welche meiner Vorstellungen, Werte, Kenntnisse und Fähigkeiten zeichnen mich aus ihrer Sicht als Führungskraft aus?

Meine Herausforderungen
Analyse:
Was sind meine Herausforderungen? Wo liegen meine Schwierigkeiten, unsere Vision zu leben und unsere Ziele zu erreichen?

Meine Lösungen
Maßnahmen:
Über welche Ressourcen verfüge ich, um meinen Herausforderungen zu begegnen? Welche Maßnahmen muss ich ergreifen?

Abb. 6.3 Leadership Canvas

Perspektivwechsel einnehmen:

- Welche meiner Vorstellungen, Werte, Kenntnisse und Fähigkeiten zeichnen mich aus der Sicht anderer als Führungskraft aus? Das Einnehmen der Rolle eines Gegenübers (Perspektivwechsel) hilft die Situation aus einem anderen Blickwinkel zu betrachten. Der Aspirantin muss bewusst werden, weshalb sie für eine bestimmte Position interessant sein könnte.
- Womit motiviere ich andere? Warum unterstützen sie mich? Es geht im Wesentlichen auch darum, wie die Aspirantin wahrgenommen wird bzw. wie sie wahrgenommen werden will. Ebenfalls fällt unter den Motivationsaspekt die Selbstsicherheit, die die Aspirantin ausstrahlt (vgl. Abschn. 3.1.1).

Analyse erarbeiten:

- Was sind meine Herausforderungen? Wo liegen meine Schwierigkeiten, meine Vision zu leben und meine Ziele zu erreichen?

Maßnahmen festlegen:

- Über welche Ressourcen verfüge ich, um meinen Herausforderungen zu begegnen?
- Welche Maßnahmen muss ich ergreifen? Neben Aspekten der Netzwerkstrategie und des Selbstmarketings (vgl. Abschn. 3.2.4) gilt es insbesondere auch abzuklären, ob Maßnahmen im Weiterbildungsbereich oder ein individuelles Coaching (vgl. Abschn. 4.1.1) zielführend wären.

6.1.2   Tools für die Analysephase

In der Analysephase geht es um die vertiefte Analyse der eigenen bisherigen Strategie und der Netzwerke, um ein Verwaltungsratsmandat oder eine Geschäftsleitungsfunktion zu erlangen.

Bei den Coachings während des Projektes wurde immer wieder festgestellt, dass die Aspirantinnen bereits seit einiger Zeit die Ambition Verwaltungsratsmandat oder Geschäftsleitung verfolgt haben, allerdings bislang erfolglos. In diesen Fällen ist es sehr wohl angebracht, das bisherige eigene Handeln zu reflektieren und zu hinterfragen. Für die Analyse der gegenwärtigen Strategie können die in Tab. 6.2 gesammelten Fragestellungen aus den Coachings mit den Aspirantinnen ein Leitfaden sein (vgl. Abschn. 4.1.1, Etappen 2 und 3):

Für die Analyse des Netzwerkes kann neben der fragebogenbasierten Netzwerkerhebung und der visuellen Darstellung des Ego-Netzwerkes (Abschn. 3.2.2, methodisches Vorgehen) die Selbstreflexion des Netzwerkes bereits hilfreich sein. Abb. 6.4 zeigt die wichtigsten Netzwerkkategorien und einige zentrale Reflexionsfragen.

Tab. 6.2 Checkliste Analyse der bisherigen Strategie

Die **Motivation und Zielorientierung** sind nicht nur wesentliche Elemente von Selbstführung, sondern auch gemäß der in den Interviews mit jungen VR berichteten Erfahrungen entscheidend für die Zielerreichung der Übernahme eines VR-Mandates

- Wahl der richtigen Art des VR-Mandates – was passt zu dir?
- Was reizt dich an einem konkreten VR-Mandat oder einer GL-Funktion am meisten? Weshalb ein VR-Mandat?
- Was bedeutet deine berufliche Motivation für dich?
- Was willst du im Leben noch erreichen?
- Welche beruflichen Ziele willst du noch erreichen? Wie passt ein VR-Mandat in deinen beruflichen Werdegang?

Selbstbild/Selbstwertgefühl – **Assets** vs. Bedenken

- Welche besonderen Stärken zeichnen dich aus? Worauf führst du die bisherigen Resultate zurück?
- Was sind für ein VR-Mandat relevante Stärken bzw. Assets? Was bringst du an relevanten Stärken bzw. Assets mit? Was kannst/solltest du tun, um deine Assets besonders hervorzuheben?
- Welche Schwächen bezogen auf die Anforderungen eines VR-Mandates hast du? Welche Einwände bzw. Bedenken könnten dir entgegengebracht werden? Was kannst du tun, um Bedenken zu zerstreuen?
- Auf welche Assets solltest du den Fokus lenken?
- Wie zufrieden bist du mit dir selbst?

Eigeninitiative

- Wie gewinnst du Kontakte/Player/Entscheidungsträger für dich?
- Wie bist du zu deiner jetzigen Funktion gekommen?
- Welche Impulse hast du schon anderen gegeben?
- Worin besteht dein momentaner Handlungsspielraum in Bezug auf dein VR-Vorhaben? Wie schätzt du den Aufwand für die Bewerbung und das Mandat ein?
- Wie bewusst findet dein Umgang mit Aufwand statt?
- Wie viel bist du bereit einzusetzen und wo sind deine Grenzen?

Umsetzung der konkreten Zielvorstellung

- Um dein Ziel zu erreichen, was musst du an deinem Netzwerk und deinem Vorgehen ändern?
- Wie nutzt du dein Netzwerk zielgerichtet? Wie baust du es sinnvoll aus? Wie pflegst du dein Netzwerk?
- Wie breit ist dein Zielfokus und welche Bedeutung hat für dich eine generelle Visibilität?
- Wen kannst du aktiv um Unterstützung fragen? Wen gehst du an?
- Was brauchst du noch, um dein Potenzial zu heben und dein Ziel zu erreichen?
- Könnten dir Weiterbildungen helfen? Was sollten sie leisten?
- Konkreten Umsetzungsplan (was/wie/bis wann?) aufstellen, um Verbindlichkeit für sich selbst sicherzustellen

In der Analysephase kann der Austausch mit Personen, die bereits ein Verwaltungsratsmandat oder eine Geschäftsleitungsfunktion innehaben, wertvoll sein, um das eigene Netzwerk zu analysieren und auszuweiten. Um den Austausch zu strukturieren und zu aktivieren, hat sich folgende Übungsanlage bewährt: Suchen Sie in Ihrem Bekanntenkreis geeignete Personen und bilden Sie eine Gruppe von 2 bis 3 Personen. Jede Person

Netzwerk-Kategorien	Wen kenne ich in dieser Kategorie (Name, Organisation)?	Wie kann ich diese Netzwerkpartner ansprechen? Wann?	Wie kann ich diese Netzwerkpartner für mich nutzen? Konkret!
Aus- und Weiterbildung			
Executive Search Firms			
Fachberater			
Digitale Plattformen			
Politische Gremien			
Stiftungen und Freiwilligentätigkeit			
Vernetzungsplattformen			
Weitere geschäftliche und private Kontakte			

Abb. 6.4 Netzwerkreflexion

teilt mit, welche Unternehmen und Organisationen für sie wichtig sind, und sucht nach
Kontakten, die sie der anderen Person zu diesen Unternehmen und Organisationen geben
könnte. Welche externen Ressourcen können die anderen vorschlagen, um Ihnen zu
helfen, an diese Unternehmen heranzukommen?

6.1.3   Tools für die Handlungsphase

Für die konkrete Umsetzung haben sich im Rahmen der Coachings die folgenden unterschiedlichen Aspekte herauskristallisiert, die nützlich sind:

Self-Branding: Bewusstwerdung, Entwicklung und Verbesserung
Ein zentraler Aspekt in der Handlungsphase ist die Bewusstseinserlangung für das eigene
Selfmarketing bzw. -Branding. Neben Kompetenzen und einem guten Karriereverlauf ist
der Erfolg stark vom Image der eigenen Person abhängig. Dieses Image ist ein wichtiger
Bestandteil des Selfmarketings, denn: «Unser Image ist wie ein Puzzle: Sind die Teile
richtig und satt platziert, hat der Betrachter ein klares Bild. Setzen wir die falschen oder
zu wenig Teile, ist das Bild nicht mehr erkennbar.» (Wüst Consulting, 2023, S. 7).
    Self-Branding umfasst nach Wüst (2023) drei Elemente, die für die Gestaltung einer
nachhaltigen Marke erforderlich sind:

1. Markenidentität
2. Markenleitbild
3. Markenkommunikation.

Diese Elemente sind in dem von Wüst Consulting entwickelten Self-Branding-Modell (Wüst Consulting, 2023, S. 9, Abb. 6.5) enthalten. Gemäß diesem Modell können individuelle Handlungsschritte abgeleitet werden, die das Bewusstsein, die Entwicklung und Verbesserung der Ich-Marke bzw. des Self-Brandings ermöglichen.

Visuals
Die Arbeit mit Visuals in den Coachings hat sich bewährt. Für die Aspirantinnen war es hilfreich, die Gedanken rund um ihre Ambition Verwaltungsratsmandat oder Geschäftsleitung zu verschriftlichen und zu visualisieren (vgl. Abb. 6.6). Mit der Verschriftlichung wurde das Vorhaben einerseits verbindlicher, anderseits konnten durch die schriftliche Formulierung die Gedanken auch geschärft werden.

Auf die Person bezogene Marketingstrategie
Zur Erreichung der Ziele definieren Unternehmen im Rahmen eines Konzeptes die Eckpunkte ihrer strategischen und operativen Planung. Analog dazu und in Ergänzung zu den oben verschriftlichten Überlegungen können auch Aspirantinnen für das eigene Vorhaben eines Verwaltungsratsmandats oder einer Geschäftsleitungsfunktion eine Marketingstrategie definieren. Hierbei geht es darum, die in den vorangehenden Kapiteln angeregten Überlegungen in einem Papier zusammenzufassen und schriftlich festzuhalten. Inhaltlich lehnt sich die «persönliche Marketingstrategie» (vgl. Abb. 6.7) an den klassischen Aufbau einer Marketingstrategie an (Graber & Toscano, 2023). Die Überlegungen sind die gleichen wie bei der Vermarktung einer Dienstleistung oder eines Produktes. Sie werden lediglich auf die eigene Person angepasst:

Abb. 6.5 Self-Branding-Modell von Wüst Consulting

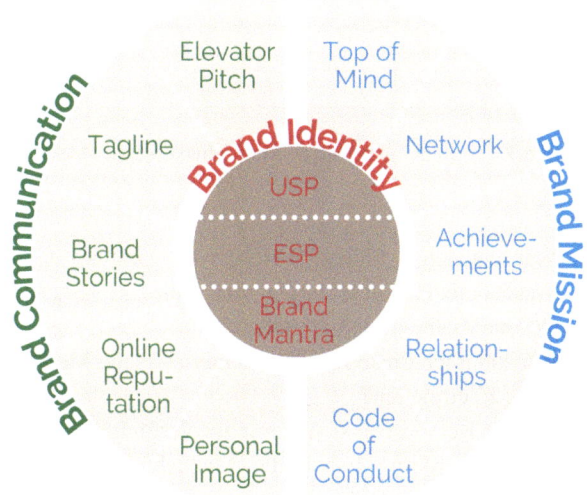

Zielsetzung & Motivation	Zielbild & Strategie zur Umsetzung	Erkenntnisse aus Gesprächen mit VR-Frauen	Netzwerkanalyse und Netzwerkkompetenz
▪ Wo stehe ich derzeit in meinen Bemühungen um ein VR-Mandat? ▪ Was hat mir geholfen/mich unterstützt?	▪ In welchem Unternehmen, mit welcher Kultur strebe ich ein Mandat an? ▪ Wofür möchte ich mich engagieren? ▪ Was möchte ich auf keine Fall? ▪ Um mein Ziel zu erreichen, was muss ich an meinem Netzwerk und meinem Vorgehen ändern? ▪ Was sind meine wesentlichen Assets, die ich zum Strahlen bringen sollte? **Umsetzung** ▪ Selbstverpflichtung auf Umsetzung der Zielvorstellung: Was? Bis wann? Wie? ▪ Zeitplan o.ä.	▪ Was nehme ich davon mit? ▪ Was möchte ich selbst anwenden?	▪ Wie nutze ich mein Netzwerk zielgerichtet? Wie baue ich es sinnvoll aus? ▪ Wie pflege ich mein Netzwerk? ▪ Wen kann ich aktiv um Unterstützung fragen? Wen gehe ich an? **Umsetzung** ▪ Selbstverpflichtung auf Umsetzung der Zielvorstellung: Was? Bis wann? Wie? ▪ Zeitplan o.ä.

Abb. 6.6 Visual Verwaltungsratsmandat inkl. Leitfragen

Schritt	Meine konkrete Formulierung		
Persönliche Positionierung			
Zielmarkt / Wunschunternehmen			
Meine Ziele	Kurz-/mittelfristig (nächste 1–2 Jahre)	Längerfristig (nächste 3–5 Jahre)	
Maßnahmen zur Zielerreichung	Was (detaillierte Beschreibung der geplanten Maßnahmen)		Bis wann
Ressourcen (Zeit, Kontakte, Netzwerke etc.)			
Controlling			

Abb. 6.7 Formular persönliche Marketingstrategie

- Was habe ich zu bieten? Welche Werte sind mir wichtig? Wofür stehe ich?
- Was ist mein Zielmarkt? Wer sind meine Zielunternehmen?
- Welche Ziele will ich erreichen?
- Wie kann ich diese Ziele erreichen? Welche Maßnahmen will ich ergreifen, um diese Ziele zu erreichen?
- Welche Ressourcen stehen mir zur Verfügung, um diese Ziele zu erreichen?
- Welche Wirkung haben die Maßnahmen erreicht? Welche Anpassungen an den Maßnahmen sind nötig?

In Tab. 6.3 sind die einzelnen Schritte der persönlichen Marketingstrategie mit den inhaltlichen Überlegungen zu jedem Schritt aufgeführt.

Simulation von Inhalten bei Vorstellungsgesprächen
Häufig wird in Vorstellungsgesprächen mit multimodalen Interviews gearbeitet. Ein Kernelement sind sog. «Critical Incidents» bzw. kritische Situationen aus dem Geschäftsalltag, mit denen ein Eindruck der Handlungskompetenz verschiedener Kandidat*innen gewonnen werden soll. Dies dient dazu, die Kandidat*innen zu differenzieren und die/den am besten geeigneten herauszufiltern. Die Kandidat*innen werden im Anschluss an die Schilderung des Critical Incident um eine Darstellung gebeten, wie sie sich in der entsprechenden Situation verhalten würden. Alternativ werden sie auch oftmals gebeten, selbst eine kritische Situation aus ihrem Alltag einzu-bringen. Die Eingangs-Fragestellungen dazu können wie folgt aussehen:

- Erzählen Sie mir von einer Situation, in der Sie sich mit einem schwierigen Kunden oder Mitarbeiter auseinandersetzen mussten.
- Erzählen Sie mir von Ihrem größten Erfolg in Ihrer bisherigen beruflichen Laufbahn.
- Erzählen Sie mir von Ihrem größten Fehler, den Sie beruflich gemacht haben. Wie sind Sie damit umgegangen und was haben Sie daraus gelernt?
- Nennen Sie mir ein Beispiel, bei dem Sie Ihren Geschäftspartner von einem neuen Produkt, einer Dienstleistung, einem System oder einem Programm überzeugen mussten.
- Nennen Sie mir ein Beispiel dafür, wie Sie mit einem Mitarbeiter umgegangen sind, der nicht den Erwartungen entsprochen hat.
- Nennen Sie mir ein aktuelles Beispiel dafür, wie Sie Ihre Mitarbeitenden motiviert haben.
- Erinnern Sie sich an eine Zeit, in der Sie Ihre Vorstandsmitglieder und/oder die Unter-nehmenspolitik infrage gestellt haben?
- Erzählen Sie mir, was Sie in Ihrer letzten Funktion getan haben, um die Teamarbeit zu fördern.

Als Vorbereitung auf dieses Gespräch kann es hilfreich sein, solche kritischen Situationen anhand des S.O.A.R. Answer Models (Cattelan, 2020) zu durchdenken. Es unterstützt eine strukturierte und damit nachvollziehbare Darstellung der eigenen Über-legungen im Vorstellungsgespräch. Entlang der vier Elemente des Modells sollten die in Tab. 6.4 aufgeführten inhaltlichen Überlegungen angestellt werden.

Abschließend sind die zahlreichen Möglichkeiten nicht zu vergessen, über die man sich selbst Wissen aneignen kann, wie Business-Seminare für Frauen, Podcasts und Dar-stellungen im Internet, Business-Magazine und Literatur.

Tab. 6.3 Persönliche Marketingstrategie

Schritt	Inhaltliche Überlegungen
Persönliche Positionierung	Die persönliche Positionierung definiert, wie die potenziellen Unternehmen mich wahrnehmen sollen. Mithilfe der Positionierung mache ich somit mein persönliches Image transparent und greifbar. Dabei muss das Image nicht allen gerecht werden, sondern darf durchaus Ecken und Kanten haben. Will ich es allen recht machen, laufe ich Gefahr, in der Anonymität zu verschwinden, weil ich nicht erkennbar bin (vgl. hierzu auch «Ich-Marke», Abschn. 3.2.4) Idealerweise definiere ich aufgrund meiner Kompetenzen und Charaktereigenschaften die wesentlichen Merkmale meiner Person, die mich gegenüber anderen Kandidat*innen differenzieren und einzigartig machen. Diese Merkmale sollen dem Unternehmen, bezogen auf die Besetzung eines Verwaltungsratsmandates, einen Mehrwert bieten und für die Entscheidungsfindung relevant sein. Idealerweise werden 3 bis max. 6 Merkmale definiert. Das können sowohl objektiv vorhandene Merkmale (z. B. Sprachkenntnisse, besondere berufliche Erfahrungen) als auch subjektiv vorhandene, weiche und eher emotionale Merkmale sein (z. B. Empathie, Kommunikationsfähigkeit) Auf dieser Basis kann eine grundsätzliche Positionierung formuliert werden. Diese muss dann aber entsprechend jeder einzelnen konkreten Verwaltungsratsvakanz angepasst und geschärft werden, denn nicht jedes Unternehmen wird die gleichen Bedürfnisse an eine potenzielle Kandidat*in haben
Zielmarkt/Wunschunternehmen	Um konkrete Ziele formulieren zu können, brauche ich zuerst eine klare Vorstellung darüber, in welchem Unternehmen ich idealerweise ein Verwaltungsratsmandat übernehmen möchte. Es braucht eine klare Vorstellung, was mein Wunschunternehmen ist. Dieses beschreibe ich am besten anhand folgender Eigenschaften: geografische Region Branche/Unternehmenstyp (z. B. MEM-Branche, Finanzbranche, Profit- oder Non-Profit-Organisation, Stiftung etc.) Unternehmensgröße (z. B. Startup, Kleinunternehmen bis 100 Mitarbeitende etc.) Unternehmenskultur/Unternehmenswerte
Meine Ziele	Die eigenen Ziele in Bezug auf die Verwaltungsratstätigkeit sind konkret, realistisch, messbar und terminiert zu formulieren. Sinnvollerweise wird zwischen kurz- und mittelfristigen Zielen und eher längerfristigen Zielen unterschieden

(Fortsetzung)

Tab. 6.3 (Fortsetzung)

Schritt	Inhaltliche Überlegungen
Maßnahmen zur Zielerreichung	Die ersten drei Schritte bleiben zwecklos, wenn sie nicht mit geeigneten Aktivitäten umgesetzt werden. Die Maßnahmen machen die formulierte Strategie verbindlich und sind nur wirksam, wenn sie auch mit Terminen versehen werden Bei den Maßnahmen ist u. a. an folgende Aktivitäten zu denken: Netzwerkstrategie definieren und umsetzen Netzwerkkontakte angehen und über meine Ziele informieren Selbstmarketingaktivitäten LinkedIn-Profil aktualisieren und pflegen Einschreiben auf relevanten Plattformen Teilnahme an relevanten Events Besuch von Aus- und Weiterbildungen
Ressourcen	Alle Aktivitäten brauchen Zeit. Ich muss für mich festlegen, wie viel zeitliche Ressourcen ich in die Maßnahmen überhaupt investieren will und kann. Je nach Erkenntnis in diesem Schritt muss ich in einem iterativen Prozess gegebenenfalls meine Ziele nochmals überdenken und die Maßnahmen zeitlich anders priorisieren
Controlling	Die persönliche Marketingstrategie ist nur so gut, wie die Maßnahmen auch tatsächlich realisiert und umgesetzt werden. Häufig fehlt das «Controlling» bei der persönlichen Marketingstrategie bzw. ich neige gerne dazu, es selber «schön zu reden» und Gründe (Ausreden) zu suchen, weshalb ich die Aktivitäten bis jetzt noch nicht in Angriff genommen habe Es braucht sehr viel Selbstdisziplin, um die Maßnahmen nicht nur aufs Papier zu bringen, sondern tatsächlich auch durchzuführen und zu realisieren. Hilfreich kann sein, wenn die Termine und damit auch das «Controlling» mit einer dritten Person zu definierten Zeitpunkten überprüft und besprochen werden. Diese Drittperson kann ein externer Coach oder auch eine Vertrauensperson aus dem eigenen privaten oder beruflichen Umfeld sein

6.2   Toolkit für Unternehmen und Personalberater/Executive-Search-Unternehmen

6.2.1   Mehr VR- und GL-Kandidat*innen für Unternehmen – bestehende Maßnahmen und Alternativen

Aus den Ergebnissen unserer Studie gehen zahlreiche Ansatzpunkte hervor, um die Besetzungspraxis von mittelgroßen Unternehmen insgesamt und ganz besonders auch im

Tab. 6.4 Vorgehen bei der Lösung «kritischer Situationen»

Vorgehensschritt	Inhaltliche Überlegungen	Eigene Stichworte zur Darstellung
Situation	Beginnen Sie mit der Erläuterung des Kontextes anhand einer realen Situation, die Sie selbst erlebt haben. Dies ist das «Vorher»-Bild, das veranschaulicht, was geschah, als die Situation eingetreten ist	
Problem	Formulieren Sie anschließend die Problematik oder definieren Sie möglichst objektiv das Problem. Dadurch wird die Aufmerksamkeit des Gesprächspartners darauf gelenkt, was Sie zu überwinden hatten	
Aktion	Im nächsten Schritt erklären Sie, welche Maßnahmen Sie ergriffen haben, um das Problem zu lösen	
Resultat	Zum Schluss halten Sie das Ergebnis Ihrer Maßnahmen fest. Beschreiben Sie sowohl die quantifizierbaren als auch die qualitativen Resultate	

Hinblick auf Gender Diversity weiterzuentwickeln.

Ganz besonders fällt ins Auge, wie viele der Mandate über das private oder das berufliche Netzwerk besetzt werden. Je kleiner das Unternehmen, umso mehr ist dies der Fall. Auch wenn Empfehlungen zahlreiche Vorteile bieten können, teilweise familiär bedingt oder ohne ein umfassendes Recruiting möglich sind – ganz besonders dann, wenn es ohnehin nur um einzelne Besetzungen geht –, sind mit ihnen auch Nachteile verbunden.

Auch in Familienunternehmen besteht oft ein Interesse, ihre Boards im Rahmen der Möglichkeiten diverser zu gestalten. In vielen Fällen scheint es schlicht am Wissen zu fehlen, wie man hierbei vorgehen kann. Entsprechend wendet man sich an vertraute Personen. Dass auch diese nicht unbedingt den besten Rat geben können und ihre eigene Kompetenz im Hinblick auf die Rekrutierung möglicherweise überschätzen, wird durchaus übersehen. Oft dominiert bei der Suche nach Unterstützung das Vertrauen, das in der Beziehung aufgrund anderer Aktivitäten besteht, über bestehende Kompetenz. Spätestens beim Thema der Rekrutierung von Frauen für Boards erkennen viele Unternehmensverantwortliche, dass die eigene Rekrutierungskompetenz beschränkt ist und möglicherweise auch nicht dazu ausreicht, das Handeln von fachspezifischen Beratern in seiner Qualität einzuschätzen bzw. die für die eigene Situation am besten geeigneten Berater auszuwählen. Da der Beratungsmarkt nicht geschützt ist, kann die effektive Professionalität der Spezialisten sehr unterschiedlich ausfallen – genauso wie ihre Motive. Für einige Berater kommt hinzu, dass die Besetzung von VR-Mandaten im

Gegensatz zu der von Geschäftsleitungsfunktionen finanziell deutlich weniger lukrativ ist und in vielen Fällen eher ein «Beigeschäft» darstellt. Halbwissen kann in Summe dazu führen, dass man zu sehr in Dritte vertraut und auch deshalb hinsichtlich einer ausreichend guten Qualität bei der Besetzung von Positionen unter seinen Möglichkeiten bleibt.

6.2.2 Perspektiven der Handlungsänderung

Ein Stellhebel hinsichtlich der Kompetenzentwicklung der Boards ist die **Professionalisierung des Handelns bei der Beschaffung und Entwicklung von Humanen Ressourcen,** d. h. die Entwicklung eigener Kompetenz. Voraussetzung dafür ist, dass die Entscheider selbst

- anerkennen, dass hier ein wesentliches Handlungsfeld ist, obwohl sie der Fachlichkeit des HRs bislang nur eine geringe Bedeutung zuweisen
- die Ausprägung der eigenen Kompetenz selbstkritisch reflektieren und sich allenfalls eine zu geringe Ausprägung eingestehen müssen,
- Möglichkeiten haben, ihre Kompetenz auf geeignete Weise weiterzuentwickeln, denn nicht alle Weiterbildungen für die Zielgruppe Boards sehen Kursanteile beim HR vor.

Analoges gilt für Personalberater bzw. Dienstleister der Executive Search. Ein Ansatzpunkt wäre die **Entwicklung bzw. Transparenz des professionellen Beraterhandelns für Dritte.** Hilfreich können beispielsweise zuverlässige, systematische und validierte Bewertungen von neutralen Dritten sein.

Insgesamt trägt das selbstreferenzielle Funktionieren der Playernetzwerke zu einer großen sozialen Homogenisierung bei. Der Aufenthalt in der «Ingroup» der richtigen Netzwerke und ein «Boardroom-Niveau-Habitus» führen dazu, dieser Person umfassend Kompetenz und Vertrauen zuzugestehen, der in der «Outgroup» jedoch nicht. Letztere müssen daher sehr um Anerkennung und Zugehörigkeit kämpfen. Dies wird spätestens im «inner circle» des Netzwerkes eines konkreten Boards sichtbar, wenn neue Mitglieder sich trotz ihrer Eignung nicht in einer Funktion halten können oder wollen.

Um die Gesamt- und/oder Boardnetzwerke herum scheint eine Art «unsichtbare Membran» zu bestehen. Bisher gestaltet sich der «Ressourcentransport» von potenziellen Kandidat*innen mit alternativen Hintergründen bzw. Profilen durch diese Membran hindurch eher schwierig. Um ihn zu verbessern, müsste die Durchlässigkeit des Blicks von innen nach außen und das Bemühen, Kontakte in neue Netzwerke zu bilden, ausgeprägter sein, und die Durchlässigkeit von außen nach innen erhöht werden, indem Personen mit einem anderen Habitus Zugang erhalten und gelingend ins Board integriert werden.

Als «gelingend» ist dabei eine Form der Integration zu verstehen, die statt einer Anpassung des Neuen an bestehende Verhältnisse einen Prozess des Zusammenwirkens als Gesamtgremium ermöglicht, bei dem von der «Andersartigkeit» im Sinne einer Deep-Level Diversity profitiert werden kann, indem eine höhere Qualität der Arbeit bzw. Gesamtleistung entsteht.

Als Ansatzpunkt zur Verbesserung des Zugangs zu neuen Netzwerken und zu alternativen Kandidat*innen/Profilen ist es sinnvoll, den Besetzungsprozess dahingehend anzupassen, **verschiedene Maßnahmen der Beschaffung und Auswahl von Kandidat*innen** in Kombination zu ergreifen.

Personen über andere Besetzungswege als die jeweils bestehenden zu beschaffen, wird noch nicht ausreichen. Gut dokumentierte Biases wie Vorurteile, Befangenheiten und Verzerrungen in der Personeneinschätzung werden alternative Profile in vielen Fällen zu leicht als nicht geeignet erscheinen lassen.

Selbst wenn die Auswahl von Kandidat*innen mit alternativen Profilen gelingt, wird der Konformitätsdruck innerhalb der VR- oder GL-Gremien hoch sein, wenn keine Gegenmechanismen ergriffen werden. Ein weiterer Ansatzpunkt ist daher, den **Integrationsprozess als organisationsentwickelnden Prozess des Gremiums** zu begreifen. Um ihn zu gestalten, ist die Definition und Umsetzung von entsprechenden Maßnahmen erforderlich und ggf. bietet sich die Hinzunahme von Prozessbegleiter*innen an.

Ein weiteres Ziel kann sein, die Grundmenge geeigneter Personen zu erhöhen. Nach wie vor ist ein wichtiges Ticket in die nächsthöhere hierarchische Funktion die vorausgehende Funktion. Der Zugang zu den Funktionen im Top Management wird durch betriebsinterne Gatekeeper geleistet oder verwehrt. Dass Frauen – und ggf. auch Männer – mit alternativen Profilen sich spätestens vor dem Einstieg ins Top Management schwertun, ist wissenschaftlich und praktisch mit dem Phänomen der «gläsernen Decke» gut belegt. Als Ansatzpunkt sind hier Mechanismen zu sehen, die einerseits die Gatekeeper zu einem veränderten Handeln veranlassen und den **Zugang zum Top Management anders steuern** als bisher, und anderseits die Kompetenz der Gatekeeper steigern. Darüber hinaus könnten die bestehenden Gatekeeper an Einfluss und Macht verlieren, wenn für ambitionierte Frauen (und Männer) alternative Möglichkeiten geschaffen werden, Tickets für Boards über das Top Management eigeninitiativ zu lösen. Weiterbildungsmaßnahmen allein leisten dies bisher nicht ausreichend. Eine **externe Talentpipeline** ist daher ein Anliegen für die weitere Zukunft.

6.2.3   Ansatzpunkte und Maßnahmen für eine Veränderung

Die Ansatzpunkte und damit verbundenen Maßnahmen, die auf Unternehmensseite zu einer Veränderung beitragen können, werden nachfolgend skizziert.

1. Ansatzpunkt Professionalisierung der Boards im Hinblick auf die Beschaffung und Entwicklung von Humanen Ressourcen. Als Maßnahme zur Steigerung der generellen

Professionalität wird ein strukturierter Prozess der Selektion illustriert, bei dem Dritte
wie z. B. Berater in unterschiedlichem Umfang beteiligt werden können.

2. Ansatzpunkt Kombination von Maßnahmen bei der Beschaffung und Auswahl von
Kandidat*innen für mehr Gender-Diversität. Ergänzend zum Ansatzpunkt 1 wird ein
Überblick geboten, welche Instrumente sich für die Etappen der Suche und der Auswahl eignen, um mehr Frauen für Boards zu gewinnen, bzw. wie eingesetzte Instrumente
angepasst werden können. Hervorgehoben werden Assessments als Möglichkeit, eine
kompetenzbezogene Sicht auf mögliche Kandidat*innen einzunehmen.

3. Ansatzpunkt Gestaltung und Nutzung des Integrationsprozesses als Organisationsentwicklung des Gremiums. Zur Förderung der Integrations- und Organisationsentwicklung wird eine mögliche Kombination von Einzel- und Teamcoachings
vorgeschlagen.
   Im Folgenden werden diese drei Ansatzpunkte beschrieben.

Maßnahme 1: Darstellung eines Beschaffungsprozesses von Kandidat*innen für VR- und GL-Mandate

Professionalität bedeutet oftmals, zunächst ein strukturiertes, mehrstufiges Vorgehen
zu entwickeln, über das Kandidat*innen für Boards gewonnen werden können, und es
während des Beschaffungsprozesses auch einzuhalten. Welche und wie viele Schritte
im Prozess vom Berater übernommen werden sollen, und wie viele in der eigenen
Hand bleiben, ist eine weitere Entscheidung. Wesentlich ist, dass mehrere qualifizierte
Personen bis zur abschließenden Entscheidung am Prozess beteiligt sind. Grundsätzlich können Berater auch den kompletten Prozess von der Identifikation geeigneter
Kandidat*innen bis zur konkreten Mandatsvergabe übernehmen. Ein Beispiel für eine
Vorgehensweise zeigt Abb. 6.8.

Maßnahme 2: Anpassungen in einzelnen Etappen des Beschaffungsprozesses, ins- besondere bei der Auswahl und Selektion über Assessments

Statt andere nach einer Empfehlung zu fragen und sich ihre Biases einzuhandeln, lohnt
sich zunächst bereits ein Blick auf die Personen im eigenen Umfeld, die ggf. kein
direkter persönlicher Kontakt sind oder im Gegensatz dazu als zu «selbstverständlich» oft nicht wahrgenommen werden. Die Suche im engen Umfeld des persönlichen
Netzwerks ist bereits oft Ausgangspunkt der Suche, bleibt aber häufig zu eng. Um
Frauen zu gewinnen, bedarf es eines aktiven, aufmerksamen Bemühens. Erst wenn die
angestammten «frauenarmen» Netzwerke verlassen werden, können auch mehr Frauen
gefunden werden. Generell gilt, dass eine Vielfalt an genutzten Rekrutierungskanälen
und Beschaffungswegen auch zu einer Vielfalt an Kandidat*innen führt. Aus dem
Projekt ergaben sich folgende Möglichkeiten der Suche nach Kandidat*innen:

• Spezifische digitale Recruiting- bzw. Vermittlungs-Plattformen

Etappe 1	Etappe 2	Etappe 3	Etappe 4	Etappe 5
Erstellen des Stellen- und/ oder Anforderungsprofils	Bestimmung der Beschaffungswege und des Auswahlverfahrens	Erstellen Longlist: Aufnahme in Besetzungsvorschlag	Erstellen Shortlist: Vorauswahl (unter den letzten 5–10 Kandidaten)	Entscheid/ Auswahl

Gegenstand

Anforderungen an die Funktion (Aufgaben, Verantwortlichkeiten) und Übersetzung in Anforderungen sowie Erwartungen an die Person A) Werte / Cultural Fit B) Kompetenz- und Qualifikationsprofil	Der Prozess der Personalbeschaffung wird aufgestellt und mit beteiligten Personen unterlegt. Es werden die Auswahlinstrumente bestimmt und den Etappen zugeordnet, die eine möglichst hohe Entscheidungsqualität ermöglichen	Vorauswahl aus den eingehenden Bewerbungen und Vorschlägen. Identifikation von ca. 10 grs. Kandidat*innen bzw. Ansprache auf grundlegendes Interesse. Definition der Menge an Kandidat*innen für die Shortlist.	Einzelinterviews mit den Kandidat*innen. Wahlweise werden weitere Auswahlinstrumente bei allen Kandidat*innen bzw. Kandidat*innen der Shortlist eingesetzt oder nur bei einem Teil.	Die Ergebnisse werden insgesamt ausgewertet und es erfolgt eine Priorisierung der Kandidat*innen. Mit den beiden besten Kandidat*innen erfolgt ein abschließendes Gespräch unter Beteiligung verschiedener Stakeholder.

Mögliche Vorgehensweise/Instrumente

▪ Definition der relevanten Stakeholder ▪ Interviews einzelner Vertreter, z. B. durch die Berater ▪ Ggf. Diskussion mit den Stakeholdern	▪ Beratungsgespräch ▪ Verfassen Inserat ▪ Je nach Wunsch Einbezug weiterer Anbieter ▪ Vorschlag und abschließende Zusammenstellung der Instrumente	▪ Einschätzung der Interessenten entlang der Anforderungs- bzw. Auswahlkriterien auf Basis ihres jeweiligen Dossiers	▪ Interviews entlang eines Interviewleitfadens ▪ Durchführung von Assessments ▪ Tabellarischer Überblick zu den Ergebnissen	▪ Diskussion der Ergebnisse zu den Kandidat*innen aus Etappe 3 und 4 ▪ Erstellung eines Gesprächsleitfadens ▪ Durchführung der Gespräche («Hearing») durch das Gesamtgremium ▪ Moderation der Endauswahl inklusive Priorisierung der Auswahlkriterien und Kandidat*innen

Ergebnisse

▪ Stellenprofil ▪ Anforderungsprofil für die Geschäftsleitungsperson	▪ Prozess ▪ Beteiligte/Gremium ▪ Einzusetzende Instrumente für die Beschaffung (Inserat) und in die Auswahl (u. a. Assessment)	▪ Einschätzungsprofile zu den Kandidat*innen	▪ Vorschlagsliste mit 2–3 Kandidat*innen ▪ Tabellarischer Überblick zu den Erkenntnissen aus den Assessments und Interviews ▪ Ergänzung der Einschätzungsprofile	▪ Gesprächsleitfaden für abschließendes «Hearing» ▪ Nominierungsreihenfolge der Kandidat*innen der Endauswahl

Abb. 6.8 Beispiel für eine Vorgehensweise bei der Suche und Auswahl von Kandidat*innen. (Mit oder ohne Einsatz eines Personalberaters)

- Allgemeine Recruiting- bzw. Vermittlungs-Plattformen
- Social Media
- Ausschreibungen in Zeitungen bzw. Zeitschriften
- Executive Search/Einsatz von Beratern
- Netzwerk der Anbieter von Aus- und Weiterbildung
- Frauenverbände
- Branchen- und Interessenverbände
- Professionelles Netzwerk (andere Organisationen, Politik)
- Privates Netzwerk des aktuellen Verwaltungsrates
- Interne Ausschreibungen
- Angestellte des Unternehmens
- Familienmitglieder

Wichtig ist in diesem Zusammenhang, auch einen öffentlichen Zugang in Form einer Stellenausschreibung in Betracht zu ziehen. Soll die Vakanz nicht sichtbar werden, ist dies ggf. von einem Berater als Intermediär zu leisten.

Neben dem Beschaffungsweg ist von Belang, bei der Feinplanung die eingesetzten Instrumente so zu gestalten, dass die Besonderheiten von Frauen, z. B. in puncto Selbstsicherheit, berücksichtigt werden.

Konkret betrifft dies zunächst die Stellenausschreibung. Allgemein bekannt ist die Bedeutung, die Neutralität und Ausrichtung auf Frauen zu beachten. Des Weiteren sollte das Anforderungsprofil reduziert werden, damit sich Frauen eher für eine Position als geeignet fühlen. Frauen legen die Anforderungen von offenen Stellen bzw. Mandaten tendenziell zu eng aus und fühlen sich ihnen nicht gewachsen. Wissenschaftliche Studien zeigen, dass sich Frauen weniger häufig für Funktionen im Top Management bewerben bzw. sich die Übernahme einer größeren Verantwortung seltener zutrauen als gleich qualifizierte Männer (Powell & Butterfield, 1994). So bewerben sich Frauen im Unterschied zu Männern nur dann, wenn sie die Anforderungen weitgehend erfüllen. Die Gründe liegen u. a. darin, dass Frauen mehr Angst vor einer Ablehnung haben (Mohr, 2014). Dies ist nicht ganz unbegründet, denn sie erleben sie ja auch häufiger. Zusammengefasst lauten die Empfehlungen für die Stellenausschreibung daher:

- Neutrale und in den Anforderungen reduzierte Stellenbeschreibungen
- Standardisierte Bewerbungsformulare.

Oft ist zu beobachten, dass die Eignung von Kandidat*innen entlang von vorausgehenden Funktionen, insbesondere auf C-Level, beurteilt wird. Dies ist mit Blick auf Frauen problematisch, da sie aufgrund der «gläsernen Decke» bisher den C-Level kaum erreichen konnten.

Auf Seite der Unternehmen erschweren zahlreiche Bedingungen u. a. unternehmenskultureller Art den Aufstieg oder verhindern ihn. Frauenbezogene Stereotype, wie z. B. die eines geringeren Führungsanspruchs, prägen die Argumentation (Adams, 2016;

Eagly & Karau, 2002). Frauen selbst setzen teilweise einen zu großen Schwerpunkt auf die inhaltliche Erfüllung ihrer Aufgaben und Arbeit, statt auf Management und Organisation. Einige übernehmen zwischenzeitlich Familienaufgaben und verkaufen sich unter Wert (Aebi, 2017; Bergler, 2015; Habegger et al., 2014).

Fehlendes Erreichen des C-Levels ist aber nicht damit gleichzusetzen, dass die Frauen nicht über umfassende strategische und führungsbezogene Kompetenzen verfügen. Deshalb ist eine Veränderung der Anforderungs- bzw. Auswahlkriterien sinnvoll, die stärker auf die Darstellung geforderter Kompetenzen als «harter Qualifikation» abheben sollten. Dies betrifft insbesondere den Punkt der Führungs- und Managementerfahrung, die je nach Organisationsgröße und Boardrolle in unterschiedlichem Ausmaß vorhanden sein sollte. Sie lässt sich differenzierter einschätzen, als lediglich von einem C-Level verbunden mit der Größenklasse des Unternehmens zu sprechen.

Wichtig ist in diesem Zusammenhang, dass man sich im ersten Schritt die relevanten Einzelkompetenzen verdeutlicht, um die es tatsächlich geht, und dann beurteilt, inwiefern eine Kompetenz im Gesamtgremium verfügbar sein muss oder von jedem/jeder Einzelnen zu fordern ist. Erstaunlicherweise sind in der Literatur bislang nur wenige konkrete Kompetenzmodelle z. B. für Verwaltungsrät*innen verfügbar, hier herrschen eher generelle Leadershipmodelle oder Modelle von Beratungsunternehmen vor. Hinsichtlich der benötigten Kompetenzen bei der Besetzung von Top-Positionen lassen sich die Ergebnisse unseres Projektes in der Zusammenstellung der Abb. 6.9 verdichten.

Genauso gibt es auf die Auswahl bezogen eine ganze Menge an Instrumenten, die Unternehmen nutzen können, um Frauen leichter für sich zu gewinnen (in Anlehnung an Kiel et al., 2012):

- Klar formuliertes Anforderungsprofil
- Nutzung verschiedener Instrumente zur Auswahl (z. B. Assessments, Interviews), Methodentriangulation
- Interviews mit der Geschäftsleitung
- Kriteriengeleitete Auswahl
- Maßnahmen, um Verzerrungen bzw. Diskriminierungen zu vermeiden
  - Zusammensetzung des Auswahlgremiums
  - Gewährleistung der Diskriminierungsfreiheit der Auswahlkriterien
  - Standardisierte Instrumente oder Leitfäden für Dossiersichtung und Interviews
- Monitoring des Einhaltens der Maßnahmen, um auf jeder Stufe des Auswahlprozesses Verzerrungen bzw. Diskriminierungen zu vermeiden
- Arbeitsproben, z. B. indem Kandidat*innen mit einem Business-Case betraut werden, zu dem sie einem gemischten Gremium einen Lösungsansatz präsentieren

Bisher dominieren als eingesetzte Instrumente bei der Auswahl von Kandidat*innen die Einholung von Referenzen bzw. Empfehlungen sowie Interviews bzw. Gespräche. Es könnten jedoch in größerem Umfang Instrumente eingesetzt werden, die eine höhere Validität versprechen. Dazu gehören Interviews in Form eines Hearings oder Assess-

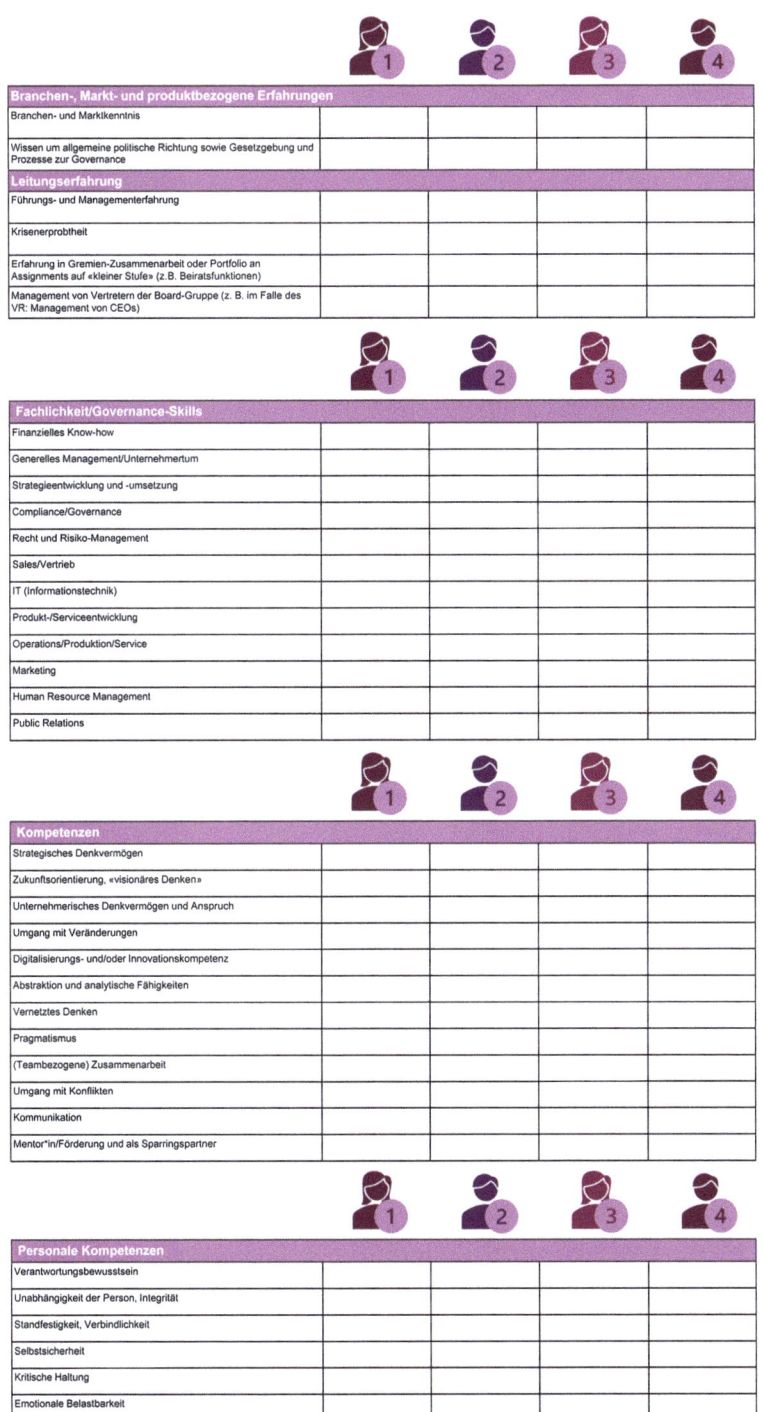

Abb. 6.9 Relevante Kompetenzen bei der Besetzung von Top-Positionen gemäß der Projektergebnisse

ments. Sie stellen eine Möglichkeit dar, eher Kompetenzen zu betrachten, anstelle sich auf Beschreibungen von bestehenden Erfahrungen oder Qualifikationen durch ein bestehendes C-Level-Niveau zu verlassen, und scheinen daher besonders für die Erkennung sonst «unsichtbarer» Eignung sinnvoll.

Es bedarf allerdings der Sensibilisierung für das Potenzial, das durch die Kombination der den Frauen zugeschriebenen (und bisher ggf. vernachlässigten) Kompetenzen mit den geltenden, oft Männern zugeschriebenen Kompetenzen entstehen kann. Die beispielsweise den Frauen zugeschriebene «Sensitivität» dürfte eine immens wichtige Rolle spielen, wenn beispielsweise schwache Signale auf einen Umbruch in der Branche oder auf Umfeldänderungen hindeuten. So kann eine Unternehmensstrategie im Idealfall so gesteuert bzw. angepasst werden, dass erst gar nicht eine Situation entsteht, in der sich ein Betrieb in einer Unternehmenskrise wiederfindet.

Ein Assessment könnte beispielsweise wie in Abb. 6.10 illustriert aufgebaut sein, um Kandidat*innen möglichst vielseitig kennenzulernen.

Die fünf als Knotenpunkte bezeichneten Bausteine *Selbstpräsentation, Assessment Gate, Business Case/Case Study, Teamdiskussion* sowie das abschließende *Feedback* stellen die einzelnen Bausteine des Assessments dar, die Kandidat*innen im Bewerbungsprozess durchlaufen.

Die Knotenpunkte sind wie folgt konzipiert:

Selbstpräsentation Im Zentrum steht die Auftrittskompetenz der Kandidat*innen und die damit verbundene Wirkung auf das Gegenüber bzw. auf die Mitmenschen.

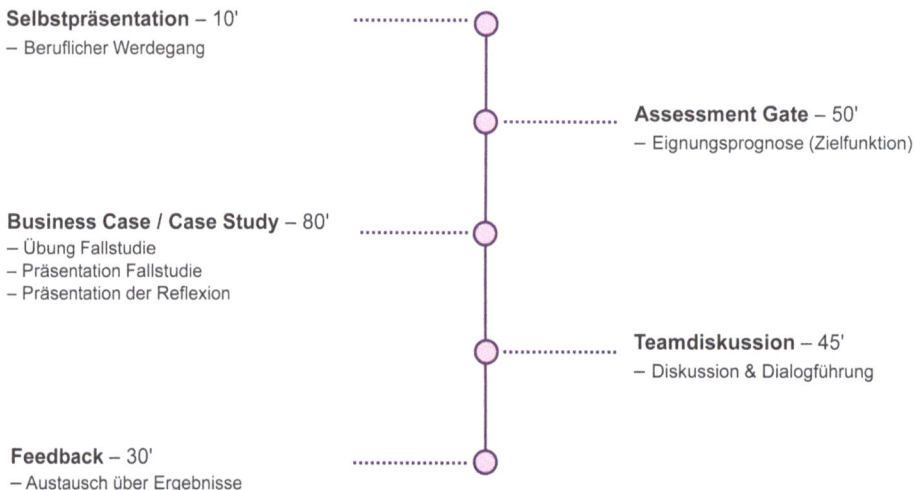

Abb. 6.10 Exemplarischer Aufbau eines Assessments

Assessment Gate Dieses bewährte und zertifizierte Diagnostik-Instrument setzt den Fokus auf die Ermittlung von Soft Skills und Persönlichkeitsmerkmalen. Das Ziel ist eine zusätzliche Entscheidungsgrundlage für eine treffsichere Eignungsprognose auf das Zielbild hin, abgerundet mit einem zusätzlichen individuellen Beurteilungsbericht. Dieser kann auch im Hinblick auf die Entwicklungsfelder jeder Person nutzbringend sein. Dabei lässt sich auch fragen, inwiefern alle benötigten Kompetenzen tatsächlich entwickelt werden können bzw. ob es solche gibt, die schwierig zu entwickeln sind. Darunter fällt etwa die Fähigkeit, Konflikte zielführend zu managen, nachhaltige Netzwerke aufzubauen und zu pflegen, mit Mehrdeutigkeiten umzugehen und auf unterschiedliche komplexe Einflussfaktoren adäquat einzugehen. Können Schlüsselfähigkeiten von Kandidat*innen nicht in zufriedenstellender Weise abgedeckt werden, ist die Führung eines offenen Dialoges mit ihnen nötig. Nicht nur an dieser Stelle, sondern über den ganzen Prozess hinweg ist dies sehr wichtig.

Business Case Die Arbeit an einem konkreten Fall erlaubt die Überprüfung der mitgebrachten Fähigkeiten der Teilnehmerschaft an diesem Knotenpunkt. Beispielhaft zeigen sich dadurch die analytische Denkweise und das Auffassungsvermögen. Man erkennt, wie Entscheidungen priorisiert werden, ob eine gewisse Entscheidungsfreudigkeit besteht und wie ergebnisorientiert die Kandidat*innen sind. Ferner kann in gewissem Maße die Belastbarkeit überprüft werden. Mit dieser Methode können die Fähigkeit, sich schnell einzuarbeiten, das Verständnis, komplexe Themenbereiche zu erkennen, sowie das Konzentrationsvermögen und letztendlich auch die Kreativität evaluiert werden. Im Anschluss auf den Business Case folgt ein Rollenspiel, das darauf abzielt, die Kommunikationsfähigkeit, die Überzeugungskraft sowie das jeweilige Einfühlungsvermögen und den Umgang mit Konflikten besser einzuschätzen.

Teamdiskussion Sie erlaubt es, einen guten Eindruck von Kandidat*innen darüber zu gewinnen, wie sie in einem Team zusammenarbeiten. Wie gestaltet sich der Umgang untereinander, wie die gemeinsame Interaktion sowie die Art und Weise der Kommunikation? Welche Rolle nehmen sie in der Kommunikation ein und wie werden Entscheidungen getroffen? Darüber hinaus zeigt sich ein Bild davon, wie eine Person in ein Gremium passt – ist sie eine Teamplayerin oder eher eine Einzelgängerin?

Feedback Im Dialog lassen sich die getesteten Attribute der Person überprüfen und verifizieren. Auch soll den Teilnehmenden ein Feedback über den Prozess des Assessments gegeben werden, indem ihnen aufgezeigt wird, an welchen Stellen eine Verbesserung und persönliche Weiterentwicklung nötig bzw. möglich ist. Insbesondere Situationen, bei denen in diesem Setting etwas nicht funktioniert hat, können Anhaltspunkte über zukünftige Entwicklungsaspekte liefern, um an sich zu arbeiten und persönlich zu wachsen.

Die Vorzüge eines solchen Assessments liegen darin, verschiedene Perspektiven einnehmen und Situationen erleben zu können sowie einen umfassenderen Eindruck der Kompetenzen zu erhalten, als dies über Interviews oder Referenzen möglich ist. Auch lässt sich die Passung der Kandidat*in mit der Unternehmenskultur einordnen, denn erfahrungsgemäß ist es unwahrscheinlich, dass sich eine Person über einen ganzen Tag verstellen kann.

Maßnahme 3: Integration im Einzel- und Teamcoaching
Es ist nicht mit der Selektion und Auswahl getan, will man als **Unternehmen** tatsächlich von den Kompetenzen profitieren, die aus einer höheren Diversität oder einer Neukomposition des VR erwachsen können. Unser drittes Instrument behandelt den Aspekt, dass die Integration von Frauen oder Personen, die vom Bild bzw. Muster des traditionellen VR/CEO abweichen, schwieriger ist. Die Rekrutierung ist damit nicht mit der Vertragsunterschrift getan, sondern betrifft auch den Prozess der Integration.

Auch sollte man mit der Annahme vorsichtig sein, dass eine Frau unmittelbar den Einsatz von weiteren Frauen nach sich ziehen wird oder sich das bestehende Problem bei der Besetzung von Geschäftsleitungspositionen durch eine höhere Anzahl von Frauen im VR «von alleine» lösen wird.

Ob Frauen aktiv als Förderer anderer Frauen auftreten, ist umstritten. Frauen, die sich zu stark an männliche Verhaltensweisen anpassen, fördern andere Frauen eher selten. Erfahrene (und damit ältere) weibliche Board-Member fördern andere Frauen mehr (Kirsch et al., 2022).

Spillover-Effekte von einem Gremium in das andere sind keine Automatismen (Fleischer, 2022; Kirsch et al., 2022), sondern an verschiedene Voraussetzungen gebunden. Generell werden gleichstellungsbezogene Überlegungen eher dann eingebracht, wenn die Frauen den Eindruck haben, dass dies auch erwünscht ist. Hier ist es wichtig, den Frauen zu vermitteln, dies werde positiv konnotiert und erwartet, dass also ein «Equity-Klima» existiert. Weiterhin bestehen Bedenken, dass man nicht als werthaltiges Mitglied wahrgenommen wird, wenn man sich mit alternativen, oftmals dann als typisch weiblich abgestempelten Vorstellungen einbringt. Homogenisierungstendenzen oder die Einschätzung, es genüge, Diversität nur über veränderte sichtbare Merkmale zu erreichen, behindern eine tatsächliche (Deep-Level-)Diversität. Sollen Frauen nicht nur eine Alibifunktion erfüllen bzw. ihr Einsatz eine symbolische Geste für Gender-Diversität bzw. Gleichstellung bleiben, sondern wollen Gremien, dass ihre Einschätzungen als ernstzunehmende Standpunkte eingebracht werden können, so ist es wichtig, eine kritische Masse an Überzeugten zu erreichen. Sie wird bei 30 % Anteil am Gremium gesehen. Ansonsten ist der Anpassungsdruck bzw. die Gefahr, sich ins Abseits zu schießen, wenn man tatsächlich die eigene Perspektive einbringt, für neue Personen im Gremium zu groß – das gilt v. a. für Themen, die den Frauen näherstehen, aber auch für andere Abweichungen vom gängigen Denken und Handeln (Sidhu et al., 2021; Joecks et al., 2019; Glass & Cook, 2018; Torchia et al., 2011).

Für die strategische Nutzbarkeit einer Vielfalt ist zentral, dass der Vorsitzende vom Nutzen einer höheren Frauenbeteiligung überzeugt ist (Sidhu et al., 2021). Sehr deutlich zeigt sich auch in den Ergebnissen unseres Projektes, dass die am Besetzungsprozess Beteiligten selbst das Problem sein können und eine Veränderung der Haltungen notwendig wird.

Will man nicht nur eine Geschlechterdurchmischung, sondern von einer Deep-Level Diversity profitieren, die nicht nur quantitativ, sondern auch qualitativ besteht, so ist es nützlich, den Prozess der Integration aktiv zu unterstützen. Hierfür bietet sich eine Begleitung der «Neuen», aber auch des Gesamtboards und einzelner bestehender Mitglieder an. Als Maßnahme wird daher von uns vorgeschlagen, ein Einzel- und ein Teamcoaching des Gremiums zur Entwicklung der Leadership-Kultur vorzusehen. Den neu gewonnenen Kandidat*innen kann ergänzend ein/e anerkannte/r Mentor*in zur Seite gestellt werden. Er/sie kann aus den bestehenden Gremien kommen oder im Sinne eines «Cross-Mentorings» aus Boards anderer Unternehmen.

Im Einzelnen könnte das Vorgehen des **Einzel- und Teamcoachings** wie in Abb. 6.11 skizziert gestaltet werden.

Mit der Kombination von Einzel- und Teamcoaching zu einem gemeinsamen Prozess wird die Selbstreflexion sowohl der Kandidat*innen als auch der anderen Teamteilnehmenden gefördert. Das Teamcoaching ist gleichzeitig auch eine Bereicherung auf der individuellen Ebene der Kandidat*innen wie auf der Team-Ebene. Spielen diese beiden Elemente zusammen, kann eine bestmögliche Begleitung aus verschiedenen Blickwinkeln geleistet werden. Es muss jedoch betont werden, dass die jeweiligen Elemente des Einzel- und Teamcoaching-Prozesses nicht separat und unabhängig voneinander betrachtet werden können. Wichtig ist auch, dass die Zielsetzung nicht auf die Integration und Verbesserung des Zusammenwirkens im Gremium beschränkt bleibt,

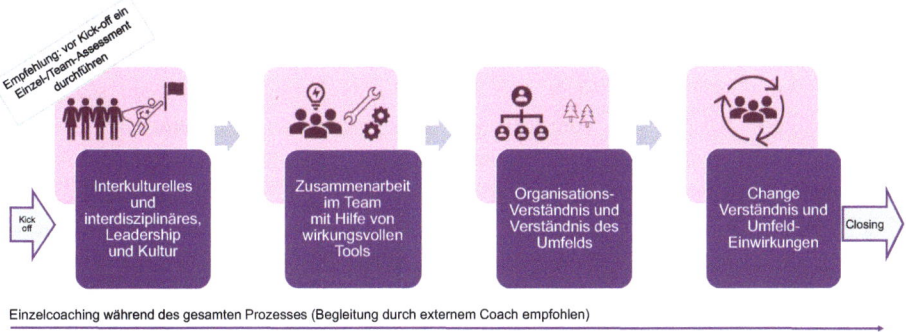

Abb. 6.11 Einzel- und Teamcoaching zur Integration und Entwicklung der Board-Kultur – Beispielprozess

sondern auch auf Ebene der Gesamtorganisation die Beziehung des Gremiums zum Top Management, den Mitarbeitenden und weiteren Stakeholdern umfasst.

Bei Element 1 steht das Verständnis darüber im Zentrum, was die Person an organisationaler und Leadership-Kultur sowie an Strategie, Struktur und interdisziplinärer Zusammenarbeit in das Unternehmen einbringt. Wie passen die Annahmen der einzelnen Personen mit der tatsächlichen Situation zusammen? Ist die benötigte interkulturelle und interdisziplinäre Kompetenz bei der Neubesetzung vorhanden? Wie können die Vorstellungen zu einem gemeinsamen Wertegefüge des Teams integriert werden?

Element 2 greift das effektive Arbeiten im Team auf, auch wie diverse Interventionen und Tools dieses Ziel unterstützen können. Im Fokus stehen die Arten der effektiven Zusammenarbeit. Das Vermitteln der verschiedenen Perspektiven sowie die Arbeitsformen der gesamten Organisation erhalten große Priorität – immer im Hinblick auf die Funktion, als Vorbilder zu agieren.

Element 3 stellt die Organisation sowie das Verständnis über deren Ausrichtung, die Art der Führung sowie deren Aufbau, Ablauf und Struktur in den Mittelpunkt. Welche kurz-, mittel- und langfristige Strategie verfolgt die Organisation aktuell und wie sieht es mit der Umsetzung aus? Über welche (physischen) Mittel und Kompetenzen verfügt die Organisation bzw. welche Funktionen und Kompetenzen sind notwendig für die Umsetzung mit Blick auf die Gesamtorganisation und deren Umfeld? Wodurch lassen sie sich aufbauen?

Element 4 zielt auf ein Verständnis für die Entwicklung der Gesamtorganisation bzw. eine anzugehende Veränderung/einen «Kulturchange» ab. Um diese Veränderung vorzunehmen, geht es dabei um Fragen wie: Was kennzeichnet das «System» bzw. die Organisation? Wer sind relevante Stakeholder – welche Rolle und welchen Einfluss haben sie hinsichtlich einer Veränderung? Wie sieht eine Zusammenarbeit mit den Stakeholdern aus? Wie findet Einflussnahme statt und wie gelingt sie?

Nach dem Durchlaufen dieser vier Elemente wird eine gemeinsame soziale und auch sachliche Ausrichtung vorangebracht und das Einschlagen einer gemeinsamen Richtung zum Zielbild begünstigt. Durch die vielschichtige Begleitung und das Arbeiten miteinander kann sich die neue Person in kürzester Zeit eine gute Übersicht über das Unternehmen verschaffen. Außerdem erhalten gemeinsame relevante Themen Raum, wodurch alle Beteiligten profitieren, um sich einzeln, miteinander und mit Wirkung auf die Gesamtorganisation entwickeln zu können. Im besten Fall entsteht eine gemeinsame Kultur.

Weitere Mechanismen, um von der Perspektivenvielfalt und damit einer Deep-Level Diversity zu profitieren – bzw. unter welchen Bedingungen eine höhere Gender Diversity in Boards Früchte trägt – werden gerade erst intensiver diskutiert und entwickelt (Joecks et al., 2019).

Ergänzend zum Einzel- und Teamcoaching stellt **Mentoring** für die Integrationsphase der neuen Kandidat*innen ein ebenso wichtiges Element dar. Auf diese Weise ist es möglich, dem bzw. der Mentee inoffizielle Informationen, Gesetze, Geschichten und Handhabungen mit auf den Weg zu geben und/oder die Mitglieder eines «Männerclubs» in die Pflicht zu nehmen, sich für ihren Mentee einzusetzen.

Während Männer, die erstmalig in einem Board sind, oft spontan einen selbstverständlichen Mentor finden, ist das bei Frauen seltener der Fall (McDonald & Westphal, 2013), weshalb es sinnvoll ist, ein Mentoring aktiv zu initiieren. Bei Fragen, Problemen oder Unsicherheiten können die Mentees ihre Mentor*innen ungeniert um Rat fragen, ohne irgendwelche unangenehmen Konsequenzen fürchten zu müssen. Es ist abzuwägen, ob entweder interne oder besser unternehmensferne Mentor*innen hier hilfreich sind. Interne hätten den Vorteil, dass sie sehr mit der Kultur vertraut sind – externe hätten einen objektiveren Einfluss und wären «unternehmensneutral».

Gleiches gilt für die Netzwerke insgesamt. Männer, die extern in ein Unternehmen kommen, suchen sich oft als erstes Verbündete, um ihr Netzwerk im Unternehmen aufzubauen. Vielfach sind Männer daher direkt bei Funktionsstart ausgezeichnet und schnell im Unternehmen vernetzt, was ihnen starke Vorteile beim «Anwachsen» und der Integration verschafft. Allerdings würde Männern der schnellere Aufbau von Netzwerken ohne ihre bestehenden Verbindungen und inoffiziellen innerbetrieblichen Bündnisse weniger gut gelingen. Frauen bleiben diesem Kanal häufig fern, teilweise durch Abneigung oder weil sie keinen Zugang zu ihnen haben. Den Frauen könnten deshalb interne Plattformen geboten werden, um zunächst auf formellerem Weg ihre Netzwerke aufzubauen.

Frauen mit ihren schwächer ausgebildeten Netzwerken kann durch **unsere Vorgehensweise des Netzwerk-Coachings** gute Unterstützung geboten werden, ihre internen und externen Netzwerke auf- und weiter auszubauen und in ihnen gut integriert und akzeptiert zu werden – anstelle isoliert zu bleiben oder zu werden. Viele müssen in ihrer Netzwerkkompetenz hinzulernen. Aspekte, wie Frauen ihre Netzwerkkompetenz nach Übernahme eines Mandates erhöhen könnten, sind das Auftreten in Meetings, das Erscheinungsbild oder der Kommunikationsstil. Frauen bauen sehr auf ihre fachliche Kompetenz und schenken diesem «Beiwerk» zu wenig Beachtung, was zur Folge hat, dass sie dann oft dennoch fachlich nicht anerkannt werden.

Letztlich wird aber nur die Bereitschaft der Beteiligten nützen, sich von einem einseitig begünstigenden Handeln zu lösen. Die an Frauen gerichteten stereotypen Erwartungen, z. B. lieb und nett sein zu müssen, sollten überdacht und eingeschränkt werden (Glass & Cook, 2018). Auch ein Eingriff der machthabenden Gremien oder ihre Selbstverpflichtung auf zusätzliche Maßnahmen in der Qualitätssicherung von Governance wären denkbar.

Für Berater und weitere Player gelten diese Überlegungen analog. Auch ihre Netzwerke sind oft sehr männerlastig und informell. Es ist wichtig, hier mehr Transparenz für

Dritte zu schaffen, die es ihnen ermöglicht, ein professionelles Beraterhandeln erkennen zu können.

Literatur

Adams, R. B. (2016). Women on boards: The superheroes of tomorrow? *The Leadership Quarterly, 27*(3), 371–386.

Aebi, D. (2017). Kompetente Frauen in die Verwaltungsräte! *Neue Zürcher Zeitung.* https://www.nzz.ch/meinung/kolumnen/kompetente-frauen-in-die-verwaltungsraete-ld.1317919. Zugegriffen: 11. Mai 2023.

Bergler, D. (2015). Spitzenfrauen. Frauen dürfen nicht abwarten, bis sie gefunden werden. *Der Arbeitsmarkt, 5,* 9–12. http://derarbeitsmarkt.ch/de/print-artikel/Frauen-duerfen-nicht-abwarten-bis-sie-gefunden-werden. Zugegriffen 11. Mai 2023.

Cattelan, L. (2020). *Mastering Job Interviews Using the SOAR Answer Model.* https://lindacattelan.com/mastering-job-interviews-using-the-soar-answer-model/. Zugegriffen: 12. Apr. 2022.

Eagly, A. H., & Karau, S. J. (2002). Role congruity theory of prejudice toward female leaders. *Psychological Review, 109*(3), 573–598.

Fleischer, D. (2022). Does gender diversity in supervisory boards affect gender diversity in management boards in Germany? An empirical analysis. *German Journal of Human Resource Management, 36*(1), 53–76.

Glass, C., & Cook, A. (2018). Do women leaders promote positive change? Analyzing the effect of gender on business practices and diversity initiatives. *Human Resource Management, 57,* 823–837. https://doi.org/10.1002/hrm.21838.

Graber, B. & Toscano, R. (2023). Strategisches Marketing kompakt*: Bindeglied für erfolgreiches Marketing zwischen Unternehmensstrategie und operativem Marketing.* KLV.

Habegger, A., Wettstein, M., & Tokarski, K. (2014): *Diversität im KMU-Verwaltungsrat. Umfrage zu Frauen in Verwaltungsräten von Klein- und Mittelunternehmen (KMU) in der Deutschschweiz.* Studie im Auftrag von GetDiversity, Forschungsbericht des Instituts Unternehmensentwicklung der Berner Fachhochschule. Bern.

Joecks, J., Pull, K., & Scharfenkamp, K. (2019). Perceived roles of women directors on supervisory boards: Insights from a qualitative study. *German Journal of Human Resource Management, 33*(1), 5–31.

Jordan, U., Külpp, B., & Bruckschen, I. (2012). *Das erfolgreiche Einstellungs-Interview. Potenziale für morgen sicher erkennen und gewinnen.* Springer Gabler.

Kiel, G., Nicholson, G., Tunny, J. A. & Beck, J. (2012). Directors at Work: A Practical Guide for Boards. Thomson Reuters, Sydney.

Kirsch, A., Sondergeld, V., & Wrohlich, K. (2022). Immer noch Männerdomänen, aber: Endlich tut sich etwas in den Vorständen großer Unternehmen. *DIW Wochenbericht, 89*(3), 20–21.

Mohr, T. S. (2014). Why women don't apply for jobs unless they're 100 % qualified. *Harvard Business Review, 25.*

McDonald, M. L., & Westphal, J. D. (2013). Access denied: Low mentoring of women and minority first-time directors and its negative effects on appointments to additional boards. *Academy of Management Journal, 56*(4), 1169–1198.

Powell, G. N., & Butterfield, D. A. (1994). Investigating the «glass ceiling» phenomenon: An empirical study of actual promotions to top management. *Academy of Management Journal, 37,* 68–86.

Sidhu, J. S., Feng, Y., Volberda, H. W., & Van Den Bosch, F. A. (2021). In the Shadow of Social Stereotypes: Gender diversity on corporate boards, board chair's gender and strategic change. *Organization Studies, 42*(11), 1677–1698.

Sparviero, S. (2019). The case for a socially oriented business model canvas: The social enterprise model canvas. *Journal of Social Enterpreneurship, 10*(1), 232–251.

Torchia, M., Calabrò, A., & Huse, M. (2011). Women directors on corporate boards: From tokenism to critical mass. *Journal of business ethics, 102,* 299–317.

Wüst Consulting GmbH. (2023). *Unternehmen Self Branding. Erfolgreich dank einer starken «Marke Ich».* Unveröffentlichte Folien im Rahmen eines Workshops. Basel.

Glossar

Agierende Personen, die in irgendeiner Weise in einem Umfeld, Prozess oder bestimmten Ort handeln oder Wirkung erzeugen.

Appointmentprozess Bezeichnung für den Prozess, wie vakante Positionen/Mandate und potenzielle Positionsinhaber*innen/Mandatsträger*innen zueinander finden.

Aspirantinnen Potenzielle Positionsinhaberinnen/Mandatsträgerinnen, die in den nächsten 1–2 Jahren die Erlangung eines Verwaltungsratsmandates anstreben.

Beschaffungswege Wege der Beschaffung z. B. von Personal, die vorgegeben (klar definiert) oder z. T. unspezifisch sind. Unter den Begriff des Weges können auch Maßnahmen fallen, die intern und extern des Unternehmens ergriffen werden (z. B. Stellenausschreibung, Karrieremessen, Job-Portale, Versetzung, interner Talentpool etc.).

Besetzungsprozess Ablauf oder gängiges Vorgehen bei der Besetzung von vakanten Positionen und Mandaten – hier bevorzugt: VR/GL.

Beteiligte Personen, die in einer bestimmten Weise in das Geschehen, den Prozess, die Aufgabe etc. involviert, d. h. daran beteiligt sind.

Bias Unter Bias versteht man bei einer Untersuchung eine durch eine falsch angewendete Methode (z. B. Suggestivfrage, uneindeutige Frage etc.) resultierende Verzerrung der Ergebnisse.

C-Level Bedeutet, sich gemäß des Buchstabens auf der Ebene einer C-Funktion aufzuhalten, sei es als CEO (Chief Executive Officer = Geschäftsführer, Vorstand) oder als andere hochrangige Führungsperson in einer Organisation/einem Unternehmen.

Club, geschlossener Ein Club, der nur für bestimme Personengruppen zugänglich und daher nicht öffentlich ist.

Corporate Governance Die für die Unternehmensführung geltenden selbst- und fremdgesetzten Grundsätze. Corporate Governance definiert also den rechtlichen und faktischen Rahmen, wie ein Unternehmen geleitet und überwacht wird.

Cultural Add/Fit Cultural Add bedeutet, dass ein Merkmal (z. B. eine Eigenschaft oder Kompetenz) als komplementäre Ergänzung betrachtet wird, während ein Cultural Fit als Übereinstimmung wahrgenommen wird.

S. Olbert-Bock et al., *Diversity in Verwaltungsrat und Geschäftsleitung mittelgroßer Unternehmen,* https://doi.org/10.1007/978-3-658-42400-8

Double Bind Paradoxe Botschaften/Signale, die eine Person im Hinblick auf die Bewertung ihres Verhaltens erhält. Im vorliegenden Kontext könnte dies bedeuten, dass Frauen im Management «nett» sein müssen, weil das von ihnen als Frau gesellschaftlich stereotyp erwartet wird. Sind sie es nicht, gelten sie als ungeeignet, da «unweiblich». Gleichzeitig werden «nette» Frauen als zu wenig durchsetzungsfähig betrachtet und daher für eine Funktion im Top Management nicht für geeignet gehalten.

Ego-Netzwerke Egozentrierte Netzwerke, bei denen eine Person im Zentrum der Betrachtung steht und die Beziehungen zu anderen Personen als Netzwerk dargestellt werden.

Elemente, qualitative Die Enge des Austausches zwischen den Playern wird in der Netzwerkanalyse als qualitatives Element ausgewertet.

Elevator Pitch Ein Elevator Pitch ist eine kurze Zusammenfassung einer Idee für ein Produkt, eine Dienstleistung oder ein Projekt. Der Elevator Pitch soll das Gegenüber in kurzer Zeit informieren und überzeugen. Der Name stammt aus der Geschäftswelt und bedeutet, dass die Vorstellung der Idee nicht länger als eine Liftfahrt (elevator) dauern soll.

Executive-Search-Prozess Der professionelle, klassische Rekrutierungsweg bei der Besetzung von VR- und GL-Mandaten, der sich durch ein mehrstufiges Vorgehen gestützt auf Anforderungsprofile auszeichnet und oftmals mit aktiver externer Unterstützung durch Dienstleister stattfindet.

Führungsgen Eigenschaften bzw. Kompetenzen im Rahmen der Mitarbeiterführung, die eine gute Führungskraft ausmachen. Das Führungsgen ist nicht angeboren, sondern kann erlernt und entwickelt werden.

Gender Diversity Vielfalt von Geschlechtern in einem wirtschaftlichen/unternehmerischen Kontext.

Geschlechterrichtwert Ein für börsenkotierte Unternehmen mit Sitz in der Schweiz vorgegebener Wert, nach dem jedes Geschlecht mindestens zu 30 % im Verwaltungsrat und zu 20 % in der Geschäftsleitung vertreten sein soll.

Glass Ceiling Mit dem Begriff der gläsernen Decke wird das Phänomen umschrieben, dass Angehörige einer bestimmten Bevölkerungsgruppe regelmäßig in ihrem Aufstieg in z. B. Führungspositionen gehemmt werden, ohne dass dies objektiv sichtbar begründbar ist.

Homophilie, im Management Homophilie bedeutet, dass Menschen tendenziell mit anderen interagieren, wenn sie ähnliche Verhaltensmerkmale aufweisen. Bezogen auf das Management heißt dies, dass immer die «gleichen» Menschen im Management zusammen interagieren bzw. selektiert und als attraktiv empfunden werden. Dies trägt dazu bei, dass die soziale Homogenität steigt.

Inclusion Bedeutet den Einbezug, d. h. die Aufnahme in ein VR- oder GL-Gremium.

Ingroup Ingroup bedeutet, dem Kern einer Gruppe anzugehören. Davon unterscheidbar ist die Outgroup, die zwar formal zur Gruppe gehört, aber nicht Teil des engeren Kreises ist.

«inner circle» = Ingroup

Kanal (i. S. v. Rekrutierung) Im Sinne der Rekrutierung stellt der Kanal den Weg bzw. die Verbindung zu einem Kandidaten/einer Kandidatin dar, der/die für ein Unternehmen identifiziert und angesprochen werden könnte.

«Kanten» und «Knoten» eines Netzwerks «Kanten» verbinden die einzelnen Personen oder Personengruppen (= «Knoten») in einem Netzwerk (Bezug auf die durchgeführte Netzwerkanalyse).

Keywords Für das Verständnis relevante Schlüssel- bzw. Stichworte.

Landkarte (Player) Eine Karte, vielmehr eine Abbildung des Gesamtnetzwerkes, die seine verschiedenen Beteiligten in ihrem Größenverhältnis widerspiegelt.

Longlist Bei der Rekrutierung die aus der generellen Auswahl der zur Verfügung stehenden Kandidat*innen als grundsätzlich geeignet eingeschätzten Kandidat*innen.

Monitoring Das systematische Erfassen, Beobachten, Messen und Überwachen eines Vorgangs oder Prozesses, das mitunter auch mit technischen Hilfsmitteln stattfinden kann.

Netzwerkanalyse Methode der Organisationsforschung zur Beschreibung der Zusammenhänge zwischen Individuen, Gruppen, Teams, Abteilungen oder Unternehmen untereinander.

Netzwerke Menge an bestehenden Verbindungen, z. B. privater oder geschäftlicher Art, für Wissens- und Informationsaustausch, gegenseitige Unterstützung, gemeinsame Aktivitäten und daraus resultierende Vorteilsmöglichkeiten.

Old Boys Club Informelles Netzwerk von Männern, die sich aufgrund z. B. ihrer sozialen Herkunft oder früherer gemeinsamer Erfahrungen (z. B. Militär) einander zugehörig fühlen und sich gegenseitig unterstützen.

One Pager Zusammenfassung sämtlicher relevanter Informationen auf einer Seite.

Outgroup Mitglieder einer Outgroup gehören formal zu einer Gruppe, befinden sich jedoch nicht im engeren Kreis.

Persona Eine Persona ist ein fiktives, detailliert beschriebenes, archetypisches Profil, das bestimmte Gruppen von Menschen mit ihren Verhaltensweisen, Zielen und Motivationen repräsentiert.

Player Als Player werden die Beteiligten an einem Besetzungsprozess bezeichnet, die bei der Suche und Auswahl von Kandidat*innen in irgendeiner Weise eine Rolle spielen. Das können z. B. Headhunter, Personalvermittler, Personen aus dem sozialen Netzwerk etc. sein.

Profil, archetypisches Idealtypisches Profil im Sinne eines Vertreters für Funktionsträger, Kandidaten. Ein Archetyp ist ein psychologisches Vorstellungs- und Handlungsmuster.

Selbstreferenzielles System Ein in sich geschlossenes System, das seine Funktionsweise, seine Prozesse und sein Agieren immer wieder auf dieselbe Art und Weise hervorbringt, indem es sich in seinem Bewertungsmaßstab lediglich auf sich selbst bezieht. Die Umwelt spielt dabei nur eine sehr entfernte bzw. keine Rolle.

Shortlist Bei der Rekrutierung die Liste der schon durch verschiedene Selektions-schritte ausgewählten (z. B. Longlist), als am besten geeignet erscheinende Kandidat*innen.

Signalling Signal nach außen vermitteln, kommunizieren. Beispielsweise wollen Unternehmen mit der Besetzung einer Verwaltungsratsvakanz mit einer Frau eine positive Außenwirkung erzielen und ihren guten Ruf etablieren.

Spillover-Effekt Entwicklungen oder Handlungen in einer Situation, die auf eine andere «automatisch» übertragen werden, also quasi überlaufen (= Spillover).

Surface-Level Diversity und Deep-Level Diversity Surface-Level Diversity bezeichnet eine Vielfalt entlang objektiv sichtbarer Merkmale, während die Deep-Level Diversity sich auf Merkmale bezieht, die unter dieser Oberfläche liegen und deutlich schwieriger zu erfassen sind. Die Geschlechtszugehörigkeit ist ein Beispiel für ein oberflächliches Merkmal, im Unterschied zu systematischen Unterschieden von Geschlechtern z. B. in ihren Präferenzen.

Trigger-Moment Ausschlaggebendes Element, Zeitpunkt oder Aktion, das/die einen Vorgang oder eine Entscheidung ausgelöst hat.

MIX
Papier aus verantwortungsvollen Quellen
Paper from responsible sources
FSC® C105338

If you have any concerns about our products,
you can contact us on
ProductSafety@springernature.com

In case Publisher is established outside the EU,
the EU authorized representative is:
Springer Nature Customer Service Center GmbH
Europaplatz 3, 69115 Heidelberg, Germany

Printed by Libri Plureos GmbH
in Hamburg, Germany